French Individualist Poetry 1686-1760

Robert Finch and Eugène Joliat

French
Individualist
Poetry
1686-1760

AN ANTHOLOGY

University of Toronto Press

©University of Toronto Press 1971

Toronto and Buffalo

Printed in Canada

ISBN 0-8020-5260-6

Microfiche ISBN 0-8020-0078-9

C

Nous sommes, après Mallarmé et Valéry, mieux
préparés que jadis à comprendre cette doctrine des
Modernes, à sentir tout ce qu'elle possédait de légitime
et de fécond. Nous sommes bien persuadés aujourd'hui
que la poésie est œuvre d'exactitude et de lucidité,
nous savons qu'elle est essentiellement un langage,
qu'elle agit comme langage, et qu'elle doit être
jugée d'abord, non sur les idées qu'elle développe, ni
sur les sentiments qu'elle exprime, mais sur la qualité
de son langage.

Antoine Adam,
Ouvertures sur le xviiie *siècle*
in *Histoire des Littératures*, iii (Pléiade)

Preface

The authors acknowledge with gratitude that this anthology has been published with the help of a grant from the Humanities Research Council of Canada, using funds provided by the Canada Council, and the Publications Fund of the University of Toronto Press. They wish also to thank R.M. Schoeffel and Jean Wilson of the Editorial Department for assistance and advice, David Savan for wise counsel in connection with the chapter on Bernis, Ronald Williams for helpful information, and Georges and Gloria Assié for providing a working-retreat in Paris.

The anthology, while it is self-contained, may be used as a companion volume to Robert Finch, *The Sixth Sense: Individualism in French Poetry, 1686–1760,* University of Toronto Press, 1966 (reprinted 1969), to which a number of references are made in the notes.

R.F.

E.J.

Contents

PREFACE   vii

INTRODUCTION   3

Segrais   36

Stances: Sur un dégagement   37
Sonnet: Dangereux élément   38
Chanson: Paisible nuit   39
Sur la Carte de Tendre   39
Athys   41

Saint-Evremond   47

Stances: Puisqu'il vous faut quitter   48
Sonnet: Nature enseigne-moi   49
Stances: Iris, je vous aime toujours   49
Sonnet: Passer quelques heures à lire   50
A Madame de Cominges. Stances irrégulières:
    Consolez-vous d'être moins belle   50
Sur la Mort de la belle Marion de Lorme. Stances   54
Fragment: Divînes Filles de mémoire   55
Sur le Mois de mars. Stances irrégulières   56

Perrault   58

Le Génie   59
Le Siècle de Louis le Grand (excerpt)   64
L'Amitié   64
La Chasse   65
Fragment écrit au Château de Rosières, près de Troyes   67
Les Fées   68
Peau d'Ane   70

Fénelon   86

Soupirs du poète pour le retour du printemps   87

Télémaque (excerpts)
    On immola 87
    Ainsi les peuples 88
    Ensuite Télémaque 89
    Télémaque s'avança 89
    Cet inconnu 90

Fontenelle 92

L'Œil 93
L'Empire de la Poésie 93
Rêverie 96
Le Ruisseau amant, à la prairie 97
Sonnet: Je suis (criait jadis Apollon à Daphné) 99
Les Deux Courriers 100
Sur un Clair de lune 100

La Motte 102

Eclipse de soleil 103
Enigme 103
La Montre et le cadran solaire 104
Les Amis trop d'accord 104
L'Orgueil poétique 105
[Voici des vers] 109
La Raison et l'amour 110
Le Célibat 111
[Sonnets from a Sequence] 111
Vers contre les vers 112
La Même Pièce en faveur des vers, au moyen de quelques additions 112

Chaulieu 114

La Retraite, en 1698 114
Les Louanges de la vie champêtre 116
A Madame la Marquise D.L. en se promenant avec elle sur le bord
    de la mer 119
[Sur une Infidélité] 119
Apologie de l'inconstance 120

La Fare 123

Epître à Chaulieu sur l'hypocrisie 123
Ode sur la paresse 126
Ode morale 128
Réponse à M. d'Hamilton 130
Réflexions d'un philosophe sur une belle campagne 132

Jean-Baptiste Rousseau 135

Sur l'Aveuglement des hommes du siècle 136
Contre les Calomniateurs 138
Inquiétudes de l'âme sur les voies de la providence 139
Pour une Personne convalescente 142
Sur la Grâce 144
A M. le Comte du Luc 144
Circé 145
Sur un Commencement d'année 148
A Philomèle 150
Epigramme : Ce monde-ci 151
Epigramme : Est-on héros 151
Rondeau : En manteau court 151

Gresset 154

Ver-Vert 155
A M. le Comte de Tressan 173
Le Siècle pastoral 175
La Chartreuse 179
Lettre d'un homme retiré du monde à un de ses amis 198

Lefranc de Pompignan 201

Ode 5, tirée du Psaume 67 : Exurgat Deus 202
Ode 8, tirée du Psaume 76 : Voce mea ad Dominum clamavi 206
Ode 12, tirée du Psaume 106 : Confitemini Domino quoniam bonus 207
Cantique de Judith 210
Cantique d'Ezéchiel 212
Cantique de Siméon 216
Prophétie d'Isaïe 216
Les Tombeaux 218
Ode 9 : Les derniers jours de l'automne 220
Ode 12 : Croissez, bosquets, trésor champêtre 222
[A Day at the Château d'If] 226

Bernis 228

L'Amour de la patrie 229
Sur l'Indépendance 230
Sur les Mœurs [The Character of the French] 232
L'Hiver 233
La Religion vengée, 5 : Le Spinosisme 250
La Religion vengée, 7 [The Wonder of Night] 256
Le Monde Poétique 257

Louis Racine 262

Epître 1 : Sur l'Ame des bêtes 263
La Grâce : [The Nature of Pride] 265
La Religion
    [God Revealed in Nature] 266
    [The Wonder of Water] 266
    [The Mind of Man] 268
    [Man's Dilemma] 270
    [The Jews] 271
    [False Gods] 272
    [Christ] 273
    [The Marvels of Science] 275
    [The Folly of Deism] 276
    [The Law of Love: Obeyed and Travestied] 277
Ode 5 : Prière ardente d'une âme affligée 279
Ode 6 : Actions de grâces après la délivrance d'un grand péril 279
Ode 13 : Contre les Mauvais Juges 283
Ode 14 : Contre les Ennemis de Dieu et de sa religion 284
Ode 15 : Transports d'une âme qui soupire pour le ciel 286
Ode 16 : Elévations à Dieu par l'humble reconnaissance de ses bontés 287
Ode 21 : Les Larmes de la pénitence 289

APPENDIX : KINDRED SPIRITS

Chapelle 295

Ode sur l'hiver 295

Roubin 297

Le Printemps. Idylle 297
Placet au roi sur les îles 302
Sur lui-même 303

Bonnecorse 304

La Montre : Promenade sans dessein 304
La Montre : Sommeil différé 305
Comparaison de la mort et de l'absence 305

Madame Deshoulières 306

Réflexions diverses
   1 Que l'homme connaît peu la mort 306
   2 Etres inanimés, rebut de la nature 306

Lainez 307

Le Véritable Amour 307
Le Pouvoir de l'amour 308
Sur une Belle Journée d'automne 308

Vergier 309

Sarabande ancienne qui se joue sur la guitare 309
Epître au duc de Noailles 310

Madame des Plassons 314

Sur une Momie, portée d'Egypte en Italie 314

Panard 316

Le Jeune et le vieux 316
Description de l'opéra 319
Le Verre 323
La Bouteille 324
Three Short Poems
   1 Si le riche héritier 325
   2 Ma femme est un animal 325
   3 Dans Paris l'autre jour 325

Coquart 326

Epître à M.*** : monorime 326

Dreux du Radier 329

Sur les Déguisements du carnaval 329

French Individualist Poetry 1686-1760

Introduction

Unlike its predecessors, each of which attempts to represent the poetry of a hundred years,[1] the present anthology concentrates attention on that of a particular group: the individualist poets who flourished from 1686 to 1760. It seems advisable, therefore, at the outset, to explain briefly why these poets and certain of their works were chosen, and to situate them in the period to which they belong.[2]

There are three reasons for the anthology's selectivity: first, the intrinsic value and historical interest of the poems included; second, the fact that hitherto no sufficiently representative body of poems by this group has been available; third, the imperative need to give up judging a hundred years' poetry *en bloc* in favour of more detailed examination of its several sub-divisions.[3]

En bloc judgments are based on the assumption that, during the eighteenth century, poetry 'in the true sense of the term,'[4] was either unknown or disliked. But there is overwhelming evidence that a large number of people in the eighteenth century cared greatly about poetry. It is as naïve to insist that all the poetry they liked was devoid of feeling as it is absurd to suppose that they all liked the same poetry. In other words, the century must have witnessed more than one kind of poetry and held more than one opinion of what poetry should be.

Until recently, such matters aroused little curiosity and were seldom looked into. Too many well-established legends and prejudices so entirely obscured the issue that no one up to the present has been willing to read all the poetry of the century and everything that the poets themselves had to say about it. Now that this survey has been carried out, the woods are becoming distinguishable from the trees, in a way that previous surveys have failed to make possible, either because they were indiscriminate or biased, or both.

Simplistic generalizations about eighteenth-century poetry began during the nineteenth century, when literary history and criticism first became recognized genres. For a time the poetry was scrutinized either by dogmatists, who judged it in the light of a set of infallible rules, or by explicators, strongly affected by the romantic movement, who judged it in the name of personal taste and experience.[5] These diametrically opposed appraisals, though not without interest, are too broad, in that they, like the anthologies, view the century's poetry as a massive unit. In 1894, Lanson's *Histoire de la littérature française* initiated a new and professedly scientific approach. Yet both Lanson and subsequent historians of literature, while they attempt to sort out the poets of the century, group them so arbitrarily, each in his own way, as merely to create further confusion. Besides, the prevailing attitude of most writers toward the subject is coldly disdainful, which leads them to make constant use of sweeping generalizations. To quote only a few examples, one historian describes the years 1680–1715 as 'une époque sans poésie,'[6] another calls the period from 1700 to Diderot 'the nadir of poetry,'[7] while another labels the poetry of the second half of the century 'médiocre ou détestable';[8] one critic believes French poetry to be non-existent from Jean Racine to Henri de Latouche;[9] another reaches the lyrical conclusion that 'eighteenth-century French poetry is a winter landscape without sun, sharp in outline but soundless except for occasional scraping of bare branches in bleak wind.'[10]

None before or since ever went so far or was so influential in spreading this kind of condemnation as Lanson himself who, in the first edition of his history, claimed that in eighteenth-century French poetry 'on ne rencontre pas un éclat de passion, pas une impression, pas une image ...'[11] Yet, over a quarter-century later, in the seventeenth edition of his history (1922), he added a qualification:

> Il y a un peu de dureté dans les jugements qui précèdent sur la poésie du dix-huitième siècle, l'idée romantique du lyrisme les a trop inspirés. Je crois aujourd'hui qu'il y a une poésie de l'esprit comme il y a une poésie du sentiment, et que cette poésie est conforme au génie national. L'intelligence en France se mêle à tout, ce qui rend plus rare chez nous que chez d'autres la poésie pure, la notation artistique du sentiment séparé de tout élément intellectuel. Mais ce n'est pas une raison pour refuser catégoriquement le nom de poésie à cette combinaison d'intelligence, de sentiment et d'art que le xviiie siècle a cherchée et plus d'une fois réalisée, où l'émotion, la vibration sentimentale sont contenues de façon à ne pas troubler la clarté intellectuelle.[12]

Many of Lanson's followers seem not to have noticed this important rectification. However, only two years later, another literary historian and critic asserted 'chez nous commence à revenir le goût de cette poésie légère, exquise et subtile du xviiie siècle dont on a accusé depuis cent ans le prosaïsme.'[13] The tide was beginning to turn.[14]

But literary tides turn slowly. Many people who bring open and receptive minds to eighteenth-century music, painting or architecture, look on poetry of the same era with ill-concealed hostility. The reasons for this are diverse. Perhaps the reader demands constant echoes of his own thoughts and feelings, and these he presumably finds closer to hand in the poetry of his own day, or even in that of the preceding generation. To anyone of the sort, the French eighteenth-century poets can at first seem remote and even unpoetic. Or it may be that the reader accepts only what agrees with his or another's idea of poetry, rejecting anything else because of what it is not, refusing to see it for what it is. Yet much eighteenth-century poetry, when attentively explored, is able to convey an all-round pleasure as genuine as that yielded by a Chardin painting or a composition by Couperin. The present anthology aims not at arguing the reader into acceptance but at removing some of the obstacles to his enjoyment, by indicating what a particular group of poets was doing, so that a basis for eventual comparison with other groups may be established.

The portion of poetry with which this book is concerned represents one of three trends into which the poetic production of the century may be divided.

THE MAIN CURRENTS OF EIGHTEENTH-CENTURY POETRY

The first is the academic poetry that strongly insists on rules and classical standards, its pontiff being Boileau, its leading exponent Voltaire. While imagination and feeling are not excluded, its predominant features are reason and wit. The fact that it persisted throughout the entire century doubtless helps to explain both why it has received considerable (though far from satisfactory or complete) attention, and also why there has been a tendency for its prevalence to obscure and even hide a coterminous but less extensive current.

This latter, the second of the three currents and the subject of this book, is the individualist poetry that puts feeling before rules, qualities before forms, pleasure before profit and individuality before hierarchy. It was first defined in Charles Perrault's *Le Génie* (1686); its chief contributors, all Moderns, are the precursors Segrais, Saint-Evremond, Charles Perrault, the developers Fénelon, Fontenelle, La Motte, Chaulieu, La Fare, and the leading exponents Jean-Baptiste Rousseau, Gresset, Lefranc de Pompignan, Bernis, Louis Racine.

Shortly after mid-century, the second current was somewhat abruptly displaced by a third. Diderot was already asking in 1757 'Et qu'a de commun avec la métamorphose ou le sortilège l'ordre universel des choses, qui doit toujours servir de base à la raison poétique?'[15] To his question, Lebrun's *Le Génie* (1760) – the first poem with a fresh slant on the subject since Perrault's own *Le Génie* – gave a practical answer: it stresses the importance, for poetry, of two new ideas, one being the importance of the utilitarian as compared with the aesthetic role of art, the other the importance of the genius as compared with the man. Those who accepted such ideas and began to focus their poetic attention on 'l'ordre universel des choses,' now saw themselves as responsible, through their art, for the betterment of mankind in general. These 'universalists,' as they may conveniently be called, divide into two groups: those who fully adopt the new ideas and carry them out on a grand scale and those who, while rarely giving the ideas dogmatic treatment, use them either as basic point of departure or eventual goal.

The difference between individualists and universalists lies fundamentally therefore in shifts of emphasis. For example: the individualist poet tends to instruct by pleasing whereas the universalist poet aims to please by instructing; the former is more a man speaking to himself or to others like himself, whereas the latter is more an artist addressing an audience; while both groups think in terms of heart and art, the individualist more often uses persuasion, the universalist proof.

The above sub-divisions are, of course, not rigid. Currents that flow side by side sometimes meet and mingle. Yet it is hoped that the unmistakeable identification of at least three main divisions may help to bring greater order into a field of literature which, because of tradition, neglect, or miscomprehension, remains to a great extent chaotic.

It may be asked why our particular main division has been called 'individualist.' The designation has not been casually chosen. 'Regency' was rejected as inadequate, 'modern' as ambiguous. 'Rococo,' if used in its historical sense, would apply not merely to a single group but to all poets contemporaneous with the period of rococo architecture in France.[16] On the other hand, if used in its stylistic sense, the few comparisons that might be made between rococo art and the art of our thirteen unartificial poets would prove so simple as to be superfluous. Moreover, the term 'rococo' still retains either approbative or pejorative overtones, and while its use with regard to architecture and objets d'art is now more definite, its application to music and poetry, especially in France, remains problematical. The term 'independent,' not inappropriate, and on at least one occasion applied to La Motte and his confrères,[17] was discarded because of its possible suggestion that these poets were negative in attitude, objectors to some other group or movement, whereas they were the very opposite. They themselves would have been the first to remind us that true poets, without exception, are like plants which, while they may contribute ever so unobtrusively to the variety and effectiveness of the particular garden they belong to, nevertheless preserve their own identity intact within it. In this sense, every poet may be called an individualist, each being distinguished from the rest by attributes of his own. Yet some poets are also individualists in a different sense, i.e., they strongly stress the importance of maintaining a free and independent attitude in the practice of their art.

The poets that, in this special sense of the word, we have chosen to call individualist occur at intervals close enough to warrant considering them as a group.

THE INDIVIDUALIST POETS

They were no ordinary group, however, nor even an organized body. Not all were contemporaries. Only a few were members of the Académie. Some were well-disposed toward one another, others at odds. Yet, as poets, they are one in spirit. Naturally, in our limited space, it is impossible to include all of them. The most representative have therefore been chosen, i.e., those who not only have a considerable amount of poetry to their credit but who also express their ideas on the subject of what poetry means to them. Moreover, among these representative poets can be traced a network of further connections: for instance, Perrault's *Le Génie* is dedicated to Fontenelle, who became La Motte's close friend (the two were for a time regarded as co-rulers of the literary world) and also friend and hero of Bernis; Gresset considered the work of Chaulieu and La Fare worthy of emulation, while Jean-Baptiste Rousseau, who had been the friend of both the latter-named poets, warmly encouraged Gresset, Lefranc, and Louis Racine.

Furthermore, though the individualists, with all they have in common as poets, do not constitute a formal body, it is of interest to note that, despite a diversity of callings (soldier, lawyer, priest, professor, tax-official, etc.) they are unanimously of Lefranc's opinion that 'L'âme est un être pur, fait pour l'indépendance.' This shows itself in their detachment from organized groups (Rousseau was an exile, Gresset sought a more and more remote existence, Bernis advised the non-frequentation of writers, Racine longed for and finally found a rural refuge), in their refusal to become embroiled in literary squabbles, and even, occasionally, in their wearing of unorthodox attire (as in the portraits of J.-B. Rousseau by Largillière, of Fontenelle by Rigaud, and of Bernis by Greuze). This independence seems to have been beneficial rather than otherwise. In an age when, we are told, people died young, three lived past sixty, six past seventy, one past eighty, one past ninety, and one reached the century mark. La Motte, the shortest-lived of them all, died at fifty-nine. It need hardly be added that this anthology puts forward no notions of great, greater, greatest. The individualists believed that poetry's garden has room for more species than lily and rose.

It is to be noted that the group's precursors, Segrais, Saint-Evremond, and Perrault, belong neither to the metaphysical, baroque, nor *précieux* currents of the seventeenth century, nor are they disciples of Boileau, the poetic elements they stress being in direct contrast with the three basic points of Boileau's doctrine. Thus, while Boileau prescribes complete sub-mission of the poet to the laws of reason, Saint-Evremond and Perrault emphasize, respectively, the importance of individual 'fantaisie' and of the irrational in poetic invention. Similarly, Boileau's principle of the study of nature is offset by the prime significance, for Segrais, of 'l'esprit poétique' and, for Perrault, of 'le génie.' All three poets run counter to Boileau's insistence on the imitation of the ancients, being unanimously in favour of making poetry that in matter and manner is of its own time, factually and mythologically up to date. Saint-Evremond, *auteur malgré lui*,[18] stands for the non-professionalism so foreign to Boileau. Segrais, who has been called the forerunner of Chénier and Musset, strikes the neglected note of private lyricism. Finally, Perrault replaces Boileau's definition of poetic *art* (1674) with a definition of poetic *genius*. *Le Génie* (1686) is, in fact, the first *art poétique* of the moderns.

A CONCEPT OF GENIUS

Perrault proclaimed, in verse and prose,[19] that the stuff of poetry is infinite and inexhaustible, dependent for expression solely upon genius, a creative power whose quality is evinced differently by each man who possesses it.

Following his lead, the individualist poets, each in his own manner, stress this relativity of genius. Segrais, objecting to Boileau's narrow atti-tude on the subject, writes: 'il y a une infinité de manières qui ont toutes leur caractère qu'il [Boileau] ne doit pas mépriser.'[20] Saint-Evremond regards modern genius as more than equal to challenging the past,[21] while Fénelon is confident that the modern poet need not depend on predeces-sors.[22] Genius, for La Motte, is above all a personal matter: 'L'écrivain moderne doit par-dessus tout chercher à être original et neuf, à être soi-même';[23] likewise, for Lefranc[24] and J.-B. Rousseau, the initial source of genius is the inmost being of the individual poet. As Rousseau expresses it:

Je compris donc qu'aux œuvres de génie ...
L'âme toujours a la première part
Et que le cœur ne pense pas par art.[25]

Gresset foresees the infinite variety of genius such individuals can reveal:

il est dans tous les temps de nouveaux lauriers. Pour nous élever au grand, dans quelque genre que ce soit, ne partons point de l'humiliant préjugé que nous sommes désormais réduits au seul partage d'imiter et au faible mérite de ressembler ... Par quel asservissement désespé-rerions-nous de voir éclore de nouveaux prodiges de l'esprit humain, de nouveaux genres de beautés ... de nouvelles créations? Le génie connaît-il des bornes?[26]

His question is answered by Bernis, according to whom, by virtue of imagination, the transforming power of genius, everything in the world may be re-created:

L'air, le feu, la terre et les eaux,
Les fruits qui font plier nos arbres
Sont autant de mondes nouveaux.[27]

The other main aspect of genius, which provisionally we may call 'technique,' is described, for example, by Louis Racine, in his *Réflexions sur la poésie*:

Comme ce n'est point dans une stérile abondance de mots que consiste la beauté d'une langue, mais dans ces tours de phrase qui expriment la vivacité et la force des pensées, ceux qui possèdent bien la langue dans laquelle ils écrivent ne cherchent point à inventer des mots nouveaux, ils n'étudient que l'ordre dans lequel ils doivent ranger ceux qu'ils trouvent établis par l'usage. L'art de les mettre à leur place qui est l'art de bien écrire ne s'apprend ni dans la grammaire ni dans les dictionnaires et n'est point connu des médiocres auteurs. Faute de sentir la force des expressions, et d'en faire un bon choix, ils ne font qu'un bizarre assemblage de mots, qui sont, comme dit Rousseau, le clinquant du discours

Et qui, par force et sans choix envolés,
Hurlent d'effroi de se voir accouplés,

mais les grands génies leur trouvent leur place, et par des alliances heureuses, enrichissent la langue.[28]

For the individualist poets, whatever 'thinking heart' be the source, creative genius (briefly, imagination plus technique) is the essence of poetry. As Gresset sums up the matter 'la sévère et exigeante poésie n'a qu'un genre et qu'un mot, créer ou se taire.'[29]

The field of poetic creativity is thus thrown open to every type of individual genius, and the problem of *genres* solved by doing away with all but the latter's common essential. Yet the rights of genius are not extended without qualification. For genius is made up of more than two elements, and while these may differ in each poet, as to kind and degree, all must be present.

THE ELEMENTS OF GENIUS

These, already either explicit or implicit in what has been said above, are six in number: enthusiasm, imagination, originality, sensibility, taste, and judgment.

Enthusiasm, imagination

Since, for the individualist poets, as some of the following quotations make clear, imagination is the embodiment of enthusiasm, these inseparable elements may suitably be examined together. We are often misleadingly informed that enthusiasm was either unknown or despised in the first half of the eighteenth century.[30] Many poets and critics, belonging to the academic current, were in fact ignorant of it or chose to ignore it,[31] but the individualist poets laid special emphasis on enthusiasm and its concomitant, imagination. Segrais insists on the importance of *vivacité d'imagination*,[32] Saint-Evremond, as has been said, on that of *fantaisie*, and Perrault on that of 'un merveilleux savoir qu'on ne peut enseigner' which lines 15–80 of *Le Génie* unmistakeably reveal to be imagination. For Fénelon, poets are superior by reason of 'l'enthousiasme, qui les rend ... plus élevés, plus vifs et plus hardis dans leurs expressions.'[33] Moreover, for Fontenelle,[34] as for Fénelon, enthusiasm is immediate in its effect, being 'un enthousiasme soudain'[35] which instantaneously conveys an imaginative message to imaginative recipients: 'De là vient qu'un peintre et un poète ont tant de rapport: l'un peint pour les yeux, l'autre pour les oreilles; l'un et l'autre doivent porter les objets dans l'imagination des hommes.'[36]

We are frequently confronted by such comments as 'enthusiasm became more and more suspect in the early years of the century, and the leader in the attack on it was La Motte' or, again, 'the role of imagination received scant attention during the first half of the century.'[37] But La Motte's statement

> Enthousiasme tant qu'on voudra, il faut qu'il soit toujours guidé par la raison et que le poète le plus échauffé se rappelle souvent à soi, pour juger sainement de ce que son imagination lui offre[38]

means no more and no less than that of Valéry

> L'enthousiasme n'est pas un état d'âme d'écrivain ... C'est celui en nous qui choisit et c'est celui qui met en œuvre qu'il faut exercer sans repos.[39]

The fact of the matter is that, for La Motte, the term *enthousiasme* covers inspiration (the *donnée*), 'une chaleur d'imagination' (the creative gift) and 'une imagination échauffée' (for transforming the *donnée*).[40] These three are set in motion by things in nature. La Motte's idea of nature is equally precise:

> Il faut entendre par le mot de nature, une nature choisie, c'est-à-dire, des caractères dignes d'attention et des objets qui puissent faire des impressions agréables.

Many writers inexplicably cut off La Motte's statement at the word 'agréables' and accuse him of setting narrow limits to the source of enthusiastic imaginative reactions.[41] Whereas he goes on to say

> Mais qu'on ne restreigne pas ce mot d'agréable à quelque chose de riant: il y a des agréments de toute espèce, il y en a de curiosité, de tristesse, d'horreur même.[42]

Elsewhere he concludes that 'la perfection d'un esprit poétique' consists in 'une imagination sublime et féconde, propre à inventer de grandes choses différentes,' plus sound judgment, sensibility, and taste,[43] ideas which are also presented poetically in his *Ode sur l'enthousiasme*, in Chaulieu's *Ode sur l'imagination*, and in the first six stanzas of J.-B. Rousseau's *Ode à M. le Comte du Luc*.

For Gresset imagination possesses the power to transform existence and, combined with the creative gift, calls true poetry into being.[44] For Lefranc, enthusiasm, 'verve poétique' 'plein de nerf et de feu,' brings about a 'poésie libre et naturelle,'[45] whose diverse features are capable of arousing similar enthusiasm in the observant reader: 'l'imagination s'allume à la vue de pareils objets, l'esprit le moins vif s'échauffe, le plus stérile devient fécond.'[46] 'Il faut imaginer pour être poète,'[47] declares Bernis, who gives a poetical account of the imaginative process in the third canto of his *Quatre Saisons*. For Louis Racine, poetry is 'enthousiasme' embodied by the imagination, an idea which he greatly expands in his *Réflexions sur la poésie*.[48]

The claim is made that Diderot was the first to define enthusiasm. Basically, his much-quoted definition is an amalgam of those given above,[49] though its oratorical tone suffices to bring it out of harmony with the individualist point of view and into sympathy with that of the universalists. Elsewhere, however, Diderot adds to his conception of enthusiasm an idea completely foreign to those of the individualist poets:

> La clarté est bonne pour convaincre; elle ne vaut rien pour émouvoir. La clarté, de quelque manière qu'on l'entende, nuit à l'enthousiasme. Poètes, parlez sans cesse d'éternité, d'infini, d'immensité, du temps, de l'espace, de la divinité ... soyez ténébreux.[50]

To the individualists, who did away with so many poetic shackles, such an exhortation would undoubtedly have seemed to advocate the acceptance of a new set. Besides, for them, all-embracing enthusiasm is itself a *clarté* of the highest order, revealing in the way that light reveals.

> Aux yeux que Calliope éclaire
> Tout brille, tout pense, tout rit.[51]

Diderot's addendum, of course, alters the whole atmosphere of his original definition which thus becomes an entirely new one, in striking contrast with that of the individualist group. It is perhaps useful to note that neither definition is necessarily better than the other,[52] but that each, obviously, has different repercussions. For the individualist poets, creative enthusiasm, far from having anything of a tenebrist nature, is exactly the opposite:

> ... cette lumière féconde
> Qui colore, embellit, seconde
> L'heureuse imagination.[53]

Originality

Also called invention or *nouveauté*, originality is, like enthusiasm and imagination, an indispensable and individual gift. 'La nouveauté est nécessaire, sans quoi ce ne serait pas la peine d'écrire'; 'L'essence du poète est l'invention'; 'L'écrivain moderne doit par-dessus tout chercher à être original ... '[54] This further element of genius is revealed under a variety of aspects.

Segrais considers himself capable of dispensing with the muses' aid, in favour of his own imagination as independently original.[55] In Saint-Evremond's view, originality depends on contemporaneity,[56] in that of Perrault, on texture.[57] Chaulieu is constantly singled out above all else for his originality.[58] *Télémaque*, the century's most widely published and appreciated poem, demonstrates, in subject, form, and style, that originality may be multiple.[59] For Fontenelle, one kind of originality consists in the renewing of old images, another in that of inventing new ones, both kinds to be used in the treatment of original, i.e., new, subjects, both historical and imaginary.[60] For La Motte, originality is promoted by looking at the familiar in one's own way, since things have endless possibilities of original presentation through each individual who experiences them, and by widening the field of subject matter to include everything worthy of poetic treatment.[61] J.-B. Rousseau, inventor of a new poetic form, the *cantate*, states categorically: 'L'art n'est point fait pour tracer des modèles.'[62] Gresset sees the resources of originality as inexhaustibly affording 'de nouveaux prodiges de l'esprit humain, de nouveaux genres de beauté ... de nouvelles créations,'[63] a list which, for him and for his fellows, implies the original handling of both imagination's sympathetic and cognitive activities, from noble and serious to witty and humorous. In Lefranc's opinion, even a commonplace may be 'une source intarissable de fictions, d'images, de comparaisons et de pensées,' providing 'des idées neuves, riantes, voluptueuses.'[64] Similarly, for Bernis, originality should spring from the treatment, by imaginative individuals, of just what lies around them:

N'épuisons point notre imagination à créer un nouvel ordre de choses; approfondissons celles qui sont connues; peignons-les d'une main hardie; et, sans y penser, nous deviendrons de grands peintres, et des peintres originaux.[65]

For Louis Racine, originality would seem to be the blend of wisdom and wonder that from epic to fable colours the substance of true poetry.[66]

Sensibility

The first three elements of genius are peculiar to the poet. The fourth element, sensibility (also called *sentiment*), has twin functions: it is both initiator and communicator. As initiator, it too is peculiar to the poet, since here its role is to ignite the elements of genius and keep them burning in a single flame. As communicator, it is no longer peculiar to the poet, being also possessed by each individual who responds to his poetry. Sensibility, in its second role, provides the two-way bridge from executant to auditor and auditor to executant and thus becomes, so to speak, the doubly humanizing agent in art.

Segrais maintains that 'l'esprit poétique' must be common to both poet and reader.[67] As is the case with many of the individualist group, Saint-Evremond's poetry is addressed to friends and was not intended for publication. Perrault seems to reveal a predilection for poetry that can reach a variety of sensibilities, as, for instance, when he says: 'Ces fables ... ont le don de plaire à toutes sortes d'esprits, aux grands génies, de même qu'au menu peuple, aux vieillards comme aux enfants.'[68] Although here he is speaking of opera, the same words would apply even more appropriately to his own poetic *contes*, whose appeal is universal. Yet they were written for his son. Fénelon asks for the most direct sharing of sensibility, his ideal poet being 'un homme qui me fasse oublier qu'il est auteur, et qui se mette comme de plein-pied en conversation avec moi.'[69] Fontenelle points out that the two chief species of sensibility are the more or less emotional and the more or less intellectual.[70] La Motte stresses the prime importance of feeling, in the maintenance of poetry's integrity:

> Celui qui sent laisse là le principe et n'exprime que ce qu'il éprouve. L'argument bien arrangé ôte le merveilleux, en y substituant l'insipide, au lieu que le sentiment tout pur rétablit le merveilleux par sa simplicité même,

this in the interests of pleasurable communication with the reader.[71] J.-B. Rousseau says of the would-be poet:

> Remuer l'âme est son premier devoir
> Et l'art des vers n'est que l'art d'émouvoir.[72]

The reciprocal drive of genius and sensibility is briefly noted by Gresset as 'la vive énergie / Du génie et du sentiment'; the full force of the latter is brought out by him as follows:

> Les pleurs décident mieux que les réflexions.
> Le goût, partout divers, marche sans règle sûre.
> Le sentiment ne va point au hasard.
> On s'attendrit sans imposture,
> Le suffrage de la nature
> L'emporte sur celui de l'art.[73]

Of the poetry of scripture, Lefranc observes:

> Pour comble de perfection, son caractère propre est d'émouvoir, d'intéresser, et de parler toujours au cœur. Le sentiment domine dans tout ce que l'Esprit-Saint a dicté aux hommes inspirés,

and of his own secular poetry:

> Je suis du sentiment l'impulsion fidèle,
> Ce qu'il dicte avec feu, je l'écris avec zèle.[74]

Bernis expresses both functions of sensibility in three pungent lines:

> Il faut sentir pour savoir l'art de peindre,
> Et de nos cœurs étendre dans autrui
> Ce pur rayon du feu qui nous a lui.[75]

Racine's attitude on the question is perhaps best suggested by the words in which he dedicates his first major poem, *La Grâce*: 'Ce n'est point ici un traité théologique, c'est un poème; ce n'est point au docteur que je parle, c'est au commun du monde.'[76]

The sensibility of most of the individualist poets is in one respect limited. In general they may be said to eschew syrup, satire, and spleen, i.e., their compliments are few and unflowery, they avoid harsh criticism of others, they express sorrow without morbidity.[77] It would have been something more than human had they invariably curtailed their sensibilities in this manner, but their random lapses are not characteristic,[78] and adulation, sarcasm, and self-pity are significantly absent from the truly representative portion of their work.

Unfailingly aware of sensibility's role as initiator, the individualist poets are equally conscious of its communicative role. They never write for themselves alone, nor for an *élite*, nor with an impersonal audience in mind. Almost invariably they address themselves to an individual reader in whose ability to understand they have full confidence, since, whether he be a known friend or an unknown one, he is a man of like sensibility. He is also a man of like sense.

Taste, judgment

Like enthusiasm, taste does not stand alone, judgment (also called *raison* or *esprit*) being its natural concomitant. For this reason, these, the two final elements of genius, like the two first, may suitably be examined together. For the individualist poets, taste is both determinative and discriminatory. 'Nos goûts font nos destins,'[79] writes Gresset, who also points out, more specifically, that taste is, along with the other elements of genius, a determinant of personal and poetic conduct,[80] and relative to individual, race, and climate.

> Malgré les beaux raisonnements
> De tant de rêveurs à système
> Qui prônent en longs arguments
> Que l'homme partout est le même,
> Tous les peuples sont différents,
> Chaque climat a ses nuances,
> ... contrastes de génie,
> Et d'opinions, et de goût.[81]

Thus nuance and contrast are what ultimately differentiate one poet from another, even within the same area of poetic activity. Any number of poets may practise 'l'art de peindre les sentiments,' i.e., the genial reproduction of feelings, gestures, or reflections aroused by either inner or outer aspects of 'la simple nature.' It is in following his own bent (genius, taste, and judgment being the terms most usually associated in this connection) that each poet determines the individual quality of his work.

While the individualist poets write for sympathetic readers having the same kind of sensibility and sense as themselves, they are aware that, like themselves, each of those readers represents a personal and hence not altogether predictable taste. As J.-B. Rousseau puts it:

> Tous les lecteurs ont leurs goûts, leurs manies.
> Quel auteur donc peut fixer leurs génies?[82]

The solving of this problem is the special role of judgment, which must exercise that role from start to finish of the creative process. As La Motte expresses it:

> un enthousiasme réglé est comme ces douces vapeurs qui ne portent qu'assez d'esprit au cerveau pour rendre l'imagination féconde et qui laissent toujours le jugement en état de faire, de ses saillies, un choix judicieux et agréable.[83]

The discriminatory-determinative operation of judgment is even more explicitly stated by Fontenelle:

> vous savez trop qu'il faut de l'enthousiasme pour la poésie; mais qu'il
> faut en même temps une raison qui préside à tout l'ouvrage, assez
> éclairée pour savoir jusqu'où elle peut lâcher la main à l'enthousiasme,
> et assez ferme pour le retenir quand il va s'emporter.[84]

But 'l'essor et les succès de la raison et de l'esprit,'[85] to borrow Gresset's
phrase, are not easily accomplished. For J.-B. Rousseau it involves 'des
veilles, des travaux,' 'étude et travail,'[86] for Bernis 'des veilles et des
peines.'[87] These are not idle words. For example, Segrais, in the course of
polishing his poem *Athys*, rejected several hundred lines; the composition
of Bernis' *La Religion vengée* occupied some seventeen years; Lefranc
spent fifteen years perfecting his *Poésies sacrées* before allowing them to
be printed and twelve more in bringing the collection to its final form;
Louis Racine devoted two decades to *La Religion* and thirteen years to his
twenty-one *Odes saintes*. Judgment is chiefly and rightly used

> A rejeter des beautés hors de place,
> Mettre d'accord la force avec la grâce,
> Trouver aux mots leur véritable tour,
> D'un double sens démêler le faux jour,
> Fuir les longueurs, éviter les redites,
> Bannir enfin tous ces mots parasites
> Qui malgré vous dans le style glissés
> Rentrent toujours quoique toujours chassés.[88]

Yet the individualist poets are also aware that judgment, by whatever
name it is called, may be abused. For example, by

> ... ces ignobles Zoïles,
> ... ces enfileurs de dactyles,
> Coiffés de phrases imbéciles
> Et de classiques préjugés,
> Et qui, de l'enveloppe épaisse
> Des pédants de Rome et de Grèce
> N'étant point encor dégagés,
> Portent leur petite sentence
> Sur la rime et sur les auteurs.[89]

Such are also 'les entrepreneurs du génie' with their

> ... raisonneuse manie
> Dont l'âpre et sèche fantaisie
> Est la grippe de la raison
> Et des esprits à l'agonie.[90]

These change true reason into

> Cette raison froide et timide
> Qui toise impitoyablement

Et la pensée et le langage
Et qui sur les pas de l'usage
Rampe géométriquement.[91]

True reason is quite different. It is capable of relinquishing whatever rules it may follow, in favour of a higher rule: 'encore que le propre du génie soit de s'élever quelquefois au-dessus des règles, cela même est une règle ... où le poète ne peut arriver à son but qu'en s'élevant au-dessus de la raison' to the level of 'une autre raison supérieure dont le poète n'est que l'organe.'[92] On the other hand, *esprit* may achieve success unaided,

... l'esprit seul peut sans doute
Aux grands succès se frayer une route,

but the result is lifeless:

Son plus beau feu se convertit en glace
Dès qu'une fois il luit hors de sa place
Et rien enfin n'est si froid qu'un écrit
Où l'esprit brille aux dépens de l'esprit.[93]

This is explained by the fact that judgment has deserted its unique monitor. Here again, J.-B. Rousseau's advice is applicable:

Votre cœur seul doit être votre guide,
Ce n'est qu'en lui que notre esprit réside.[94]

Judgment's role is that of an executant, the concomitant of taste, but both judgment and taste are sympathetically dependent on sensibility for direction. 'La réflexion suit volontiers la pente où le sentiment la mène et toujours l'esprit souscrit rapidement au mérite de ce que le cœur adore.'[95] Or, to put it another way: 'L'esprit dit ce qui devrait plaire, le cœur décide toujours mieux en sentant ce qui plaît.'[96] Moreover, judgment only realizes its full capacities when associated in well-balanced co-operation with sensibility.

L'esprit n'est jamais las d'écrire
Lorsque le cœur est de moitié.[97]

Though Bernis evidently prefers to think of poetry as 'un talent qui ne s'acquiert pas, et qui se développe même avant la raison,'[98] and says idealistically of his procedure as poet: 'je vais consulter mon cœur; j'écrirai sans art et sans méthode,'[99] he nevertheless acknowledges the general importance of taste and judgment for the arts and sciences, and their particular importance for poetry.[100] The comparative value of taste and judgment is summed up somewhat negatively by Louis Racine who, while he acknowledges the indispensability of the two elements, nevertheless warns that to be a poet to the fullest extent 'le goût, l'esprit et l'étude ne suffisent pas, il faut le génie.'[101] La Motte sums up the positive aspect of taste and judgment (both of which, for him, may be conveyed by the one word *goût*) in lines that profoundly suggest the essentially cognitive-affective nature of this intellective feeling, an awareness more subtle and discriminating than that of the intellect alone:

> Mais ce goût du beau, c'est peut-être
> Moins ce qui nous le fait connaître
> Que ce qui nous le fait sentir.[102]

In the foregoing presentation of genius and its six elements, only quotations from the individualist poets themselves have been used, and these in necessarily limited number, a more or less complete exposition having been given elsewhere, together with the views of those codifiers who, consciously or unconsciously, championed the same cause.[103] It may be objected that the consideration of genius and its elements is not confined to a single group of poets. This is true, but while the terms remain the same, they are differently interpreted by both the academic and universalist groups, the result being other networks of stresses and correspondences, equally authentic but strongly contrasted poetic climates.[104]

A CONCEPT OF POETRY

Poetry the Imitator of Nature

For the individualist poets, the combined object of genius and its elements is the imitation of nature, a phrase which for them is devoid of controversial overtones. Their imitation of nature means the giving of pleasure by moving the hearer or reader, by stirring his heart and gratifying his mind through the presentation of things not seen or perceived in the same way before. Perrault makes this evident in *Le Génie*, when he says of the poet:

> Par lui mille beautés à toute heure sont vues
> Que les autres mortels n'ont jamais aperçues.[105]

The poet's revelation of such things is not a matter of descriptive reproduction but of imaginative verisimilitude. Louis Racine provides the fullest account of the way in which the individualist poets interpret this principle. Imitation, he states, is the poet's basically emotional response to anything whatsoever in nature or in human character; it is neither exact nor free, neither wholly objective nor wholly subjective, yet it has definite characteristics. 1 / Completely detached from its point of departure, imitation exists as a self-sufficing source of enjoyment. 'Ce n'est pas l'objet qui nous plaît, c'est l'imitation.' 2 / Since it is imaginative, imitation can offer more than the original model by reason of its richer composite structure. 3 / Imitation aims at verisimilitude within its own world, but avoids detailed precision as detrimental to the kind of pleasure it aims at providing; it is selective, not positive truth but truth appropriate to the pleasure intended. 4 / The intended pleasure of poetic imitation, from epic to fable, is primarily produced by the embodiment of a poet's imaginative reaction to people, circumstances, places, history, or things, and to that intended pleasure is added the more or less unintended one of the poet's presence, a poetic self-imitation, as Racine calls it. Just as imitation offers more than the original model, so does self-imitation and, since both are products of the same genius, the integral imagination, i.e., the poem, of whatsoever kind, is, ultimately, a portrait of the artist as poet.[106] Any poetic imitation is therefore the self-contained, rich, non-realistic selective presentation, in special language, of a poet's response to anything and, simultaneously, the direct or indirect recording of himself giving access to what Bernis calls 'le monde poétique.'[107] Such an explicit definition of poetry brings out the full force of Gresset's effective but extremely condensed one: 'cet art créateur qui sait franchir les barrières du monde.'[108]

Poetry a Kind of Painting

Yet another definition, with which all of the individualist poets are in harmony, rounds out and enriches Louis Racine's description of poetic imitation. It is by Bernis: 'La poésie est une espèce de peinture et de musique.'[109] While the idea of poetry as painting originates with Horace's *ut pictura poesis*, the individualist poets do not attach a literal interpretation to the phrase. True, 'tout poète qui n'est pas peintre n'est qu'un versificateur,'[110] but it is not here simply a question of depiction but also of the poet's reaction. 'Il faut sentir la passion pour la bien peindre,'[111] writes Fénelon, who by 'passion' means everything that touches or kindles the reader's emotions: 'Peindre, c'est non seulement décrire les choses, mais en représenter les circonstances d'une manière si vive et si sensible, que l'auteur s'imagine presque les voir.'[112] The reproduction of such effects is not merely descriptive but evocative, their originator being moved intermittently before and during the creative process, a complex, discontinuous, and subtle operation, which Fénelon describes in terms of the painter's art.[113] Poetry, 'l'art de peindre,' for Gresset, not only has power to metamorphose everything that exists, since it is

> ... cet art, ce pouvoir enchanteur
> Qui sait au moindre objet imprimer sa splendeur

but can also reveal hitherto indiscernible beauty by means of a vitalizing force which

> ... des voiles épais qui couvrent la matière
> Fait éclore à son gré les fleurs et la lumière.[114]

Yet Bernis' statement: 'Il faut sentir pour savoir l'art de peindre,'[115] reminds us of the important distinction made by his above-quoted definition: poetry is not *une peinture* but *une espèce de peinture*. The same definition is equally careful to point out that poetry is *une espèce de musique*.

Poetry a Kind of Music

It is not surprising that these poets who, to use Fénelon's expression paint for the ear,[116] should lay special stress on poetry as a kind of music. The individualists come by this naturally, being true descendants of the sixteenth-century Académie de Poésie et de Musique,[117] although, as might be expected, their attitude toward the relationship of the two arts is their own. They hold either that poetry came from music or that the two originated together and that poetry both retains and seeks to preserve, insofar as possible, certain features of this early association.[118]

Perrault records the immediacy with which music affects every part of the hearer:

Ce bel art tout divin par ses douces merveilles
Ne se contente pas de charmer les oreilles,
N'y d'aller jusqu'au cœur par ses expressions
Emouvoir à son gré toutes les passions:
Il va, passant plus loin, par sa beauté suprême,   5
Au plus haut de l'esprit charmer la raison même.[119]

Versification

In *Le Génie*, Perrault shows that the same universal immediacy is characteristic of poetry:

Il faut qu'une chaleur dans l'âme répandue
Pour agir au dehors l'élève et la remue,
Lui fournisse un discours qui dans chaque auditeur
Ou de force ou de gré trouve un approbateur,
Qui saisisse l'esprit, le convainque et le pique,
Qui déride le front du plus sombre critique,
Et qui par la beauté de ses expressions
Allume dans le cœur toutes les passions.[120]

While Gresset mentions only music's effect upon the feelings: 'l'harmonie seule jouit d'un pouvoir beaucoup plus personnel et plus marqué sur le cœur qu'elle en sait manier tous les replis, qu'elle en sait faire jouer les ressorts les plus secrets, et que des sens charmés elle passe aux sentiments, preuve invincible de ses avantages ... même sans le secours des paroles ...,'[121] he regards poetry as universal in scope, involving the ideal programme of man and his world, and warns the poet:

Il faut être sans imposture
L'interprète de la nature
Et le peintre de la raison.[122]

In view of the individualist poets' concept of poetry, such a programme cannot help but be carried out 'musically,' though in a variety of ways. For Fénelon, who defines poetic enthusiasm as 'une espèce de musique,' 'toute la beauté consiste dans la variété des tons, qui haussent ou qui baissent selon les choses qu'ils doivent exprimer.'[123] He advises that special heed be paid to instrumentation: 'La perfection est d'observer toujours les divers caractères, de varier son style suivant les sujets, de s'élever ou de s'abaisser à propos, et de donner, par ce contraste, des caractères plus marqués et plus agréables. Il faut savoir sonner de la trompette, toucher la lyre, et jouer même de la flûte champêtre.'[124] With regard to composition, he advises a musical texture which depends not only on the words chosen but the order in which they are placed, just as in music the relative positions of the notes of a given chord are changed (inversion) or arrival at a given chord delayed (suspension) in order to produce a more telling effect upon the hearer. 'Otez cette inversion, et mettez ces paroles dans un arrangement de grammairien qui suit la construction de la phrase, vous leur ôterez leur mouvement, leur majesté, leur grâce et leur harmonie: c'est cette suspension qui saisit le lecteur.'[125] It is to be noted that Fénelon's remarks take cognizance of both the outer and inner music of poetry.

J.-B. Rousseau divides poetry's quality of language (Fénelon's 'variété des tons' – trompette, lyre, flûte) into three main degrees or intensities of poetic enthousiasme. These are communicable by corresponding modes or styles, any two or even all three of which may be found within a single poem. Each of the three modes is a fusion of 'ton' and 'manière,' producing a light style which must nevertheless originate in 'une âme sincère'; 'un style plus sévère' which is worthless if it speaks to the mind but says nothing to the heart;[126] and 'le haut style'[127] for the realization of which

... tout auteur ...
Doit s'imposer l'indispensable loi
De s'éprouver, de descendre chez soi
Et d'y chercher ces semences de flamme
Dont le vrai seul doit embraser notre âme
Sans quoi jamais le plus fier écrivain
Ne peut atteindre à cet essor divin,
A ces transports, à cette noble ivresse ...[128]

The quality of individualist poetry's language is the equivalent, in words, of the language of harpsichord music. The compositions of Bach, Couperin, and Handel fall into the same three fusions of 'ton' and 'manière,' varying all the way from majestic *ouverture* and *chaconne* through dignified *allemande, courante, sarabande,* and *gigue* to light *galanteries*: e.g., *menuet, gavotte, musette, bourrée, passepied, polonaise, air.* On one occasion J.-B. Rousseau likens the poet's art to a harpsichord,[129] the appropriateness of the comparison lying in the fact that the poet, like the harpsichordist, is able to use his light, medium, or full-toned registers either separately or in combination.[130]

Bernis recognizes three modes: the Cephalian (or intimate), the Arachnean (or precious), and the Herculean (or heroic).[131] For Gresset, the poetic modes are two in number: the poetry of natural feeling: 'l'art de peindre les sentiments,' and Orphic song, the product of 'les dons de ce génie/Qui fait dans des genres divers/Les oracles de la patrie/Et les maîtres de l'univers.'[132] Lefranc, who writes: 'car si la poésie ressemble à la peinture, elle doit aussi imiter la musique, dont le charme consiste dans une mélodieuse variété de tons et d'accords,'[133] orchestrates his poems according to their general or incidental meaning or tone; each poem is thus a single movement or suite of contrasted movements, each movement being either a variant of one of three types, *vivace, adagio, moderato,* or a composite of all three. In his didactic poems, Louis Racine, whether consciously or not, follows the example of opera in the first half of the century, with its contrasted sequences of recitative, arioso, and aria, for narrative, dramatic, and lyrical purposes; *La Grâce* and *La Religion*, within their deliberately discontinuous cantos move, so to speak, from recitative to arioso and from arioso to air, thus giving their explanatory, illustrative, and affective passages a particular kind of musical fluidity.

The successful carrying out of these various procedures depends on a knowledge of what poetic musicality in essence really is. Fontenelle writes of poetry that 'Indépendamment du fond des sujets qu'elle traite, elle plaît à l'oreille par son discours mesuré, et par une espèce du musique ...,'[134] qualifying this statement by pointing out that poetry must give 'moins au talent qu'à l'esprit, moins aux ornements qu'au fond des choses.'[135] The outer music of poetry thus becomes subordinate to the inner. The fundamental distinction between music proper and the music of poetry is brought out by La Motte: 'La musique flatte l'oreille par la précision de ses mouvements, par l'intervalle de ses sons et par la justesse de ses accords. Quel rapport y a-t-il de tout cela avec un certain nombre de syllabes qui n'exigent par elles-mêmes aucune inflexion différente; car ce sont les idées seules qui en vers comme en prose demandent des inflexions variées, selon que l'âme en est différemment affectée.'[136] 'Le style n'est autre chose que les idées mêmes et l'ordre dans lequel on les range. Les mots comme sons

ne font le style et ils ne le sauraient faire que par le sens qu'ils représen-
tent.'[137]

Thus poetry's essential music depends not on the sound of words but
on their symbolic value. The latter is, in fact, responsible for causing an
illusion whereby words, because of the way they are chosen and placed,
acquire in their new position a musical beauty beyond that of their con-
sonants and vowels: 'Ainsi, par une illusion naturelle, les mots semblent
se parer à notre oreille de l'agrément des choses mêmes, et ils ne sont
sonores le plus souvent que d'une harmonie tout à fait étrangère aux
syllabes.'[138] Not that this process is easy. The words that go to make
poetry are not only 'les mots les plus propres à exprimer l'idée' but 'les
plus propres à exprimer l'idée avec toutes ses circonstances accessoires.'[139]
The latter phrase indicates that a word (like a note in music) depends, for
its full effect, on appropriate collaboration with every other word in the
poetic texture of which each is not a separate unit but an integral part. La
Motte completes his definition of poetry's essential music by pointing out
that it consists not in regular measure and recurrent rhyme (at best an
added effect, at worst an 'agencement de sons frivoles')[140] but in the per-
fect unison of matter and manner, that is, the combined presence of 'la
hardiesse des pensées, la vivacité des images et l'énergie de l'expression,
indépendamment de toute mesure.'[141] In short, for La Motte and his
fellow-poets, the secret of poetic musicality lies not in perfection of
prosody but in quality of language.

It is to be noted that the making of this latter distinction entails
neither the condemnation nor the rejection of the outer music of poetry.
It does imply a new attitude toward prosody, an attitude which is all the
more significant in that, except for Fénelon, the individualist poets main-
tain the practise of versification throughout their work. Saint-Evremond
could not endure 'qu'on sacrifiât le pensée à la rime, et la force de l'expres-
sion à la cadence des mots';[142] he demands the renovation of prosody,
whose tyranny is also deplored by Fénelon: 'Chez nous un poète a autant
besoin de penser à l'arrangement d'une syllabe qu'aux plus grands sen-
timents, qu'aux plus vives peintures, qu'aux traits les plus hardis.'[143]
Fontenelle would have rhyme spring from, not fetter, the sense. La Motte,
who for a short time unsuccessfully attempted to show that poetry can be
independent of versification,[144] demonstrated by his use of the latter until
the end of his life that this ornament is fully justifiable when it flowers
naturally from the inner structure.[145] J.-B. Rousseau speaks sarcastically
of those poets who refer to users of 'la raison et la rime' as 'mécaniques
écrivains.'[146] Gresset, who hates 'inutilités harmonieuses,'[147] is the cen-
tury's most masterful handler of unemphatic rhyme and hence a chief
contributor to the renovation Saint-Evremond demanded. Lefranc, an
enthusiast for rhyme and metre, writes two books of *épîtres*, particularly

liking this form because of the variety of subject-matter it permits and because 'on y déploie tout son talent pour la versification.'[148] Bernis, while envying the poet

> Qui, des oiseaux écoutant les chansons,
> Rime des vers aussi doux que leurs sons,[149]

is himself an impeccable practitioner of the Herculean 'noble cadence' and of the cephalian 'touchante mélodie.' Louis Racine sums up the nature of poetic musicality in a well-rounded description of what might be called poetry's two-part inventions:

> Quand les sons expriment des pensées, ils doivent non seulement avoir entre eux ce rapport juste et varié qui contente l'oreille, pour contenter encore notre âme ils doivent avoir un rapport avec les pensées qu'ils expriment.[150]

His final word on the matter is conclusive: 'il est bien évident que la poésie ne consiste pas dans la versification ...'[151]

Since the nineteenth century, it has been customary to label eighteenth-century prosody as artificial, cliché-ridden, and monotonous, yet the individualist poets, while assigning versification its proper place, also put into practice their theories on the need to improve it.

J.-B. Rousseau attacks *esprit* (taken in its pejorative sense of defective judgment) as responsible for misleading both poets and critics, whom he describes as

> ... confondant sous le nom de génie
> Tout mot nouveau, tout trait alambiqué,
> Tout sentiment abstrait, sophistiqué,
> Toute morale insipide et glacée,
> Toute subtile et frivole pensée,
> Du sens commun déclarés ennemis
> Et de l'esprit adorateurs soumis.
> Car c'est l'esprit qui surtout ensorcèle
> Nos raisonneurs à petite cervelle,
> Lynx dans le rien, taupes dans le réel,
> Dont l'œil aigu, perçant, surnaturel,
> Voyant à plein mille tâches pour une
> Dans le soleil, n'en voit point dans la lune.[152]

Equally thorough in combatting the abuses he condemns, Rouseau makes incessant attempts to vary form, tone, manner, and rhythm; he emphasizes the need for a certain *désordre*, by which he means conversational communication raised to a level at which discontinuity, ellipsis, and digression can perform their subtlest functions; he uses short metres, *vers impairs,* and a variety of stanza-lengths; he exercises freedom in the matter of vocabulary, recommending and practising a constantly renewed poetic language of symbols, mythological, allegorical, typical, or natural, and is especially original in his handling of doubly-vibrating paradoxical or antithetical word-combinations.[153]

Saint-Evremond, whose preferred form is 'stances irrégulières,' objects to conventional rhyme and diction: 'Je ne trouve jamais le *chant des oiseaux* que je ne me prépare au bruit des ruisseaux; les bergères sont toujours couchées sur des fougères, et on voit moins les bocages sans les ombrages dans nos vers qu'au véritable lieu où ils sont.'[154] He advises the suppression of mythological baggage: 'Que l'amour perde son bandeau, son arc, ses flèches, son flambeau.'[155] 'Nous outrons le fabuleux par un assemblage confus de dieux, de bergers, de héros, d'enchanteurs, de fantômes, de furies, de démons.'[156] As noted earlier, he holds the prime factor in the making of images to be the poet's 'fantaisie,' i.e., his imagination.

Fénelon, whose *Télémaque* is the finest prose-poem of the century, regrets the impoverishment of poetic vocabulary and demands its rehabilitation;[157] he would introduce greater freedom of rhyme, rhyme-scheme, and rhythm and make versification optional. Above all, he is opposed to superfluous ornamentation. Fontenelle, who shares the same viewpoint, asks: 'que serait-ce, si l'on venait à découvrir et à s'assurer que ces ornements pris dans un système absolument faux et ridicule ... ne sont pas dignes d'être employés, et ne valent pas la peine qu'ils coûtent à employer? ... il y a de la puérilité à gêner son langage uniquement pour flatter l'oreille ...'[158] He favours a new system of figures; real and direct images are preferable to mythological ones, the latter being acceptable only if given a fresh turn. In this connection, he amusingly develops an unorthodox image from an orthodox one to bring out the difference in depth between the old system and the new one he proposes: 'Si je veux présenter un bouquet avec des vers, je puis dire ou que Flore s'est dépouillée de ses trésors pour une autre divinité, ou que les fleurs se sont disputé l'honneur l'être cueillies; et si j'ai à choisir entre ces deux images, je croirai volontiers que la seconde a plus d'âme, parce qu'il semble que la passion de celui qui a cueilli les fleurs ait passé jusqu'à elles.'[159]

La Motte's ideas on versification have been dwelt on at some length above. Like Fontenelle, he favours the reduction of mythological allusions, but what he considers absolutely essential is poetry's tissue of interwoven suggestive phrase and evocative figure: 'Ce qui nous paraît indispensable, c'est ... une fiction de figures et de tours qui donne de la vie à tout, qui mette la raison même en images, qui fasse agir et raisonner les vertus et les vices, et qui, en peignant les passions, fasse quelquefois sentir d'un seul mot de génie leur principe, leurs stratagèmes et leurs efforts. C'est cette sorte de fiction qui fait le poète.'[160]

For Gresset, whose critical attitude towards versifiers has been illustrated above, the elements of versification, i.e., *les finesses de l'art*, consist of 'traits parlants' and 'convenances marquèes.' The former, which produce poetry's inner harmony, express 'toute l'énergie du cœur,' avoid any hint of a conventional tag, e.g., 'refrains de *chaînes, d'ardeurs,* de *beaux destins,* de *belles flammes,*' and welcome the appropriate re-introduction of unjustly forgotten vocables. 'Traits parlants' include all figures, mythological, allegorical, imaginary, or real, provided they be new and have the special power of opening up hidden perspectives. 'Convenances marquées,' which produce poetry's outer harmony, involve rhyme, rhythm, and texture. Gresset's favorite eight- and ten-syllable lines avoid sameness by a constant redistribution of rhythm and (except in the formal stanza) rhyme. His texture, free from both 'insipide symétrie' and 'l'ennuyeuse beauté d'un chant trop concerté' is distinguished by

... cette aisance,
Ces sentiments, ces traits diserts
Et cette molle négligence
Qui, mieux que l'exacte cadence
Embellit les aimables vers.[161]

Lefranc encourages the use of striking figures, illuminating periphrases, bold grammatical constructions, and the enrichment of poetry's language through the inclusion of foreign idioms. Rhythm and rhyme which, according to him, guarantee a kind of artistic balance, must be of a character corresponding to and governed by that of the poem's content. Above all for Lefranc, poetic invention implies the conciliation of law and magic, a process he conjures up in the suggestive phrase *rêver des mots.*[162]

Bernis, in his *Discours sur la poésie,* condemns clichés such as 'les fleurs des prairies, le murmure des ruisseaux, les pleurs de l'aurore et le badinage des zéphyrs,'[163] and criticizes poets whose object is 'écrire des élégies insipides à leurs Dulcinées, pour faire dans leurs vers murmurer doucement les ruisseaux, voltiger les zéphyrs, soupirer Philomèle.'[164] (One must remember that in such criticisms it is not the words themselves that are condemned but the way they are misused. The modern reader is apt to forget this and balks, for instance, at a word like *aquilon,* though he accepts it unhesitatingly in Lamartine [*l'Isolement*], Hugo [*Légende des siècles: Eviradnus; Vision*] and Baudelaire [*Fleurs du mal,* no 39]. Yet this and many other such words were in regular poetic usage long before Segrais' time and are still used today.) For Bernis, each poem is the creation of a *monde poétique* which is two worlds in one: things as the poet sees them, plus the poet as he looks at things; in other words, immediate contact with nature in all its forms, external and human, and imaginative reaction to it.[165]

Louis Racine devotes several chapters of his *Réflexions sur la poésie* to prosody and its problems. His general attitude toward this particular province of genius has already been stated. Poetry's expressive constituents are particularized by him as 'tours de phrase' and versification. The former are of four types: ordinary words so combined as to transcend collectively their individual force; bold, lyrically abridged metaphors resulting from ordinary words in extraordinary juxtaposition; metaphors of comparison: *a* those by which something is said to be like something else; *b* those which, suppressing the comparison, say that something *is* something else; *c* those which, by combining two or three suppressed comparisons, create a myth; periphrases, since in poetry two words are sometimes better than one. Of these there are four kinds, two justifiable and two undesirable. The first gives greater value than the exact word; the second, when used to avoid repetition of the same word, throws new light on the latter; the third is sometimes regrettably necessitated by an arbitrarily restricted vocabulary whose limitations Racine deplores; the fourth, the periphrasis of affectation or artificiality, is to be shunned. Racine sees the careful handling of periphrasis as an art in itself.[166]

While the individualist poets attributed the decadence of versification to the faulty use of taste and judgment, they believed that the right use of these elements would result in the reforms they proposed. Bernis, for example, regards the proper exercise of taste and judgment as essential to the two fundamentals of versification: simplicity, without trace of sensationalism, jargon, conceits, over-refinement, intellectualism, or bareness; and harmony, i.e., a concord of naturalness, attractiveness, and proportion:

> Ce qui plaît sans peine et sans art,
> Sans excès, sans airs, sans grimaces,
> Sans gêne et comme par hasard.[167]

Constant supervision is required in order that *goût* and *esprit* may fulfil their functions as elements of genius. This supervision is available, the final authority in all matters of versification or expression being individual sensibility or sentiment, 'un mouvement intérieur qu'on ne saurait bien expliquer,'[168] which Dubos, champion of individualist ideas on poetry, describes as the sixth sense: 'C'est *ce sixième sens* qui est en nous, sans que nous voyions ses organes. C'est la portion de nous-mêmes qui juge sur l'impression qu'elle ressent et qui ... prononce sans consulter la règle et le compas. C'est enfin ce qu'on appelle communément le sentiment.'[169] Happily, as we have already seen, this element of genius is shared by poet and hearer, thus ensuring a language that says precisely what the poet wants it to say for the one who can receive it, not simply 'words from the heart' but word of the whole world, from the whole man, via the heart. For the individualist poet reveals things celestial and terrestrial: either

> Comme un cygne éclatant, loin de nous il s'envole
> Et la hauter du ciel est celle de ses chants

or

> Aux bords les plus fleuris va dérober le thym
> Plus diligent que n'est une abeille au matin.[170]

In both spheres his revelation takes the form of words not new in themselves but changed by the combined elements of genius into that quality of language we call poetry.

ON THE TEXT AND THE NOTES

The poetry of the individualists can be divided into three kinds: topical poems of little interest today (e.g., J.-B. Rousseau's 12 *Allégories*); poems of the time, which, like fine antiques, are acceptable in another period; timeless poems. Our selections are made from the two latter divisions, in such a way as to bring out the characteristic variety of each poet, a variety which is evident even where it might least be expected, i.e., in the psalms of Rousseau, Lefranc, and Louis Racine, all of which take the same scriptural point of departure.[171] Two *contes* by Perrault, chosen primarily for themselves, also illustrate his use of both the versified poem and the prose poem in a particular field. The long prose poem is represented by excerpts from the century's leading example, *Télémaque*, the short prose poem by Fontenelle's imaginative l'*Empire de la poésie*. The work of Chaulieu and La Fare, often presented one-sidedly, is exemplified by both *le badinage* and *le sublime*.[172] La Motte's *Vers contre les vers* is given because (apart from his total output) it says more about his attitude toward the quarrel of poetry and prose than the combined statements of the controversialists. The four cantos of Gresset's *Ver-Vert* are indispensable for the appreciation of this more than *tour de force*. Lefranc's frequently quoted *Ode sur la mort de J.-B. Rousseau* is omitted; being in the academic tradition and, except for one stanza, not representative of that tradition at its best, the poem is untypical of his work. On the other hand, his totally ignored *Les Tombeaux*, which might have been written today, is included, together with his usually misinterpreted *boutade* on a visit to the Château d'If. Bernis' l'*Hiver* is reproduced as the most comprehensive canto of *Les Quatre Saisons*. In the case of the latter poem and a few others, drastic excision is caused by lack of space; sometimes a single brief extract from a poem is offered because it fully reveals some significant aspect of the poet's work (e.g., the first 6 stanzas of Rousseau's *Ode à M. le Comte du Luc* which are a complete poetical account of the creative act). Though, as stated above, it is not possible to represent the entire group of individualist poets,[173] we place in an appendix, under the heading 'Kindred

Spirits,' poems by some of their number who, for the most part, are unknown but whose work bears additional witness to the prevalence and diversity of the individualist point of view.

It is hoped that, taken as a whole, our annotation may provide some suggestion of a background, for example by bringing together material not always readily accessible (Rousseau's 'En manteau court'), by off-setting the ill-informed dispraise that has obscured a poet's qualities (Bernis), or by using a writer's own commentary (Louis Racine) to throw light on his approach to his work. The fulness of our notes is deliberately intended to draw attention to poetry which has been unjustly ignored for two hundred years, perhaps in good part *because* it is eighteenth century. Our contention is that it deserves a better fate.

1 With typically biased commentaries, e.g.: M. Allem, *Anthologie poétique française. XVIIIe siècle*, 1966 ed.; A. Dumas, *Anthologie des poètes français du XVIIIe siècle*, Delagrave, 1934; R. Duviard, *Anthologie des poètes du XVIIIe siècle*, Larousse, 1948.

2 For an extensive treatment of the subject, see Robert Finch, *The Sixth Sense: Individualism in French Poetry, 1686–1760*, University of Toronto Press, 1966 (second printing, 1969).

3 In connection with the general necessity for such procedure, see Roland Mortier, 'Unité ou scission du siècle des lumières?' in *Clartés et ombres du Siècle des Lumières*, 1969, 114–24; Clifton Cherpack, 'The Literary Periodization of Eighteenth-Century France,' PMLA, Mar. 1969, vol. 84, no. 2, 321–7, esp. 326, col. 2.

4 Cf. (one example among many) 'A proprement parler, le xviiie siècle français ne connut pas de poètes.' *Dictionnaire des lettres françaises, XVIIIe siècle*, 1960, t.i, 15. Such negative points of view are countered by 'positive' ones, e.g., 'Toute la poésie de la première moitié du xviiie siècle est dans Marivaux, comme toute la poésie de la seconde moitié est dans Jean-Jacques Rousseau' (Jules Lemaître, 1853–1914), quoted in *French Literature and Its Background*, ed. by John Cruickshank. (vol. 3: *The Eighteenth Century*, 1968).

5 Dogmatists, e.g.: J.-F. de La Harpe, *Cours de littérature*, first published 1799; D. Nisard, *Histoire de la littérature française*, 1844–61; F. Brunetière, *Manuel de l'histoire de la littérature française*, 1897. Explicators, e.g.: A.-F. Villemain, *Tableau de la littérature française au XVIIIe siècle*, 1838; C.A. Sainte-Beuve, e.g., articles on La Fare, J.-B. Rousseau, Delille, in *Portraits littéraires*, 1862; E. Faguet, *Histoire de la poésie française* (reprinted from a course of lectures given during the last quarter of the nineteenth century), 1923–36.

6 Paul Hazard, *La Crise de la conscience européenne*, 1935, 358–9.

7 Margaret Gilman, *The Idea of Poetry in France*, 1958, 1–47.

8 Daniel Mornet, *Histoire générale de la littérature française*, 1925, 157.

9 Thierry Maulnier, *Introduction à la poésie française*, 1939. Omits the eighteenth century altogether.

10 Emery Neff, *Revolution in European Poetry, 1660–1900*, 1940, 15.

11 Gustave Lanson, *Histoire de la littérature française*, 1894, 641.

12 *Ibid.*, 1922, 644.

13 André Thérive, 'La Poésie au xviiie siècle,' *Muse française*, 1925, iv, 360.

14 It continues to do so, though the old cross-currents persist. E.g., 'au xviiie siècle ... la poésie est morte. Entre La Fontaine, dont le dernier recueil de vers date de 1694, et les poésies d'André Chénier, écrites entre 1785 et 1793 (et qui d'ailleurs ne verront le jour qu'au début du xixe siècle), il n'y a rien.' Emile Henriot, *XVIIIe Siècle* (nouvelle édition augmentée), ii, 1962, 463.

15 *Troisième entretien sur le Fils Naturel*, 1757, vii, 156–7.

16 Roger Laufer's *Style rococo, style des 'lumières,'* 1963, undoubtedly the best attempt so far to justify the use of rococo as a French literary term, proposes its application to the entire literature of the eighteenth century, in which the author distinguishes three rococo periods, Regency, Louis xv and Louis xvi. However, the adoption of Laufer's point of view would in no way alter our own. The three currents of poetry would simply become academic-rococo, individualist-rococo, universalist rococo; our findings would remain unchanged.

17 'les indépendants, dont est La Motte ...,' Dupont, *Houdard de la Motte*, 88.

18 See E. Joliat, 'L'auteur malgré lui,' *University of Toronto Quarterly*, vol. xxv, no. 2, 1956, 154–66.
19 *Parallèle des anciens et des modernes*, J.B. Coignard, 1692–7, I, 19–21.
20 *Œuvres*, Paris, Durand, 1755, II, 44 (cf. II, 34).
21 *Sur la Dispute touchant les Anciens et les Modernes*, *Œuvres*, 1705, II, 578–84.
22 Cf. 'il [the modern poet] pourrait laisser un grand nombre de régles de l'art, que les anciens avaient poussées jusques aux dernières finesses et qui ne conviennent peut-être ni à nos moeurs ni à nos préjugés,' From an early version of the *Lettre à l'Académie*, reproduced in Ch. Urbain, 'Les premières rédactions de la "Lettre à l'Académie," ' *Revue d'histoire littéraire de la France*, 1899, 386–7.
23 *Œuvres*, 1754, X, 41.
24 *Œuvres*, 1784, II, 264.
25 *Œuvres choisies*, 1743, 242.
26 *Œuvres*, 1811, II, 314–15.
27 *Œuvres*, 1797, 183–4.
28 *Œuvres*, 1808, II, 217.
29 *Œuvres*, 1811, II, 428.
30 For example, in F.C. Green, *Minuet*, 1935, 230: 'When the English and French critics of the early eighteenth century have occasion to use the word "enthusiasm" or "enthousiasme," it is almost always in a tone of thinly-veiled contempt. In literature enthusiasm was regarded as a vice ...' Green sees all French poetry of the first half of the century as being one and the same thing; for him, as for many others, the first 'new movement' begins in the sixties with what we have called the 'universalist' trend.
31 e.g., Bel, Bouhier, Desfontaines, Gacon, Gédoyn, La Chaussée, Le Blanc, Marais, d'Olivet, Rollin, Roy, Voltaire.
32 *Œuvres*, 1755, II, 53.
33 *Œuvres complètes*, 1851–2, VI, 582.
34 Cf. 'j'ai composé, et puis j'ai pensé ...,' etc., Fontenelle, *Discours sur la nature de l'eglogue, poésies pastorales*, 1701, 95.
35 *Œuvres complètes*, 1851–2, VI, 584.
36 *Ibid.*, 581.
37 Margaret Gilman, *The Idea of Poetry in France from Houdar de la Motte to Baudelaire*, 1958, 16, 22. R.G. Saisselin, in *Taste in Eighteenth Century France*, 1965, 29, concludes that what La Motte meant by *enthousiasme* was 'an over-heated imagination, creator of fancies and illusions, and greatly in need of the cold shower of reason.'
38 *Discours sur la poésie*, *Œuvres*, 1754, I, i, 28–9; Fontenelle fully develops the same idea in his *Discours de réception à l'Académie française*, *Œuvres complètes*, 1758–66, III, 353–5.
39 *Note et Digression*, 1919, reprinted in *Variété*, I, 176, 181.
40 *Discours sur la poésie*, *Œuvres*, 1754, I, i, 28–9.
41 e.g., Cuthbert Girdlestone, *J.-P. Rameau*, 1962, 498.
42 *Réflexions sur la critique*, *Œuvres*, 1754, III, 188. Diderot is often represented as being the first to express such ideas. Cf. F.C. Green, *Minuet*, 1935, 265; Margaret Gilman, *The Idea of Poetry in France*, 1958, 58.
43 *Discours sur Homère*, *Œuvres*, 1754, II.
44 Finch, *The Sixth Sense*, 144–5.
45 *Œuvres*, 1784, I, lvii–lviii.
46 *Ibid.*, I, xi.
47 *Discours sur la poésie*, *Œuvres*, 1797, 2.
48 *Œuvres*, 1808, II, 176. In the light of the quotations given above, the following generalization seems rash, to say the least: 'Imagination [i.e., in the eighteenth century] is reduced to a "pack of lies," or at best a verbal exercise, controlled by niceties of rule,' Alan M. Boase, *The Poetry of France, from André Chénier to Pierre Emmanuel*, 1952, xiii.
49 See *Entretiens sur le Fils Naturel*, Diderot, *Writings on the Theatre*, ed. by F.C. Green, 1936, 38.

50 Diderot, *Salon de 1767*, *Œuvres complètes*, 1875–7, XI, 147.
51 Gresset, *Œuvres*, 1811, I, 117.
52 The individualist poets, in casting off shackles, themselves assumed others, whose examination occupies the major portion of this introduction.
53 Gresset, *Œuvres*, 1811, I, 144.
54 La Motte, *Œuvres*, 1754, IV, 165; IV, 417; X, 41.
55 Finch, *The Sixth Sense*, 22.
56 *Œuvres*, 1740, VI, 31.
57 Finch, *The Sixth Sense*, 31.
58 e.g., 'sa liberté aimable qui ... porte partout ce caractère original qui le distinguera toujours des poètes de profession,' *Œuvres*, 1757, I, lxv.
59 Finch, *The Sixth Sense*, 45–6; 318–21.
60 *Œuvres complètes*, VIII, 286, 291; *Poésies pastorales*, 1701, 150, 2.
61 *Œuvres*, 1754, I, i, 37; III, 188–9. See also n.23, above.
62 *Œuvres choisies*, 1743, 266.
63 See n.26, above.
64 *Œuvres*, 1784, II, 392, 444.
65 *Œuvres*, 1797, 239–40.
66 Finch, *The Sixth Sense*, 255.
67 *Œuvres*, 1755, II, 28; cf. II, 32.
68 *Parallèle des anciens et des modernes en ce qui regarde la poésie*, 1692–7, III, 283.
69 *Œuvres complètes*, 1851–2, VI, 628.
70 *Discours sur la nature de l'eglogue*, *Poésies pastorales*, 1701, 118.
71 *Œuvres*, 1754, III, 311; I, i, 19–20.
72 *Œuvres choisies*, 1743, 240–1; 254.
73 *Œuvres*, 1811, I, 126; II, 282.
74 *Œuvres*, 1784, I, vii; II, 264.
75 *Sur le Goût*, *Œuvres*, 1797, 23.
76 Preface to *La Grâce*, *Œuvres*, 1808, I.
77 Their attitude is typified by the following statements of Bernis:

Mon style n'est point infecté ...
... par le nectar apprêté
Des longs et froids panégyriques. (*Œuvres*, 1797, 56)

'On pourrait conclure ... qu'observateur rigoureux j'ai tourné de bonne heure mon esprit vers la satire ou la mélancolie : ce jugement serait bien injuste.'
Ibid., 241.

78 The individualist poets declare themselves opposed to satire, which rarely occurs in their work. J.-B. Rousseau's lampoons and vituperative verse belong to the period of restive immaturity, though some of his later epigrammes are trenchant. Gresset's l'*Abbaye*, an indignant repudiation of such establishments, is less moralistic than patriotic. Lefranc can be momentarily bitter in certain *épîtres* and satirizes Voltaire in his opera *Prométhée*. Bernis' three short verse compliments to Madame de Pompadour are negligible.
79 *Œuvres*, 1811, II, 280.
80 *Ibid.*, I, 101.
81 *Ibid.*, 153.
82 *Œuvres choisies*, 1743, 271. Elsewhere he answers his question thus:

... tout art ...
Subordonné au pouvoir de caprice
Doit être aussi conséquemment pour tous
Subordonné à nos différents goûts.
Mais de ces goûts la dissemblance extrême
A le bien prendre, est un faible problème,
Et quoiqu'on dise, on n'en saurait jamais
Compter que deux, l'un bon, l'autre mauvais. (*Epître à Thalie*, *Œuvres diverses*, 1723, 261)

The statement of a friend and disciple of La Motte may be noted in this connection: 'l'homme équitable et éclairé ... dit *Tel ouvrage est plus de mon goût que tel autre*, et il rend raison de son sentiment, car il croit qu'il est permis de chercher à justifier son goût; mais il voit sans peine comme sans surprise que d'autres sentent et jugent autrement que lui.' Trublet, *Essais de littérature et de morale*, 1735, II, 87.

83   *Discours sur la poésie, Œuvres*, 1754, I, i, 28–9.
84   *Œuvres complètes*, 1758–66, III, 353ff.
85   *Œuvres*, 1811, II, 316.
86   *Œuvres complètes*, 1869, 157; *Œuvres diverses*, 1723, I, 216.
87   *Epître X, Sur la Paresse, Œuvres*, 1797, 72.
88   J.-B. Rousseau, *Epître aux Muses, Œuvres choisies*, 1743, 202.
89   Gresset, *Œuvres*, 1811, I, 52.
90   *Ibid.*, 211.
91   *Ibid.*, 127.
92   Undated fragment by Rousseau, quoted in Grubbs, *J.-B. Rousseau*, 235.
93   J.-B. Rousseau, *Epître à Thalie, Œuvres choisies*, 1743, 267. It is of interest to compare Chaulieu's handling of the same subject in his ode *Contre l'esprit*:

... de quelque rime rare,
De pointes, de raffinements,
Tu cherches les vains ornements ...
Tu négliges les sentiments,
Pour faire briller la pensée.

Esprit, tu séduis, on t'admire!
Mais rarement on t'aimera.
Ce qui surement touchera
C'est ce que le cœur nous fait dire.
C'est ce langage de nos cœurs
Qui saisit l'âme et qui l'agite,
Et de faire couler nos pleurs
Tu n'auras jamais le mérite ...

The end of the poem amusingly acknowledges the indispensability of this element of genius:

Esprit, que je hais et qu'on aime,
Avec douleur je m'aperçois
Pour écrire contre toi-même
Qu'on ne peut se passer de toi. (*Œuvres*, 1757, II, 114–19)

94   *Epître à Breteuil, ibid.*, 240–1.
95   Gresset, *Œuvres*, 1811, II, 319.
96   *Ibid.*, 375.
97   *Ibid.*, I, 82.
98   *Réflexions sur la métromanie, Œuvres*, 1797, 264.
99   *Réflexions sur les passions, Œuvres*, 1797, 227.
100 *Discours sur la poésie*, 14–15: *Epître I, Sur le Goût*, 19–24; *Œuvres*, 1797.
101 *Réflexions sur la Poésie, Œuvres*, 1808, II, 523.
102 *Ode sur le Goût, Œuvres*, 1753, I, ii, 351.
103 See note 2 above.
104 Lack of space forbids adequate presentation of these; presentation *en raccourci* would be unfair.
105 *Le Génie*, ll.47–8.
106 *Réflexions sur la Poésie, Œuvres*, 1808, II, 269–307.
107 See Bernis, *Le Monde poétique*.
108 *Œuvres*, 1811, II, 316.
109 *Discours sur la poésie, Œuvres*, 1797, 11–12.
110 *Ibid.*, 4.

111 *Œuvres complètes*, 1851–2, VI, 585.
112 *Ibid.*, 4.
113 *Ibid.*, 549.
114 *Le Parrain magnifique*, 1810, 93.
115 *Sur le Goût, Œuvres*, 1797, 23.
116 *Œuvres complètes*, 1851–2, VI, 581.
117 Finch, *The Sixth Sense*, esp. 19.
118 The most complete statement on the subject is made by Fontenelle, *Sur la Poésie en général, Œuvres complètes*, 1758–66, VIII, 270ff.
119 *Le Siècle de Louis le Grand*, 369–74.
120 Ll.15–22 of *Le Génie*, given complete in this anthology.
121 *Discours sur l'harmonie, Œuvres*, 1811, II, 363, 376.
122 Ll.284–6 of *La Chartreuse*, given complete in this anthology.
123 *Œuvres complètes*, 1851–2, VI, 584.
124 *Ibid.*, 236.
125 *Ibid.*, 626.
126 *Epître à Breteuil, Œuvres choisies*, 1743, 240–1.
127 *Epître au comte du Luc, Œuvres complètes*, 1869, 224.
128 *Epître à Breteuil, Œuvres choisies*, 1743, 242.
129 *Epître à Brumoy, Œuvres choisies*, 1743, 255.
130 A number of poems by different poets in this anthology illustrate this practice, and thus help considerably to modify a recurrent point of view, recently exemplified in Brereton, *An Introduction to the French Poets*, where on page 84 of the 1957 edition it is stated that the eighteenth century produced three kinds of poetry – serious, light, and didactic – the serious being 'grandiloquent verse very often cast in the form of odes ... the favourite vehicle for patriotic and religious themes and also for occasions when some personal sentiment struggled for expression.'
131 *Epître I, Sur le Goût, Œuvres*, 1797, 22.
132 *Sur l'Egalité, Œuvres*, 1811, 199.
133 *Œuvres*, 1784, I, liv–lv.
134 *Sur la Poésie en général, Œuvres complètes*, 1758–66, VIII, 279.
135 *Ibid.*, 313, 315.
136 *Discours sur l'Ode de M. de la Faye, Œuvres*, 1754, I, ii, 565.
137 La Motte, *Œuvres*, 1754, III, 318.
138 *Ibid.*, 264. The analytical sensitivity of La Motte's remark is in striking contrast with the imperceptive off-handedness of the following statement: 'La Motte says that the sounds of a language are a matter of indifference ... They please or shock us only by the meaning we attach to them.' Margaret Gilman, *The Idea of Poetry in France from Houdar de la Motte to Baudelaire*, 1958, 36. Cf. a statement that appeared during the same year: 'Il faut n'avoir rien lu d'Houdar de la Motte sur le lyrisme ... pour lui attribuer l'intention de ruiner le vers et de réduire toute littérature à la prose. Tout son effort au contraire, dans le domaine du lyrisme, a été de dégager une sorte de "poésie pure," au sens de Paul Valéry, une poésie qui fût toute dans le langage.' Antoine Adam, *Ouvertures sur le XVIIIe siècle, Histoire des littératures*, III, Encyclopédie de la Pléiade, 1958, 558.
139 La Motte, *Réflexions sur la critique, Œuvres*, 1754, III, 279.
140 *Les Poètes ampoulés, Œuvres*, 1754, I, i, 121.
141 *Discours sur l'ode de M. de la Faye*, 549.
142 Des Maizeaux, *Vie de Saint-Evremond, Œuvres de Saint-Evremond*, 1711, I, 252.
143 *Œuvres complètes*, 1851–2, VI, 626.
144 This subject awaits even fuller treatment than that given in Léon-Gabriel Gros, 'Houdar de la Motte, accusateur et défenseur de la poésie,' *Cahiers du Sud*, 38me année (1951), no. 306.
145 That is, free from the defects La Motte condemns: 'Les défauts qui ont le plus nui à nos poèmes – c'est la langueur et tous les autres vices de la versification.

Tantôt ce sont des métaphores forcées, tantôt des jeux de mots puérils, souvent un style froid et prosaïque.' *Réflexions sur la critique*, *Œuvres*, 1754, III, 104.

146   *Sonnet*, *Œuvres choisies*, 1743, 334.

147   *Lettre à M.* + + +, *Œuvres*, 1811, II, 400.

148   Letter to Thiériot, 28 juillet 1739, quoted by Fr.-A. Duffo, J.-J. Lefranc, 233.

149   *Epître I, Sur le Goût*, *Œuvres*, 1797, 23.

150   *Réflexions sur la poésie*, *Œuvres*, 1808, II, 237.

151   *Ibid.*, 185–6.

152   *Epître à Brumoy*, *Œuvres choisies*, 1743, 252.

153   Finch, *The Sixth Sense*, 117–35.

154   *Œuvres*, 1705, II, 8.

155   *Ibid.*, 48.

156   *Ibid.*, 109–10. While condemning such abuses, Saint-Evremond recommends and practises a right use of mythological allusion. It is noteworthy that the regular publishing of books specifically devoted to mythology (dictionaries, manuals, encyclopaedias, and commentaries) begins shortly before classical studies lose ground with the expulsion of the Jesuits in 1763. Such publications, from then down to the present, bear witness to the vitality of these symbols, whose values were defended and renewed by all the individualist poets.

157   Notably in his *Lettre à l'Académie*, 1714.

158   *Œuvres complètes*, 1758–66, VIII, 315.

159   *Ibid.*, 291.

160   *Discours sur les prix*, *Œuvres*, 1754, VIII, 376.

161   Finch, *The Sixth Sense*, 150–4. The final quotation is from *La Chartreuse*, which is given in full below.

162   Finch, *The Sixth Sense*, 177–83. Also p.202.

163   *Œuvres*, 1797, 5.

164   *Réflexions sur la Métromanie*, *Œuvres*, 1797, 261.

165   *Le Monde poétique*, by Bernis, given in full below.

166   Louis Racine's attitude, while typical of the individualist poets, is not that of countless others, who followed a different example. As Faguet says: 'Boileau est bien le véritable auteur responsable des périphrases inutiles du XVIIIe siècle.' Modern poets, even Hugo, despite his boast 'J'ai de la périphrase écrasé les spirales' (*Réponse à un acte d'accusation*), are of Louis Racine's persuasion. Cf. Mallarmé who, for example, refers to a tomb as 'un lieu de porphyre' (*Toast funèbre*), to an intoxicating beverage as 'le flot sans honneur de quelque noir mélange' (*Le Tombeau d'Edgar Poe*), or to the Big Dipper as 'de scintillations sitôt le Septuor' (*Plusieurs sonnets*, IV), etc., etc.

167   Finch, *The Sixth Sense*, 209. The quotation is from Bernis, *Epître IX, Aux Grâces*, *Œuvres*, 1797, 80.

168   Dubos, *Réflexions critiques sur la poésie et sur la peinture*, 1719, II, 348.

169   *Ibid.*, 342.

170   Chaulieu, *Œuvres*, 1757, II, 129–30.

171   G.D. Jackson, 'The Genre of the French Sacred Ode in the First Half of the Eighteenth Century,' unpublished thesis, University of Toronto, 1961.

172   *Le badinage* and *le sublime*: the two terms are used by Chaulieu to describe the poetry of La Fare. *Sublime* is an alternative expression for *le haut style*, much used by belletristic critics of the eighteenth century, one of whose favourite textbooks was Boileau's translation of Longinus' essay *On the Sublime*. Nothing abnormal is associated with this word until the second half of the century.

173   La Fontaine, though his individuality, inventiveness, and technique are greatly admired by the individualist poets (especially Perrault), does not belong with them, being eminently a satirist (see n.77) and, in the Quarrel of the Ancients and the Moderns, on the side of the former.

Segrais

Jean Regnault de Segrais was born at Caen on 22 August 1625. He was educated by the Jesuits. Through the good offices of the comte de Fiesque, who had met him in Normandy and brought him to Paris, Segrais in 1648 entered the household of the princesse de Montpensier (La Grande Mademoiselle), whom he served as secretary for many years, accompanying her into exile at St Fargeau after the Fronde. It was there that he wrote his eclogues. At the time of the princess' infatuation with the duc de Lauzun (1670), Segrais, who did not approve of the duke, was dismissed and found a home in the *hôtel* of Madame de la Fayette. He helped her with her writing, allowing his name to be used on the title-page of her novel *Zayde*; he was a party to the mystification regarding the authorship of her *Princesse de Clèves* (1678), long attributed to him, but to which he is supposed to have furnished only a few ideas regarding its structure.

Segrais had been a member of the Académie Française since 1662, but neither this fact nor his considerable success in the salons could keep him from returning eventually to Normandy. Back in his native town, at the age of 54, he married and settled down to the life of a country gentleman, content to be senior alderman of Caen and chief luminary of its *académie*. He died on 25 March 1701.

Boileau recognized Segrais' superiority in the eclogue. However, Voltaire, in his *Temple du goût*, takes no stock of Boileau's judgment, and rejects Segrais solely as being the author of an unsuccessful translation of the *Aeneid*. In this, Voltaire is typical of many critics of his time, who held the view that lyric poetry was at best of negligible value. In poetry Segrais' contemporaries generally tended towards academism, impersonality, and a certain grandiloquence; on the contrary, Segrais wanted directness, originality, and variety. He admired Malherbe – not the Malherbe of the official, national odes, but the anti-traditionalist, the Modern, whose goal was concision, correctness, musicality, and above all a special kind of simplicity which Segrais called 'naïveté.' Segrais himself is resolutely modern: in *Athys*, for example, he presents a new kind of mythology based on local names, an innovation of which he is proud. In his hands, pastoral poetry sheds its subtleties and conceits, exhibits a true *sentiment de la nature*, and presents shepherds who are unconventional in that their emotions are genuine, a reflection of the author's own feelings of love and despair. Victor Hugo stresses this close identification when, in his *Légende des siècles* (*Le Groupe des idylles*, no. 17, *Segrais*), as an admiring fellow-producer of the *genre champêtre*, he makes Segrais say:

> J'aime, et je suis Segrais qu'on nomme aussi Tircis.
> Nous sommes sous un hêtre avec Virgile assis,
> Et cette chanson s'est de ma flûte envolée
> Pendant que mes troupeaux paissent dans la vallée
> Et que du haut des cieux l'astre éclaire et conduit
> La descente sacrée et sombre de la nuit.

Segrais has left a number of small masterpieces, and a host of memorable lines. He was a master of the vivid touch, of fleeting 'états d'âmes' and moments of suspense – a genuine poet who kept lyricism alive in a period which emphasized other poetic qualities.

TEXT *Poésies de Monseiur de Segrais*, 3e édition, Plus ample, plus correcte et en meilleur ordre que les précédentes. A Paris, chez Anthoine de Sommaville ... 1661, 120. (The copy used, at the Bibliothèque Nationale, has a few MS corrections by Segrais himself.) The text of *Athys*, in this edition, is reduced by almost 30 per cent from the first edition of 1653.

Stances

Sur un Dégagement

Comme un feu qui s'éteint faute de nourriture,
Faute d'espoir, enfin s'est éteint mon amour:
Mais tant qu'il pût durer, sa flamme claire et pure
Brilla, comme à midi brille l'astre du jour.

Du juste et vain regret de vous avoir aimée   5
S'il s'allume en mon cœur quelque secret courroux,
Du feu de ce courroux, la plus noire fumée
Ne noircit point un nom qui m'est encor si doux.

J'ai pu me repentir comme j'ai dû le faire,
Mais sans murmure enfin je me suis retiré   10
Sans blasphémer les dieux, auteurs de ma misère,
Ni profaner l'autel que j'ai tant adoré.

Même en vous déclarant que votre orgueil me chasse,
Tout outré que je suis des maux que j'ai soufferts,
Je ne vous reviens point montrer avec audace   15
Un captif insolent d'avoir brisé ses fers.

Sans vous rien reprocher de mes peines souffertes
Il me plaît seulement de m'en entretenir;
Le nocher dans le port, consolé de ses pertes,
Des plus affreux périls aime le souvenir.   20

Je sais de vos appas la divine puissance
Mais, de quelques appas qu'on puisse être charmé,
Qui peut toujours servir sans nulle récompense?
Qui peut toujours aimer, et n'être point aimé?

Je vous aimais, Olympe, et d'une amour si forte   25
Que ma raison, séduite, en vain montre à mon cœur
Que de votre prison elle a rompu la porte,
Tant ce cœur insensé s'aimait dans sa langueur!

Triomphez-en, cruelle, au moment que je songe
Combien fut vain l'espoir, par qui je fus surpris,   30
Ce malheureux voudrait qu'un si plaisant mensonge
Pût encore abuser mes crédules esprits.

Mais je vois son erreur et je sais qui m'anime
Et je sais encor mieux, qu'au dessein que je fais,
Quand la rébellion peut être légitime,   35
Avecque son tyran il ne faut point de paix.

Cesse donc, vain effort de mon âme insensée,
Repentir d'un dessein sagement entrepris,
Viens seul, viens pour jamais occuper ma pensée,
Digne ressentiment d'un indigne mépris.   40

Que la douleur passée est douce à la mémoire!
Et qu'on doit dans son sort trouver peu de rigueur,
Quand on n'a pu jouir d'une juste victoire,
D'être du moins sauvé des chaînes du vainqueur.

By means of an arabesque of thematic modulations, this poem evokes those contradic-
tory states of mind attendant on the simultaneous surmounting and dissolving of a
specific bitterness.

Sonnet

Dangereux élément, mer trompeuse et changeante,
Mol esclave des vents, vraie image du sort,
Dans le trouble où je suis contemplant ta tourmente,
Hélas! qu'entre nous deux je trouve de rapport.

Comme toi, je dépens d'une humeur inconstante,   5
De qui le changement me travaille si fort

Que mon âme agitée, incertaine et flottante,
Dans la mer de mes maux, ne trouve point de port.

Ton eau n'est point amère à l'égal de mes peines,
Plutôt on compterait tes flots et tes arènes   10
Que les divers desseins qu'à toute heure je fais,

Enfin tu n'as sur moi que ce seul avantage
Que le calme succède à ton plus grand orage
Au lieu que mon esprit n'en espère jamais.

The portrait of a person in terms of the sea. Both are equally temperamental. The sonnet is self-criticism on the grandly simple micro-macrocosmic scale, neither rhetorical nor *précieux*.

Chanson

Paisible nuit dont la noire peinture
De tant d'amants va cacher les plaisirs,
Hâte tes pas, las! je ne t'en conjure
Que pour cacher mes pleurs et mes soupirs.

Combien d'amants, sombre nuit, à cette heure   5
Trouvent par toi la fin de leur tourment,
Et cependant je soupire et je pleure,
Heureux encor si c'était librement.

Qu'un plus heureux un plus grand bien prétende,
De son bonheur je ne suis point jaloux,   10
Paisible nuit, hélas! je ne demande
Que le repos que tu donnes à tous.

The ironical repetition of the initial *paisible nuit* brings back the canvas of its *noire peinture* against which ambiguous background the mourner sees more vividly than ever those mocking memories and unrealizable desires that will not let him rest. His one refuge is to take up his lute and sing this song to the very night that refuses its petition. Here, competently and unobtrusively, are combined three modulations of a single theme.

Sur la Carte de Tendre

Estimez-vous cette Carte nouvelle
Qui veut de Tendre apprendre le chemin?
Pour adoucir une beauté cruelle
Je m'en servais encore ce matin.
Mais, croyez-moi, ce n'est que bagatelle.   5
Ces longs détours n'ont souvent point de fin,
Le grand chemin et le plus sûr de tous,
                    C'est par Bijoux.

Sur cette carte on marque un certain fleuve,
Le premier but d'un désir amoureux;   10
Mais par Bijoux aisément il se treuve,
Et c'est par là qu'il n'est point dangereux;
Demandez-vous une plus forte preuve,
Pour faire voir que, de ce Tendre heureux,
Le grand chemin et le plus sûr de tous   15
　　　　C'est par Bijoux?

Si quelquefois sur Estime on s'avance,
C'est quand on peut faire estimer ses dons,
Car Petits Soins ne vont qu'à Révérence,
Et Jolis Vers pris souvent pour chanson   20
Malaisément vont à Reconnaissance,
Mais bien plutôt aux Petites-Maisons;
Le grand chemin et le plus court de tous,
　　　　C'est par Bijoux.

Oubliez donc cette trop longue route,   25
Ne retenez que le nom de Bijoux;
Avec lui seul vous parviendrez sans doute,
Car si d'abord Tendre ne s'offre à vous,
Séjournez là quoique le séjour coûte;
Tendre viendra jusques au rendez-vous;   30
Le grand chemin et le meilleur de tous,
　　　　C'est par Bijoux.

In 1654, a map of the country of *Tendre* (Love) was inserted in Mademoiselle de Scudéry's novel *Clélie*. This allegorical geography summarized for *précieux* and *précieuses* their various analyses of ethereal and sentimental itineraries for arriving at Love's capital. Nothing so solid as le *chemin de Bijoux* appears in the map; avoiding *préciosité*, and with sparkling candour, Segrais poetically points out this omission of a means as important then as it is today when diamonds are still a girl's best friend.
9 *un certain fleuve, Inclination:* embarking from the town of *Nouvelle Amitié*, it is straight, effortless sailing down the river to the town of *Tendre sur Inclination*.
17 *Estime:* another river which, from the east, empties into the *Mer Dangereuse*. On it is the town of *Tendre sur Estime*, reached from *Nouvelle Amitié*, but by land – through a gradual succession of towns (*Grand Esprit, Jolis Vers, Billet Galant, Billet doux, Sincérité, Grand Cœur, Probité, Générosité, Exactitude, Respect*, and *Bonté*).
21 *Reconnaissance:* a third river, which coming from the west, meets the other two at a common estuary. On it is *Tendre sur Reconnaissance* at which one arrives, also by land, after passing successively through *Complaisance, Soumission, Petits Soins, Assiduité, Empressement, Grands Services, Sensibilité, Tendresse, Obéissance,* and *Constante Amitié*.
19 Petits Soins could lead to 'Révérence' (not on the map), i.e. a *révérence*, an empty social gesture, or at worst a dismissal.
20 *Chanson:* nonsense.
21 *Jolis Vers* and *Reconnaissance* are on opposite sides of the map.
22 *Petites maisons:* hospital for the mentally deranged.

Athy

Extracts of this original fairy-tale poem are here given, as representative of Segrais in his most individual vein.

The poem tells of Athys and Isis, true but unhappy lovers who, in the end, are changed into trees. The poet calls on the muses for technical aid, and, for inspiration, on the love in his own heart. He offers the work as a rustic tribute to the princess he serves. The poem is, in fact, 'une chose nouvelle en sa manière.' Segrais goes so far as to say: 'je ne pense pas que dans tous les auteurs modernes on puisse trouver un ouvrage de la nature de celui-ci, et ceux qui ont plus d'étude que moi savent qu'il n'y en a point parmi les anciens qu'on puisse m'accuser d'avoir copié, au moins je ne m'en suis proposé aucun pour exemple' (*Athys*, au lecteur).

Athys is, indeed, 'un genre nouveau,' recounting not the elaborate waverings of conventional figures, but the tragic love of a shepherd and a huntress. This is achieved simultaneously at three levels, allegory, human psychology, and the poet's sympathetic vibrations to both. The author states in his preface that his intention is to do honour to his home-region as Honoré d'Urfé had done for the Forez in his *Astrée* (Segrais even furnished a map in the first edition, 1653). The two trees into which the lovers are changed actually existed and may have been the starting-point of the poem. Athys is the name of a hamlet on the banks of the Orne, three miles from Caen; other place-names, those of villages, forests, and streams supply names for the rest of the characters, a device which serves to enrich both the intermingled legendary and real atmospheres of the poem. Of mythological names only two or three are included (e.g. Pomone, Diane), and these are used in a local sense. *Athys* is divided into five cantos of 282, 310, 371, 342, and 260 lines, respectively, showing an increase toward the climax which occurs at the end of canto 3, and a diminution towards the *dénouement* in canto 5. It was undoubtedly in the interests of the more effective emotional intensity thus produced that the poet suppressed 624 lines of his original edition. The building-up of that emotional intensity is perhaps the most distinctive feature of this 'genre nouveau' which on the rare occasions when it uses description or anecdote does so in terms of feeling.

Chant 1 Athys, undeclared lover of the huntress Isis, is attempting to hide from the unwanted attentions of Ardène, a shepherdess. Athys, in desperation, escapes into the forest, forsaking his duties.

Ses brebis de langueurs sèches et dépéries
A la merci des loups erraient par les prairies,   160
Les fruits de ses vergers aux arbres pourrissaient,
Ses jardins négligés tristement languissaient,

Hors ses verts orangers à la fleur si charmante,
Celle de ses jasmins si douce et si plaisante
Que son soin curieux gardait de se flétrir   165
Dans l'espoir qu'à sa nymphe il en pourrait offrir.
De stériles chardons ses moissons étouffées
En herbe jaunissaient ou séchaient échauffées;
Quelquefois, s'il semait, c'était hors de saison
Et laissait aux oiseaux à faire sa moisson,   170
Tant son esprit troublé de son amour extrême
Avait perdu le soin de son intérêt même!

In the woods, he watches his adored huntress from afar. Isis, attacked by a wild boar, is saved by Athys, who spontaneously declares his love. This heedless *indélicatesse* causes him to be immediately dismissed from her sight.

Chant 2 The poem tells of Caen, its present beauty and celebrity, its foundation long ago by Cadmus, and its eventual domination by his supposed descendant, the cruel king Marmion (the ruins of whose once ill-famed chateau are, like the many other monuments of the region, full of significance for Segrais). Marmion, who has none of Athys' discretion, now spoils Isis' hunting expeditions by importunate offers of marriage. A contrast between the two lovers begins to make itself felt in Isis' mind. True, Athys is a mere shepherd, but his respectful attitude is unmistakeable and, after all, he has saved her life. Yet she scarcely knows him. All this and more produces in her a delicate perplexity of feeling.

Elle ne peut souffrir, cette nymphe cruelle,
Qu'un berger ait osé lever les yeux sur elle!   90
Elle fuit, et son cœur justement irrité
Croit toujours emporter sa chère liberté.
Elle fuit, mais enfin au bout de sa carrière
La victoire n'est pas pour elle toute entière,
Et de force son cœur en sa course épuisé   95
N'arrive pas au but qu'ils s'était proposé.
Le respect du berger accourt à sa défense,
Son mérite combat son obscure naissance,
Et se mêlent si bien que dans son souvenir
L'effort de son courroux ne le peut désunir: 100
Si l'amour du berger lui semble méprisable,
Malgré tant de dédains le berger est aimable.
Tout lui nuit, tout la fâche et déplaît à ses yeux
Depuis que son Athys est absent de ces lieux.
Sa chasse est mal plaisante et toujours malheureuse.   105
Solitaire, chagrine, inquiète et rêveuse

Sa tristesse en ces bois aime à se retirer,
Mais déjà ce n'est plus que pour y soupirer,
Pour éviter du roi la poursuite importune,
Se plaindre de l'amour, accuser la fortune,   110
Dont l'aveugle caprice, à son repos fatal,
Lui donne des amants qu'il partage si mal.

Athys meanwhile has fled farther into the forest. A search for him
begins. Isis would like to join it but modesty prevents and she runs away
with a swiftness which the poet captures.

Ainsi donc, elle fuit plus vite que les traits
Qu'elle allait tous les jours lançant dans ces forêts,
Que les cerfs qui fuyaient leur atteinte mortelle
Et que les doux zéphyrs qui volaient après elle.
A peine on la peut voir : l'herbe dessous ses pas   405
Demeure ferme et droite et ne se courbe pas,
Elle semble voler et son léger passage
Ne laisse aucune trace au sable du rivage.
Mais comment éviter sa funeste langueur,
Portant partout le trait qui lui perce le cœur?   410

Chant 3 The search for Athys goes on. Meanwhile, advised by an oracle,
he goes to the river Laize, where he meets Isis, who merely asks if he has
seen a missing member of her hunting party. Athys adroitly takes advan-
tage of the question to describe Isis herself, and to tell of his love and
despair. Deeply touched by such devotion, yet still afraid to commit her-
self, Isis awkwardly takes refuge in the one question modesty should
forbid her to ask. When did Athys come back, and what has kept him away
so long?

Ah! nymphe, interrompit soudain ce misérable,
Avez-vous oublié l'arrêt impitoyable
Qui me fut prononcé par vos fières rigueurs   365
Quand enfin je ne pus vous cacher mes langueurs?
En vous obéissant je vis ma mort certaine
Mais je ne voulus pas mériter votre haine
Et je me contentai dans mon banissement
De ne la ressentir au moins qu'injustement.   370
Car enfin bien plutôt sur ces rives champêtres
Les saules en hauteur surpasseront les hêtres,
Plutôt avec les loups nos brebis s'allieront
Et leurs tendres agneaux en leur garde mettront,
Plutôt, aimable nymphe, à l'Orne plus profonde   375
Laize refusera le tribut de son onde,

Que mon cœur se refuse à qui l'a su charmer,
Que je puisse jamais cesser de vous aimer.
Nymphe, c'est mon destin et quoiqu'il en arrive
Heureux ou misérable, il faut que je le suive. 380

That Athys' reply affects Isis, he has no doubt, but to what degree he cannot tell, until, at last, the reluctant yet willing Isis admits defeat.

Hélas! tu n'es pas seul qui te plains de l'amour, 426
Répondit-elle enfin, malgré sa retenue,
Ou surprise, ou pressée, ou contrainte, ou vaincue.

The canto ends on this note of complex yet naïve bewilderment.

Chant 4 Isis, confined to her parents' palace, and importuned by Marmion's attentions, manages nevertheless to send Athys a letter saying where and when she will join him forever. Ardène has the letter's contents revealed to Marmion who, resolving to take vengeance, sinks the boat that Athys was to use for crossing the Orne. In apparent sympathy with Athys' tempestuous emotions, a storm arises.

Le souffle impétueux des bruyants aquilons
De toute sa rigueur affligeait nos vallons, 270
La neige, dont la terre était toute couverte,
Cachait des hauts sapins la chevelure verte,
Tous les arbres chenus, dans leur triste langueur,
Semblaient par les frimas séchés jusques au cœur;
Se croyant transportée aux froids climats de l'Ourse, 275
Tremblait mainte naïade, au plus creux de sa source;
Dans les mêmes frayeurs, dans les mêmes transports,
Le dieu d'Orne voyait endurcir ses deux bords
Et les glaçons épais, flottants dessus ses ondes,
Prêts à l'emprisonner dans ses grottes profondes. 280
La mort est apparente et le péril affreux,
Mais l'effroi ne peut rien sur un cœur amoureux;
Le berger sur la rive erre, gémit, balance,
Mais dans le fleuve enfin hardiment il s'élance,
De sa chute soudaine étonne les poissons, 285
De son agile bras écarte les glaçons
Et plus vite qu'un trait, d'une adresse diverse,
Fend l'onde sans sentir le froid qui le transperce.

Marmion, seeing his rival reach the other shore, shoots an arrow that, while it pierces Athys' heart, does not prevent him from continuing on his way, a way that the moon reveals as one of bloodstained snow. In just retribution, a thunderbolt annihilates Marmion's palace, and he turns into a beast of the forest.

Chant 5 Isis, reaching the meeting-place at the height of the storm, cannot understand why Athys is not there. Suddenly the moon breaks through.

Des voiles de la nuit l'épaisseur découverte
Ne laisse que trop voir de marques de sa perte,
Dans les pas du berger ceux du roi confondus
Attirent tout d'un coup ses regards éperdus,   80
Mais quand elle aperçoit la nacelle enfoncée,
La rive encor sanglante et la glace cassée
Que ne lui fit pas dire aux astres innocents
L'impétueux transport qui maîtrisait ses sens
Dans l'étrange fureur dont elle est possédée,   85
Bien plutôt par le sang que par ses pas guidée?
A peine en son rapide et prompt emportement
Son passage léger sur la neige imprimant,
La chevelure éparse et la face éplorée,
L'âme pleine d'ennuis et la vue égarée,   90
Elle court et parvient à l'endroit malheureux
Où venait d'expirer le berger amoureux ...

Dieux, s'écria la nymphe, aveugles et cruels,   115
Que sert de recourir au pied de vos autels,
Si souvent votre foudre agissant par caprice
Accable l'innocence et défend l'injustice?
Mais dieux, injustes dieux, si votre cruauté
Voit, m'ôtant mon berger, qu'elle m'a tout ôté,   120
Croit-elle me contraindre encore à le survivre
Et dans mon désespoir m'empêcher de le suivre?
La vie a-t-elle rien qui nous doive charmer
Quand il en faut jouir sans pouvoir rien aimer?
O, trop aimé berger, ainsi que trop aimable,   125
O toi qui seul d'aimer m'as pu rendre capable!
N'attends pas des regrets et des pleurs superflus,
Ta lumière est éteinte et tu ne m'entends plus.
Il faut, fidèle Athys, par de plus fortes marques
Te montrer que ma foi brave les fières parques,   130
Que les tristes fuseaux qui limitent nos jours
N'ont pas ce grand pouvoir sur nos chastes amours
Et que leurs noirs ciseaux, à tous si redoutables,
Ne peuvent désunir deux amants véritables.

Isis snatches the arrow and plunges it into her heart, where it turns into a frail green twig. In her amazement she almost fails to see the body of Athys rise upright, take root, spread branches, and become a noble tree.

Wishing to give thanks for such a transformation, Isis is about to go to Diana's nearby temple when she discovers that she too is slowly changing into a tree. Thus freed from their sufferings the lovers stand forever united, forever divided. Isis' grief-stricken father dies. Ardène is transformed into a swarm of insects which year by year attack all trees but two. The servant who had shown Isis' letter to Marmion, becomes a crow whose descendants are so numerous in Caen that some say their cry is the origin of that city's name. The poem thus comes full circle, all its characters disappearing back into the original surroundings from which the poet's heart and imagination released them.

Saint-Evremond

Charles de Saint-Denis, Seigneur de Saint-Evremond, was born near Coutances, Normandy in January 1614. He was sent to the Collège de Clermont in Paris at the age of nine, then to Caen for a year of philosophy, returned to Paris to study law, but soon joined the army, at the age of sixteen. During the next twenty-eight years, he fought in a number of the important battles of the time. He rose to the rank of maréchal de camp (major-general), and was well-known to Condé, Turenne, and the leading military men of his day. At the time of Fouquet's downfall a letter Saint-Evremond had written criticizing the terms of the Peace of the Pyrenees came to light. Warned in time that he was to be sent to the Bastille (a place he knew only too well, having been there twice before), he escaped into Holland and reached England in the latter part of 1661, where he was received at court, and where, except for a stay in Holland, he was to spend the rest of his life. In 1690 he was pardoned by Louis XIV; however, during his exile, he had formed a particular attachment to the handsome but flighty Duchess Mazarin, and in any case felt that it was too late to return to France. He died in 1703, aged 89, and was buried in Westminster Abbey, one of the few Frenchmen to have been thus honoured.

Saint-Evremond's attitude towards writing may have been partly responsible for his eclipse after the first third of the eighteenth century. His attitude was that of a man of action (after exile, of enforced inaction), for whom polite, even erudite, conversation mattered far more than authorship, who wrote first to please himself and his friends and who was almost completely uninterested – or at least affected a lack of interest – in the publishing of his works. Poetry, which concerns us here, was for him a pleasant means of communication. The greater part of his poetic output would never have seen the light of day if his first editors, Silvestre and Des Maizeaux, had not published it posthumously in their edition of 1705. Yet many of his poems contain the peculiar blend of wit and independent thought that give such sprightliness to his prose writing.

Saint-Evremond's individualism stands out all the more when placed in the context of his period. Since he had a keen sense of history and full awareness of the changes taking place toward the end of the century, he was in harmony with the forward-looking men of his time.

Tout est changé, les dieux, la nature, la politique, les mœurs, le goût, les manières ... tant de changements n'en produiront-ils point dans nos ouvrages? [II, 418]

It is perhaps regrettable that such shrewdness was not combined with the desire to expound his views in a major work on the art of writing. However, one can find in his *Œuvres* a number of ideas on the reforms needed in poetry, which must belong to its own time, and not hark back to the precepts or practice of ages gone by:

Si Homère vivait présentement, il ferait des poèmes admirables, accommodés au siècle où il écrirait. Nos poètes en font de mauvais, ajustés à ceux des anciens, et conduits par des règles qui sont tombées, avec des choses que le temps a fait tomber. [II, 418]

Much of Saint-Evremond's poetry is 'occasional' to the point of evanescence, since it was never meant to be published. Yet, as will be seen by the examples given below, he wrote a number of poems that are among the fine verse of his time.

TEXT *Œuvres meslées de Mr. de Saint-Evremond, publiées sur les manuscrits de l'auteur.* A Londres, chez Jacob Tonson, MDCCV 2 vol. 4º

Stances

Puisqu'il vous faut quitter en ces funestes lieux,
Afin que mon départ ait moins de violence,
J'emporte avecque moi les traits de vos beaux yeux
Et vous laisse mon cœur dans cette longue absence.

Votre image fera mon plaisir le plus doux,   5
A toute heure, en tous lieux, j'aurai sa compagnie,
Et mon fidèle esprit, qui demeure avec vous,
Entretiendra souvent votre aimable génie.

Faibles amusements d'un esprit amoureux!
Je trompe ainsi les maux dont mon âme est blessée;   10
Mais, ah! qu'on est à plaindre et qu'on est malheureux
Quand on se fait des biens par la seule pensée.

Adieu, charme secret, dont vous touchez les cœurs,
Adieu, chers entretiens, adorable visage,
Adieu, je laisse tout, excepté mes langueurs   15
Qui me suivront toujours en ce fâcheux voyage.

Hélas! Je vais quitter l'objet de mon amour;
Je me quitte moi-même, et si ma triste envie
Ne se flattait encor de l'espoir du retour,
En vous laissant, Iris, je laisserais la vie.   20

20 The name Iris holds fullest associations: messenger of the gods, fleur-de-lis of royalty, apple of the eye, and rainbow of promise. (I, 55)

Sonnet

Nature, enseigne-moi par quel bizarre effort
Notre âme, hors de nous, est quelquefois ravie?
Dis-nous comme à nos corps elle-même asservie,
S'agite, s'assoupit, se réveille, s'endort?

Les moindres animaux, plus heureux dans leur sort,   5
Vivent innocemment sans crainte et sans envie,
Exempts de mille soins qui traversent la vie
Et de mille frayeurs que nous donne la mort.

Un mélange incertain d'esprit et de matière
Nous fait vivre avec trop ou trop peu de lumière   10
Pour savoir justement et nos biens et nos maux.

Change l'état douteux dans lequel tu nous ranges,
Nature, élève-nous à la clarté des anges
Ou nous abaisse au sens des simples animaux.

The poem asks questions which are reminiscent of ideas current in the *libertin* tradition of the time. Man has no adequate knowledge (*lumière*) of the human condition.

L'auteur de la nature nous a réduits à la nécessité de nous ignorer nous-mêmes. Il anime les ressorts de notre âme, mais il nous cache le secret admirable qui les fait mouvoir; et ce savant ouvrier se réserve à lui seul l'intelligence de son ouvrage. (Saint-Evremond, *Œuvres*, I, 102–3)

The calm alternatives proposed in ll.12–14 are in keeping with Saint-Evremond's epicurean philosophy: it would be folly to worry about the great questions which human reason cannot fathom.

Stances

Iris, je vous aime toujours
Soyez ou trompeuse ou fidèle
Rien ne peut finir mes amours
Si vous ne cessez d'être belle.

Ce n'est pas votre fermeté   5
Qui fera ma persévérance,

Ayez toujours de la beauté,
J'aurai toujours de la constance

Et quand vous n'auriez plus la foi
Que vous m'avez cent fois promise,   10
Ce charme qui peut tout sur moi
Ne consent pas à ma franchise.

Les avis me sont odieux;
Qui me conseille d'être sage
Devrait ou m'arracher les yeux   15
Ou gâter votre beau visage.

Encore, Iris, ne sais-je pas
Quand vos beautés seraient passées
Si je ne verrais point d'appas
Parmi leurs traces effacées.   20

Peut-être ces mêmes désirs
De qui j'ai l'âme possédée
S'amuseraient aux faux plaisirs
Que leur offrirait une idée.

Je pourrais m'en entretenir   25
Et trouverais mille artifices
Pour tirer de mon souvenir
Le sujet de quelques délices.

Mon esprit toujours enchanté
Aurait chez lui sa complaisance   30
Et j'aimerais votre beauté
Comme on vous aime en votre absence.

Mais je suis trop ingénieux
A me faire une amour nouvelle,
Je n'ai besoin que de mes yeux,   35
Iris, vous serez toujours belle.

The poet's outer and inner vision incessantly discovers beauty in one who constantly provides it; a variant of the poem's leit-motif bears witness to this in each of the nine stanzas: *belle, beauté, charme, beau, beautés, plaisirs, délices, beauté, belle*. This subjective statement reveals much about the speaker's character. (I, 53–4)
franchise: liberation; *complaisance*: satisfaction

Sonnet

Passer quelques heures à lire
Est mon plus doux amusement;

Je me fais un plaisir d'écrire
Et non pas un attachement.

Je perds le goût de la satire;   5
L'art de louer malignement
Cède au secret de pouvoir dire
Des vérités obligeamment.

Je vis éloigné de la France
Sans besoin et sans abondance,   10
Content d'un vulgaire destin:

J'aime la vertu sans rudesse,
J'aime le plaisir sans mollesse,
J'aime la vie, et n'en crains pas la fin.

No doubt the poet's model for 'la vertu sans rudesse' was Cato, the model for 'le plaisir sans mollesse' Epicurus: this sonnet was sent to Ninon de l'Enclos, of whom Saint-Evremond said:

L'indulgente et sage nature
A formé l'âme de Ninon
De la volupté d'Epicure
Et de la vertu de Caton.
(*Lettre à Mademoiselle de l'Enclos, Œuvres meslées*, II, 290)

The force of the sonnet's last line is emphasized by freedom of form, and the point of view it presents is elsewhere recommended by the speaker for everyone's adoption: 'Mortel, aime la vie, et n'en crains pas la fin.' (II, 313)

A Madame de Cominges

Stances irrégulières

Consolez-vous d'être moins belle
Qu'on ne vous a vue autrefois,
C'est le destin d'une mortelle,
Hélène même en a suivi les lois.

Vous avez fait mille conquêtes   5
Dans le temps de votre beauté,
Songez moins à ce que vous êtes
Qu'à ce que vous avez été.

Remettez à notre mémoire
Tout l'intérêt de votre gloire,   10
Il serait peu judicieux
De le confier à nos yeux.

Notre esprit conserve l'image
De votre jeune et beau visage,

Et ce bien détaché de vous 15
Se trouve heureusement en sûreté chez nous.

C'est comme un dépôt de vos charmes
Que nous exemptons des alarmes
De vent, de froid et de chaleur:
Ici l'on ne craint point le hâle, 20
La fraîcheur est toujours égale,
C'est toujours la même couleur.

Si la personne était gardée
Comme nous gardons votre idée
Sans déchet et sans changement, 25
Vous seriez un objet charmant.

J'ai vu que la moindre louange
Etait de vous nommer un ange,
J'ai vu qu'on faisait de vos yeux
La honte de l'astre des cieux. 30

Tantôt sous le nom de Clarice
Vous faisiez des cœurs le supplice,
Tantôt vous étiez en Iris
Le charme de tous les esprits.

Vous fûtes Caliste adorable, 35
Cloris fière, Philis aimable,
Vous avez usé tous ces noms,
Epuisé les comparaisons
Qu'on fait pour l'objet de sa flamme:
Après tant de titres si doux 40
Vous êtes réduite à *Madame*
Qui porte simplement le nom de son époux.

Mais pour ce changement ne soyez pas moins vaine,
Vous régnez dans le souvenir,
Un jour on parlera de vous comme d'Hélène, 45
Vous régnerez dans l'avenir.

Une chétive heure présente
Peut-elle faire l'importante
Contre les temps passés, contre les temps futurs?
La beauté la plus adorée 50
D'un moment n'est pas assurée,
Et tous les siècles vous sont sûrs.

Lasse de vos rigueurs et de notre souffrance
Vous vous êtes démise enfin de la beauté
Comme fit autrefois Sylla de la puissance,   55
Comme lui vous avez rendu la liberté,
Comme lui ne craignez aucune violence:
Vous pouvez marcher seule en toute sûreté.

The first two lines present a difficult problem, the remainder of the poem its various solutions. The poem is of particular interest in that *it exists in two versions in the same 1705 edition.* The original version was included in vol. I, 364–6. The second version, which we give above, is the last item of vol. II, 806–8. It is prefaced by a curious note:

> '*Avertissement.* Toute l'édition étant achevée, on a trouvé une copie plus exacte d'une Pièce contenue dans le premier Volume, page 364, qu'on a cru devoir donner au public.'

There is no external evidence to show which was the original. But internal evidence would seem to corroborate the Silvestre and Des Maizeaux judgment that their last-minute find was in fact a corrected version: a comparison of the two versions reveals that in the one found last, there is the true poet's tendency to tighten internal structure and to simplify vocabulary. Here is the version contained in vol. I:

A Madame de Cominges. Sur ce qu'elle dit un jour à Monsieur d'Aubigny, qu'elle aimerait mieux avoir été Hélène que d'être une beauté médiocre. Stances irrégulières.

Consolez-vous divinité mortelle,
On vous a vue autrefois la plus belle
Et pour une rare beauté
C'est assez que d'avoir été.

Nos sens assujettis n'oseraient bien connaître   5
　　D'un visage si respecté
　　Le changement qui veut paraître:
L'image de l'état où vous avez été
　　Superbe de mille conquêtes
　　Se garde tant d'autorité   10
　　Que bien juger ce que vous êtes
　　N'est pas en notre liberté.

　　Votre beauté comme une absente
　　A notre esprit se représente
　　Quand nous sommes auprès de vous: 15
C'est un bien détaché que sans soin et sans peine,
Que sans ajustement et sans dépense vaine
　　Vous pouvez conserver chez nous.

Dédaignez le présent, c'est chose passagère
Qui de notre durée a les simples moments: 20
Le présent n'est qu'un point où ne se fondent guère
　　Les solides contentements.

　　Mais sagement flattez votre pensée
　　D'une gloire passée
　　Par la douceur du souvenir: 25
Pour quelques traits changés ne soyez pas moins vaine.
　　Un jour on parlera de vous, comme d'Hélène,
　　Et dans vos intérêts sera tout l'avenir.

Une chétive heure présente
Fera-t-elle de l'importante 30
Contre des temps passés, contre des temps futurs?
La beauté la plus révérée
D'un moment n'est pas assurée,
Et tous les siècles vous sont sûrs.

La beauté qui subsiste a toujours des alarmes, 35
Le vent, l'air, le soleil peuvent gâter ses charmes,
Mais, Iris, votre vanité
Se trouve en pleine sûreté:
La chaleur la plus allumée,
Les vents les plus impétueux, 40
L'air grossier, l'épaisse fumée
Ne vous obligent point à vous masquer contre eux.

Vous avez du repos une égale assurance,
Ayant fait de votre beauté
Comme Sylla de sa puissance, 45
Ayant rendu la liberté
Vous avez désarmé l'envie,
Vous avez apaisé la haine et le courroux.
Ne craignez pas qu'en votre vie
Aucun désespéré conspire contre vous. 50

Sur la mort de la belle Marion de Lorme

Stances

Philis n'est plus: tous ses appas
Ainsi bien que toutes mes larmes,
Contre la rigueur du trépas
Ont été d'inutiles armes.

Ici les Amours sont en deuil, 5
Et la Volupté désolée
Cherche à l'entour de son cercueil
Où son ombre s'en est allée.

On l'entend gémir quelquefois
Comme une misérable amante, 10
Qui du triste accent de sa voix
Se plaint du mal qui la tourmente.

En des lieux inconnus au jour,
Loin du soleil qui nous éclaire,
Les seules peines de l'amour 15
Sont sa douleur et sa misère.

Bien loin de ces grands criminels
Dont le sort est si déplorable;
Bien loin de ces feux éternels
Dont le ciel punit un coupable; 20

Philis n'a pour toute rigueur
Que le supplice de sa flamme;
Et rien qu'une triste langueur
Ne consume cette belle âme.

Tantôt elle veut retenir　　　　　　　　　25
L'image des choses passées,
Et le plus tendre souvenir
Entretient ses molles pensées.

Tantôt excitant ses désirs,
Son âme encor voluptueuse　　　　　　　30
Qui soupire après les plaisirs,
S'attache à quelqu'ombre amoureuse.

Dans ses inutiles desseins
Elle va chercher une bouche;
Elle pense trouver des mains,　　　　　　35
Et ne trouve rien qui la touche.

L'esprit veut imiter le corps,
Et parmi ces faux exercices,
Ses désirs, qui sont ses efforts,
Aspirent enfin aux délices.　　　　　　　40

Cependant il aime toujours;
Son soin est de se satisfaire;
Et la rigueur de ses amours
De vouloir et de ne rien faire.

Benedetto Croce, in a brief appreciative article on the above ode (*Intorno a un'ode del Saint-Evremond, Aneddoti di Storia Civile E Letteraria, Critica,* vol. xxxviii, 1940, 380–3), calls attention to the skill with which the elegy conveys the enduring essence of a woman who was the personification of unsatisfied desire. 'Il Saint-Evremond vede Marion *nondum satiata* di baci e di carezze, non estinta, ma ancora fremente di quella vita che fu sua ...' In the few lines of his poem (1, 366–7), Saint-Evremond, who was one of her lovers, says more about the real woman than Hugo's *Marion de Lorme,* or Vigny's *Cinq-Mars* which incidentally mentions her Order of the *Allumette* (doubtless the modern allumeuse) with its motto 'Nous ne brûlons que pour brûler les autres.'

Fragment

Divines Filles de Mémoire
Dont on implore le secours
Et lorsqu'on célèbre la gloire
Et lorsqu'on chante les amours,
Laissez à notre fantaisie　　　　　　　　5
L'honneur de notre poésie.

Buveurs d'eau du sacré vallon
Demeurez avec Apollon
En Italie où sa présence
Est plus nécessaire qu'en France.   10

Ayons plus d'égards pour Bacchus,
On dit qu'il a planté la vigne,
Conservons encore Vénus,
Sa beauté l'en rend assez digne :
Autres déesses, autres dieux   15
Feront bien de quitter ces lieux.

Mais sans Mars, qui fera la guerre ?
Sans Jupiter, plus de tonnerre,
Qui s'embarquera sur les eaux
Si Neptune n'est favorable ?   20
Qui garantira les vaisseaux
Des rochers et des bancs de sable ?

Mettons-nous l'esprit en repos
Sur le tonnerre et sur les flots :
L'ordinaire et honteux pillage   25
Que l'on fait chez l'antiquité
Au lieu d'enrichir notre ouvrage
Découvre notre pauvreté.

The basic point of Saint-Evremond's poetics is the necessity for the exercise of native
'fantaisie,' i.e., individual imagination. French poetry has hitherto stunted its growth
on the predigested food of antiquity. The *Fragment* relates to a longer poem, *Pièce sur
la dispute touchant les Anciens et les Modernes* (ii, 578–84), which cheerfully ends :

Modernes, reprenez courage,
Vous remporterez l'avantage.

Sur le Mois de mars

Stances irrégulières

Mois si cher au dieu des hasards
Qu'on t'en appelle mois de Mars,
Pourquoi faut-il que triste et blême
Tu fasses toujours le carême ?

Auprès du feu le froid Janvier   5
Vit de chapons et de gibier
Sans offenser sa conscience,
Et Février du carnaval
En bonne chère sans égal
Possède la pleine abondance.   10

Toi seul, dans la morte saison,
De pois secs, de méchant poisson
Tu fais ta maigre nourriture
Pour mortifier la nature.

Entre l'hiver et le printemps   15
Tu tiens de l'un et l'autre temps
Une diversité bizarre
Qui cent fois le jour se déclare.

Ton soleil ne fait aucun bien,
On le trouve incertain à luire,   20
Impuissant encore à produire
Il émeut et ne résout rien.

De la sentence épouvantable
Que l'almanach impitoyable
Prononce contre les vieillards,   25
Sauve-moi, si tu peux, O Mars.

Mars, pour cette faveur extrême
Je te veux tirer du carême
Et te donner un sort plus beau
Dans un calendrier nouveau.   30

An excellent illustration of Saint-Evremond's idea of *fantaisie*. A month, not an anti-
quated god, is personified. The first five stanzas amusingly rehearse the disadvantages
of the ambiguous month. Not until the two last stanzas does it become apparent that
March is not only 'la morte saison' but a symbol of old age and the most likely month
for the elderly to die in.
30 March 25 (Lady Day) being the first day of the year (England did not change to the
Gregorian calendar until 1752), March will soon be in another calendar, and Saint-
Evremond himself in a new year.

Perrault

Charles Perrault (12 Jan. 1628–16 May 1703) was the youngest of four brothers, all of whom left their mark upon French life in the seventeenth century. He was called to the bar in 1651. After serving as chief secretary to Colbert, he was later made superintendent of grounds and buildings for the king. Named to the Académie Française in 1674, he quickly became one of its most influential members. In 1687, his poem *Le Siècle de Louis le Grand*, read at the Académie, started the famous controversy between Ancients and Moderns, which lasted several years and had lengthy repercussions in western Europe.

But happily, the Perrault of officialdom, the public servant, the somewhat solemn champion of academism and the Moderns, was also the author of the original *Mother Goose*. His *Contes de ma mère l'Oye* were not new in subject matter (they merely recorded, as their sub-title says, the *Histoires ou contes du temps passé*) but gained immense popularity because of their charmingly presented *naïveté*, and especially their impeccably concise style. Some of the tales, being in verse, remain less well-known, but all of them are an exquisite blending of a wealth of elements into works of art. Certain people are incapable of appreciating them, André Chénier for example, who writes: 'Le hasard m'a fait lire, un de ces jours, les contes de Perrault, qu'on fait lire, m'a-t-on dit, à tous les enfants et qu'on ne m'avait jamais fait lire. Il y en a en vers; il y en a en prose. Il est bon d'avoir vu une fois en sa vie ces ouvrages et ceux de semblable démence pour connaître jusqu'où l'esprit humain peut aller quand il marche à quatre pattes' (*Œuvres complètes*, Pléiade, 1958, 664). Despite such incomprehension, the *Contes* are recognized as masterpieces the world over. Perrault, who had downgraded the ancients, achieved creations whose poetic charm and simplicity equal those of legendary tales – an apparent paradox indeed!

TEXT *Le Génie*, Epître à M. de Fontenelle. Paris, Coignard, 1688. *Le Siècle de Louis le Grand*, poème. Par M. Perrault, de l'Académie Française. A Paris, chez Jean-Baptiste Coignard, 1687. *Recueil de divers ouvrages en prose et en vers*. Paris, Coignard, 1675 (for l'*Amitié*). *La Chasse. A Monsieur de Rosières*. Paris, Coignard, 1692. *Histoires ou contes du temps passé. Avec des Moralités*. A Paris, chez Claude Barbin, 1697 (for *Les Fées*). *Grisélidis, nouvelle, avec le conte de Peau d'Ane, et celui des Souhaits ridicules*. 2e édition. Paris, Coignard, 1694 (first edition of *Peau d'Ane*, which has a separate title-page: *Peau d'Ane, conte. A Madame la Marquise de L ...*, Paris, Coignard, 1694)

Le Génie

Comme on voit des beautés sans grâce et sans appas
Qui surprennent les yeux mais qui ne touchent pas,
Où brille vainement sur un jeune visage
De la rose et du lys le pompeux assemblage,
Où sous un front serein de beaux yeux se font voir   5
Comme des rois captifs, sans force et sans pouvoir :
Tels on voit des esprits au-dessus du vulgaire
Qui parmi cent talents n'ont point celui de plaire.
　En vain, cher Fontenelle, ils savent prudemment
Employer dans leurs vers jusqu'au moindre ornement,   10
Prodiguer les grands mots, les figures sublimes
Et porter à l'excès la richesse des rimes.
On baille, on s'assoupit et tout cet appareil
Après un long ennui cause enfin le sommeil.
　Il faut qu'une chaleur dans l'âme répandue   15
Pour agir au dehors l'élève et la remue,
Lui fournisse un discours qui dans chaque auditeur
Ou de force ou de gré trouve un approbateur,
Qui saisisse l'esprit, le convainque et le pique,
Qui déride le front du plus sombre critique   20
Et qui par la beauté de ses expressions
Allume dans le cœur toutes les passions.
　C'est ce feu qu'autrefois, d'une audace nouvelle,
Prométhée enleva de la voûte éternelle
Et que le ciel répand, sans jamais s'épuiser,   25
Dans l'âme des mortels qu'il veut favoriser.
L'homme, sans ce beau feu qui l'éclaire et l'épure,
N'est que l'ombre de l'homme et sa vaine figure,
Il demeure insensible à mille doux appas
Que d'un œil languissant il voit et ne voit pas.   30
Des plus tendres accords les savantes merveilles
Frappent sans le charmer ses stupides oreilles
Et les plus beaux objets qui passent par ses sens
N'ont tous, pour sa raison, que des traits impuissants.
Il lui manque ce feu, cette divine flamme,   35
L'esprit de son esprit et l'âme de son âme.
　Que celui qui possède un don si précieux
D'un encens éternel en rende grâce aux cieux.
Eclairé par lui-même et sans étude, habile,
Il trouve à tous les arts une route facile,   40
Le savoir le prévient et semble lui venir
Bien moins de son travail que de son souvenir.

Sans peine il se fait jour dans cette nuit obscure
Où se cache à nos yeux la secrète nature,
Il voit tous les ressorts qui meuvent l'univers   45
Et si le sort l'engage au doux métier des vers,
Par lui mille beautés à toute heure sont vues
Que les autres mortels n'ont jamais aperçues.
Quelque part qu'au matin il découvre des fleurs
Il voit la jeune aurore y répandre des pleurs,   50
S'il jette ses regards sur les plaines humides
Il y voit se jouer les vertes néréides
Et son oreille entend tous les différents tons
Que poussent dans les airs les conques des tritons.
S'il promène ses pas dans une forêt sombre   55
Il y voit des silvains et des nymphes sans nombre
Qui toutes l'arc en main, le carquois sur le dos,
De leurs cors enroués réveillent les échos
Et chassant à grand bruit vont terminer leur course
Au bord des claires eaux d'une bruyante source.   60
Tantôt il les verra sans arc et sans carquois
Danser durant la nuit au silence des bois
Et sous les pas nombreux de leur danse légère
Faire à peine plier la mousse et la fougère,
Pendant qu'aux mêmes lieux le reste des humains   65
Ne voit que des chevreuils, des biches et des daims.
     C'est dans ce feu sacré que germe l'éloquence,
Qu'elle y forge ses traits, sa noble véhémence,
Qu'elle y rend ses discours si brillants et si clairs.
C'est ce feu qui formait la foudre et les éclairs   70
Dont le fils de Xantippe et le grand Démosthènes
Effrayaient à leur gré tout le peuple d'Athènes.
C'est cette même ardeur qui donne aux autres arts
Ce qui mérite en eux d'attirer nos regards,
Qui féconde, produit par ses vertus secrètes,   75
Les peintres, les sculpteurs, les chantres, les poètes,
Tous ces hommes enfin en qui l'on voit régner
Un merveilleux savoir qu'on ne peut enseigner,
Une sainte fureur, une sage manie
Et tous les autres dons qui forment le génie.   80
     Au dessus des beautés, ci-dessus des appas
Dont on voit se parer la nature ici-bas,
Sont dans un grand palais soigneusement gardées
De l'immuable beau les brillantes idées,
Modèles éternels des travaux plus qu'humains   85
Qu'enfantent les esprits ou que forment les mains.

Ceux qu'anime et conduit cette flamme divine
Qui du flambeau des cieux tire son origine
Seuls y trouvent accès et par d'heureux efforts
Y viennent enlever mille riches trésors.   90
Les célèbres Mirons, les illustres Apelles
Y prirent à l'envi mille grâces nouvelles,
Ces charmantes Vénus, ces Jupiters tonnants
Où l'on vit éclater tant de traits étonnants
Que la nature même en ses plus beaux ouvrages   95
Ne peut nous en donner que de faibles images.
Ce fut là qu'autrefois, sans l'usage des yeux,
Du siège d'Ilion le chantre glorieux
Découvrit de son art les plus sacrés mystères
Et prit de ses héros les divins caractères.   100
Ce fut là qu'il forma la vaillance d'Hector,
Le courage d'Ajax, le bon sens de Nestor,
Du fier Agamemnon la conduite sévère
Et du fils de Thétis l'implacable colère.
Ulysse y fut conçu toujours sage et prudent,   105
Thersite toujours lâche et toujours impudent.
Dans ce même séjour tout brillant de lumières
Où l'on voit des objets les images premières
Il sut trouver encor tant de variétés,
Tant de faits merveilleux sagement inventés,   110
Que malgré de son temps l'ignorance profonde,
De son temps trop voisin de l'enfance du monde,
Malgré de tous ses dieux les discours indécents,
Ses redites sans fin, ses contes languissants
Dont l'harmonieux son ne flatte que l'oreille   115
Et qu'il laisse échapper quand sa muse sommeille,
En tous lieux on l'adore, en tous lieux ses écrits
D'un charme inévitable enchantent les esprits.
    C'est là que s'élevait le héros de ta race,
Corneille, dont tu suis la glorieuse trace,   120
C'est là qu'en cent façons sous des fantômes vains
S'apparaissait à lui la vertu des Romains,
Qu'habile il en tira ces vivantes images
Qui donnent tant de pompe à ses divins ouvrages
Et qu'il relève encor par l'éclat de ces vers,   125
Délices de la France et de tout l'univers.
    En vain quelques auteurs dont la muse stérile
N'eût jamais rien chanté sans Homère et Virgile
Prétendent qu'en nos jours on se doit contenter
De voir les anciens et de les imiter,   130

Qu'en leurs doctes travaux sont toutes les idées
Que nous donne le ciel pour être regardées
Et que c'est un orgueil aux plus ingénieux
De porter autre part leur esprit et leurs yeux.
Combien sans le secours de ces rares modèles   135
En voit-on s'élever par des routes nouvelles?
Combien de traits charmants semés dans tes écrits
Ne doivent qu'à toi seul et leur être et leur prix?
N'a-t-on pas vu des morts aux rives infernales
Briller de cent beautés toutes originales   140
Et plaire aux plus chagrins sans redire en français
Ce qu'un aimable Grec leur fit dire autrefois?
De l'églogue, en tes vers, éclate le mérite,
Sans qu'il en coûte rien au fameux Théocrite
Qui jamais ne fit plaindre un amoureux destin   145
D'un ton si délicat, si galant et si fin.
Pour toi, n'en doutons pas, trop heureux Fontenelle,
Des nobles fictions la source est éternelle.
Pour toi, pour tes égaux, d'un immuable cours
Elle coule sans cesse et coulera toujours.   150

In 1675, Jean Desmarets de Saint-Sorlin addressed a poem to Charles Perrault in which he begged him to come to the aid of a new kind of poetry. Desmarets' poem, *Epître à M. Perrault* (included in his *Défense de la poésie et de la langue française,* 1675) already makes clear some of the new poetry's doctrines.

1/ More supple versification:

Je veux choisir ...
Un vers libre et fougueux, qui de pas inégaux
    S'écarte par bonds et par sauts,
Qui frappe et qui partout sans ordre et sans mesure
    Se fait une ouverture. (p.21)

2/ Rejection of antique paraphernalia:

Qu'on vous ôte Apollon, les Muses, le Parnasse,
Et les heureux lambeaux de Virgile et d'Horace,
Vous voilà secs, mourants, sur la vase couchés,
Comme sont les poissons des étangs desséchés.
Vous faites vanité de vivre sans courage
    D'une langue morte amoureux,
Dans votre pays propre étrangers malheureux,
Sans jamais de la France honorer le langage. (p.22)

3/ Stressing of contemporary novelty:

Nous qui d'inventions ayant nos sources pleines
Dédaignons de puiser aux antiques fontaines,
Nous parlons un langage et plus noble et plus beau
    Que le triste Latin qu'on tire du tombeau.
Sans l'aide ni des dieux, ni des métamorphoses,
Ni de tout le ramas des célèbres écrits,
    Toujours par de nouvelles choses
        Nous charmons les esprits. (p.23)

4/ Emphasis on spirit rather than on letter:

Car c'est par le rare génie
Et non par les rigueurs d'une exacte harmonie
Que les vers ont l'éternité,
L'esprit plus que les mots fait leur rare beauté. (p.24)

5/ The poem takes its true value from the individuality of its maker:

Ainsi tout ouvrage a son prix
Non des termes divers mais des divers esprits. (p.26)

Eleven years later, in 1686, Perrault complied, giving a detailed definition of the poetic faculty in Le Génie, an épître addressed to Fontenelle, a poem generally overlooked because of the notoriety of Perrault's poem of 520 lines, Le Siècle de Louis le Grand which, given a public reading in 1687 and causing a sensation, was then, and is still, regarded as the manifesto of the Moderns (e.g., most of it is quoted in François de Callières, Histoire poétique de la guerre nouvellement déclarée entre les Anciens et les Modernes, 1688). The two poems are, in fact, complementary, the new attitude being stated from a general point of view by Le Siècle de Louis le Grand and in its particulars by Le Génie.

It is typical of Perrault's originality that, to present the noble (and, at the time, novel) subject of genius, he uses the humble vehicle of the epistle, thereby avoiding enhancement of a theme that needs none, yet emphasizing its importance by suppressing his own. The poem's structure is simple as that of a letter and while there is neither formal introduction nor opening salutation, effortless order prevails.

The definition of non-genius, in the first fourteen lines, not only surprises attention but provides, as it were, a dark rich counter-subject against which the forthcoming definition of genius stands out the more brightly. Non-genius may be sensational (2), brilliant (3), virtuoso (9–10), impressive (11), ingenious (12), but cannot stir the heart (2), evoke response (8), nor hold attention (14).

The definition of genius follows (15–22): a force, simultaneously Promethean theft and divine gift (a new twist to the legend), available to a chosen few (23–6).

The possessor of genius has immediate access to all arts, not so much through technical application as through aware memory which throws constant light on what remains obscure to most (37–48). For example, the poet, from dawn till night, finds out the day's meanings, symbolized by nature spirits typifying the essence of natural phenomena (Aurore: the heavens, beginning, growth; néréides, tritons: beneficent and maleficent effects of the sea; silvains, nymphes: the land, tamed and untamed), in other words, half of poetry's raw material (49–66).

The manifestations of genius are eloquence, painting, sculpture, music, poetry, whose practitioners are distinguished not only by their 'merveilleux savoir qu'on ne peut enseigner, / Une sainte fureur, une sage manie,' but by their individual and personal shares in 'tous les autres dons qui forment le génie' (67–80).

The source of genius is above and beyond externals, in the realm of the ideal, of the imagination (81–90) whose images transcend those of the real and are made accessible by the artist (e.g. the sculptor Miron, the painter Apelles, transmitters of the masculine and feminine principles at their highest expression: Jupiter-Venus).

The freedom of genius: Genius is of a specific time and of all time, witness Homer (a representative list of passions he interpreted stands for the other half of poetry's raw material) or his modern equivalent, Corneille. The addressee, Fontenelle, symbolizes future bearers of the Promethean fire. Genius is also independent, not only of time, but of place, race, language, even of influence (127–50).

With characteristically modern economy and ease, Perrault makes the whole of poetry spring from a friendly letter about its essential attribute. In 150 lines, without trace of legislation and with but two references to genre, he suggests a complete new Art poétique, whose principal emphases are diametrically opposed to those of Boileau.

71 Pericles.
91 Myron, Greek sculptor, c.450 BC. Apelles, painter at the time of Alexander the Great.

104 Achilles.
120 Pierre Corneille, uncle of Fontenelle, the poem's dedicatee.
122 S'apparaissait (Furetière: 'se faire voir, se montrer'): appeared, was revealed.

Le Siècle de Louis le Grand
...

A former les esprits comme à former les corps,
La nature en tout temps fait les mêmes efforts,
Son être est immuable et cette force aisée   445
Dont elle produit toute ne s'est point épuisée:
Jamais l'astre du jour qu'aujourd'hui nous voyons
N'eut le front couronné de plus brillants rayons,
Jamais dans le printemps les roses empourprées   450
D'un plus vif incarnat ne furent colorées,
Non moins blanc qu'autrefois brille dans nos jardins
L'éblouissant émail des lys et des jasmins
Et dans le siècle d'or la tendre Philomèle
Qui charmait nos aïeux de sa chanson nouvelle   455
N'avait rien de plus doux que celle dont la voix
Réveille les échos qui dorment dans nos bois.
De cette même main les forces infinies
Produisent en tout temps de semblables génies.
...

Whereas Perrault's Le Génie deals with definitions, this poem is chiefly concerned with the varied greatness of contemporary geniuses, whom he names and characterizes. However, the sixteen lines here quoted express symbolically the basic doctrine of the moderns, namely, that genius is always beneficent, varied and new.

L'Amitié

J'ai le visage long et la mine naïve,
Je suis sans finesse et sans art,
Mon teint est fort uni, sa couleur assez vive
Et je ne mets jamais de fard.

Mon abord est civil, j'ai la bouche riante   5
Et mes yeux ont mille douceurs,
Mais quoique je sois belle, agréable et charmante
Je règne sur bien peu de cœurs.

On me cajole assez, et presque tous les hommes
Se vantent de suivre mes lois   10
Mais je n'en connais peu dans le siècle où nous sommes
Dont le cœur réponde à la voix.

Ceux que je fais aimer d'une flamme fidèle
Me font l'objet de tous leurs soins
Et quoique je vieillisse ils me trouvent fort belle 15
Et ne m'en estiment pas moins.

On m'accuse souvent d'aimer trop à paraître
Où l'on voit la prospérité,
Cependant il est vrai qu'on ne peut me connaître
Qu'au milieu de l'adversité. 20

An unobvious originality of this poem lies in the implication that friendship alone is capable of painting its own portrait and chooses the least ostentatious means for conveying its unique qualities. The poem is taken from Perrault's *Dialogue de l'Amour et de l'Amitié*, most of which is in prose. Fouquet liked this work so much that he had it written on vellum and illuminated. *L'Amitié* maintained its popularity in anthologies throughout the eighteenth century, e.g. in *Le Portefeuille d'un homme de goût, ou l'esprit de nos meilleurs poètes*, nouvelle édition, 1770.
1 Friendship is basically serious.
3 It never varies in intensity, nor in enthusiasm.

La Chasse

...
Dans le monde tout est de même,
Rien ne déplait dans ce qu'on aime.
Un plaideur est en paradis
Quand il fournit des contredits 550
Ou nouveaux moyens il expose,
Soit qu'il gagne ou perde sa cause.
Combien de bourgeois, de marchands,
Coiffés de leur maison des champs,
Quoi qu'un seigneur les contrarie 555
Sur leur eau, leurs bois, leur prairie
Et leur fassent cent mauvais tours
Y vont et s'y plaisent toujours.
Un amant, qui dans son martyre
Sans cesse gémit et soupire, 560
De celle qui retient son cœur
Chérit tout jusqu'à sa rigueur,
Ceux qui cheminent vers la gloire
Par les sentiers de la victoire
Vont gayement et sans rechigner 565
Tous les jours se faire échigner
Par gens contre qui de leur vie
De se battre il n'eurent envie

Et qui peut-être dès demain
Viendront leur toucher dans la main.   570
Un bon faiseur de commentaires
Qui dans quelques vieux exemplaires
Après s'être longtemps tué
Trouve un mot mal accentué
Enchanté de sa découverte   575
De son temps ne plaint point la perte.
Moi qui n'aimant chasse ni chiens
M'acharne sur les anciens
Puis-je alléguer une folie
Plus bizarre et plus accomplie?   580
Que sert et qu'importe en effet
Que Virgile ait bien ou mal fait?
Qu'Horace ait su dans sa satire
Adroitement ou non médire?
Mille gens et fort à propos   585
Sur tout cela sont en repos.
Pourtant, quand au gré de ma rate
Je puis donner un coup de patte
Ou serrer un peu le bouton
Au mielleux et divin Platon   590
Ou quand mon abbé Téméraire
Fait voir le bec jaune d'Homère
Je ressens des plaisirs bien doux
Et peut-être non moins que vous
Quand même d'une seule balle   595
Vous troussez un chevreuil en malle
Ou lorsque dans un traquenard
Vous prenez quelque vieux renard.
Poursuivez donc, et de la chasse
Qui jamais ne vous embarasse,   600
Goûtez bien toutes les douceurs,
Vous le plus sage des chasseurs
Bonsoir, puisse cette folie
Par endroits vous sembler jolie.

A Paris ce 14 septembre 1692

In 1692, Perrault was challenged to produce, overnight, a poem on hunting, and won. *La Chasse* is addressed to his friend Rosières, who is, one gathers from the poem, a particularly knowledgeable huntsman. The poem, composed of 604 swift-moving octosyllabics, describes, in the first half of its thirty-one pages, the delights, and in the second half, the very real discomforts, of the hunt, with the vividness, verve, and precision of an experienced hunter. In closing, the poet points out, by way of apology for his seeming criticism of the sport, that, while fields differ, everyone is, in his own way, a hunter, and pokes fun at his own special form of hunting, which is why this excerpt has been chosen.

Although books and poems on venery and the chase have always been numerous, few, like *La Chasse* combine humour and varied wisdom with real understanding of human nature. It will be noticed that Perrault is prepared to allow for as much variety in the sporting world as in the world of poetry.

591 *abbé Téméraire*: a character who takes part in the dialogues of Perrault's *Parallèle des Anciens et des Modernes*.

Fragment écrit au Château de Rosières, près de Troyes

Dans le beau climat où la Seine
N'est encore qu'un jeune ruisseau
Qui parmi les près se promène
Et les embellit de son eau,
Dont les campagnes fortunées   5
Se couvrent toutes les années
Des plus abondantes moissons
Et dont les brûlantes collines
Donnent aux cabanes voisines
La plus exquise des boissons,   10

Quand l'astre du jour se rallume
Et que sur le haut des sillons
J'aperçois la terre qui fume
Au premier feu de ses rayons,
Lorsque cette vapeur grossière   15
Se confond avec la lumière,
Il me semble voir un encens
Qui des plaines montant par ondes
Vers le ciel qui les rend fécondes
Lui porte leurs vœux innocents.   20

Les habitants des forêts sombres
De mille couleurs émaillés,
Aussitôt qu'en chassant les ombres
L'aurore les a réveillés,
Ne cessent par reconnaissance   25
De chanter sa magnificence
Et de l'en faire souvenir
Par la beauté de leur plumage
Et par la douceur du ramage
Qu'il leur donne pour le bénir.   30

Ici les sillons reverdissent
Des grains qu'ils retenaient cachés,
Plus loin j'en vois qui se nourrissent
Sous le soc qui les a tranchés,
De tous côtés les granges pleines   35
De la riche toison des plaines
Rendent cette agréable odeur
Qu'au frais d'une belle soirée
Exhale la moisson dorée
D'un champ qu'a béni le Seigneur.   40

The Château de Rosières is situated a little to the south of Troyes, the ancient capital of Champagne, a district characterized by immense grainfields, vine-clad hills, and occasional highly-contrasted dark forests. In summer, sun-shot mists which seem to link earth and sky are frequent in this area. The poet's thought turns on the direct and intimate exchange incessantly taking place between nature's poem and its poet-creator.

Les Fées

Il était une fois une veuve qui avait deux filles; l'aînée lui ressemblait si fort d'humeur et de visage, que qui la voyait voyait la mère. Elles étaient toutes deux si désagréables et si orgueilleuses qu'on ne pouvait vivre avec elles. La cadette, qui était le vrai portrait de son père pour la douceur et l'honnêteté, était avec cela une des plus belles filles qu'on eût su voir. Comme on aime naturellement son semblable, cette mère était folle de sa fille aînée et en même temps avait une aversion pour la cadette. Elle la faisait manger à la cuisine et travailler sans cesse.

Il fallait entre autre chose que cette pauvre enfant allât deux fois le jour puiser de l'eau à une grande demi-lieue du logis et qu'elle en rapportât plein une grande cruche. Un jour qu'elle était à cette fontaine, il vint à elle une pauvre femme qui la pria de lui donner à boire. 'Oui-dà, ma bonne mère,' dit cette belle fille, et, rinçant aussitôt sa cruche, elle puisa de l'eau au plus bel endroit de la fontaine et la lui présenta, soutenant toujours la cruche afin qu'elle bût plus aisément. La bonne femme ayant bu, lui dit: 'Vous êtes si belle, si bonne et si honnête que je ne puis m'empêcher de vous faire un don (car c'était une fée qui avait pris la forme d'une pauvre femme de village pour voir jusqu'où irait l'honnêteté de cette jeune fille). Je vous donne pour don, poursuivit la fée, qu'à chaque parole que vous direz, il vous sortira de la bouche ou une fleur ou une pierre précieuse.'

Lorsque cette belle fille arriva au logis, sa mère la gronda de revenir si tard de la fontaine. 'Je vous demande pardon, ma mère, dit cette pauvre fille, d'avoir tardé si longtemps,' et en disant ces mots, il lui sortit de la bouche deux roses, deux perles et deux gros diamants. 'Que vois-je là, dit la mère toute étonnée, je crois qu'il lui sort de la bouche des perles et des diamants, d'ou vient cela, ma fille?' (Ce fut là la première fois qu'elle l'appela sa fille.) La pauvre enfant lui raconta naïvement tout ce qui lui était arrivé, non sans jeter une infinité de diamants. 'Vraiment, dit la mère, il faut que j'y envoie ma fille. Tenez Fanchon, voyez ce qui sort de la bouche de votre sœur quand elle parle: ne seriez-vous pas bien aise d'avoir le même don? Vous n'avez qu'à aller puiser de l'eau à la fontaine et, quand une pauvre femme vous demandera à boire, lui en donner bien honnêtement.' – 'Il me ferait beau voir, répondit la brutale, aller à la fontaine! – Je veux que vous y alliez, reprit la mère, et tout à l'heure.'

Elle y alla mais toujours en grondant. Elle prit le plus beau flacon d'argent qui fût dans le logis. Elle ne fut pas plutôt arrivée à la fontaine qu'elle vit sortir du bois une dame magnifiquement vêtue qui vint lui demander à boire. C'était la même fée qui avait apparu à sa sœur, mais qui avait pris l'air et les habits d'une princesse pour voir jusqu'où irait la malhonnêteté de cette fille. 'Est-ce que je suis ici venue, lui dit cette brutale orgueilleuse, pour vous donner à boire? Justement, j'ai apporté un flacon d'argent tout exprès pour donner à boire à madame! J'en suis d'avis, buvez à même si vous voulez.' – 'Vous n'êtes guère honnête, reprit la fée, sans se mettre en colère. Eh bien, puisque vous êtes si peu obligeante, je vous donne pour don qu'à chaque parole que vous direz il vous sortira de la bouche ou un serpent ou un crapaud.'

D'abord que sa mère l'aperçut, elle lui cria: 'Hé bien, ma fille?' – 'Hé bien, ma mère!' lui répondit la brutale, en jetant deux vipères et deux crapauds. – 'O! Ciel, s'écria la mère, que vois-je là? C'est sa sœur qui en est cause, elle me payera.' Et aussitôt elle courut pour la battre. La pauvre enfant s'enfuit et alla se sauver dans la forêt prochaine. Le fils du roi qui revenait de la chasse la rencontra et, la voyant si belle, lui demanda ce qu'elle faisait là toute seule et ce qu'elle avait à pleurer. 'Hélas! monsieur, c'est ma mère qui m'a chassée du logis.' Le fils du roi qui vit sortir de sa bouche cinq ou six perles et autant de diamants la pria de lui dire d'où cela lui venait. Elle lui conta toute son aventure. Le fils du roi en devint amoureux, et considérant qu'un tel don valait mieux que tout ce qu'on pouvait donner en mariage à une autre, l'emmena au palais du roi son père, où il l'épousa.

Pour sa sœur, elle se fit tant haïr que sa propre mère la chassa de chez elle, et la malheureuse, après avoir bien couru sans trouver personne qui voulût la recevoir, alla mourir au coin d'un bois.

Moralité

Les diamants et les pistoles
Peuvent beaucoup sur les esprits,
Cependant les douces paroles
Ont encor plus de force et sont d'un plus grand prix.

Autre Moralité

L'honnêteté coûte des soins
Et veut un peu de complaisance,
Mais tôt ou tard elle a sa récompense
Et souvent dans le temps qu'on y pense le moins.

To the perceptive inner ear, the fugal voices of this undidactic *poème en prose* speak
in flowers, precious stones, toads, and snakes, some of which might be called *morali-
tés*; only two of these are developed at the end by Perrault, the rest being left for the
reader to discover.

Richard Wagner made *Les Fées* into an opera, *Die Feen* (1833, produced 1888),
the text of which has been said to incorporate symbolically all his fundamental ideas.

Peau d'Ane

Il est des gens de qui l'esprit guindé,
Sous un front jamais déridé,
Ne souffre, n'approuve et n'estime
Que le pompeux et le sublime;
Pour moi, j'ose poser ce fait   5
Qu'en de certains moments l'esprit le plus parfait
Peut aimer sans rougir jusqu'aux marionnettes,
Et qu'il est des temps et des lieux
Où le grave et le sérieux
Ne valent pas d'agréables sornettes.   10
Pourquoi faut-il s'émerveiller
Que la raison la mieux sensée,
Lasse souvent de trop veiller,
Par des contes d'Ogre et de Fée
Ingénieusement bercée   15
Prenne plaisir à sommeiller.

Sans crainte donc qu'on me condamne
De mal employer mon loisir,
Je vais, pour contenter votre juste désir
Vous conter tout au long l'histoire de Peau d'Ane.   20

Il était une fois un roi,
Le plus grand qui fût sur la terre.
Aimable en paix, terrible en guerre,
Seul enfin comparable à soi:
Ses voisins le craignaient, ses états étaient calmes,   25
Et l'on voyait de toutes parts
Fleurir à l'ombre de ses palmes
Et les vertus et les beaux arts.

Son aimable moitié, sa compagne fidèle,
Etait si charmante et si belle,   30
Avait l'esprit si commode et si doux,
Qu'il était encore avec elle
Moins heureux roi qu'heureux époux.

De leur tendre et chaste hyménée,
Plein de douceur et d'agrément,   35
Avec tant de vertus une fille était née
Qu'ils se consolaient aisément
De n'avoir pas de plus ample lignée.

Dans son vaste et riche palais,
Ce n'était que magnificence;   40
Partout y fourmillait une vive abondance
De courtisans et de valets;
Il avait dans son écurie
Grands et petits chevaux de toutes les façons,
Couverts de beaux caparaçons,   45
Roides d'or et de broderie;
Mais ce qui surprenait tout le monde en entrant,
C'est qu'au lieu le plus apparent,
Un maître âne étalait ses deux grandes oreilles.
Cette injustice vous surprend;   50
Mais, lorsque vous saurez ses vertus nonpareilles,
Vous ne trouverez pas que l'honneur fût trop grand.
Tel et si net le forma la nature
Qu'il ne faisait jamais d'ordure,
Mais bien beaux écus au soleil,   55
Et louis de toute manière,
Qu'on allait recueillir sur la blonde litière,
Tous les matins, à son réveil.

Or le ciel, qui parfois se lasse
De rendre les hommes contents,   60
Qui toujours à ses biens mêle quelque disgrâce,
Ainsi que la pluie au beau temps,
Permit qu'une âpre maladie
Tout à coup de la reine attaquât les beaux jours.
Partout on cherche du secours;   65
Mais ni la Faculté qui le grec étudie,
Ni les charlatans ayant cours,
Ne purent tous ensemble arrêter l'incendie
Que la fièvre allumait en s'augmentant toujours.

Arrivée à sa dernière heure, 70
Elle dit au roi son époux:
'Trouvez bon qu'avant que je meure,
J'exige une chose de vous:
C'est que, s'il vous prenait envie
De vous remarier quand je n'y serai plus ... 75
– Ha! dit le roi, ces soins sont superflus,
Je n'y songerai de ma vie,
Soyez en repos là-dessus.
– Je le crois bien, reprit la reine,
Si j'en prends à témoin votre amour véhément; 80
Mais, pour m'en rendre plus certaine,
Je veux avoir votre serment,
Adouci toutefois par ce tempérament
Que si vous rencontrez une femme plus belle,
Mieux faite et plus sage que moi, 85
Vous pourrez franchement lui donner votre foi
Et vous marier avec elle.'
Sa confiance en ses attraits
Lui faisait regarder une telle promesse
Comme un serment, surpris avec adresse, 90
De ne se marier jamais.
Le prince jura donc, les yeux baignés de larmes
Tout ce que la reine voulut.
La reine entre ses bras mourut
Et jamais un mari ne fit tant de vacarmes. 95
A l'ouïr sangloter et les nuits et les jours,
On jugea que son deuil ne lui durerait guère,
Et qu'il pleurait ses défuntes amours
Comme un homme pressé qui veut sortir d'affaire.

On ne se trompa point.   Au bout de quelques mois, 100
Il voulut procéder à faire un nouveau choix;
Mais ce n'était pas chose aisée;
Il fallait garder son serment,
Et que la nouvelle épousée
Eût plus d'attraits et d'agrément 105
Que celle qu'on venait de mettre au monument.

Ni la cour, en beauté fertile,
Ni la campagne, ni la ville,
Ni les royaumes d'alentour,
Dont on alla faire le tour, 110

N'en purent fournir une telle;
L'infante seule était plus belle,
Et possédait certains tendres appas
Que la défunte n'avait pas.
Le roi le remarqua lui-même,   115
Et, brûlant d'un amour extrême,
Alla follement s'aviser
Que par cette raison il devait l'épouser.
Il trouva même un casuiste
Qui jugea que le cas se pouvait proposer.   120
Mais la jeune princesse, triste
D'ouir parler d'un tel amour,
Se lamentait et pleurait nuit et jour.

De mille chagrins l'âme pleine,
Elle alla trouver sa marraine,   125
Loin, dans une grotte à l'écart,
De nacre et de corail richement étoffée;
C'était une admirable fée,
Qui n'eut jamais de pareille en son art.
Il n'est pas besoin qu'on vous die   130
Ce qu'était une fée en ces bienheureux temps,
Car je suis sûr que votre mie
Vous l'aura dit dès vos plus jeunes ans.

'Je sais, dit-elle en voyant la princesse,
Ce qui vous fait venir ici;   135
Je sais de votre cœur la profonde tristesse,
Mais avec moi n'ayez plus de souci.
Il n'est rien qui vous puisse nuire,
Pourvu qu'à mes conseils vous vous laissiez conduire.
Votre père, il est vrai, voudrait vous épouser: 140
Ecouter sa folle demande
Serait une faute bien grande;
Mais sans le contredire, on le peut refuser.
Dites-lui qu'il faut qu'il vous donne,
Pour rendre vos désirs contents,   145
Avant qu'à son amour votre cœur s'abandonne,
Une robe qui soit de la couleur du temps.
Malgré tout son pouvoir et toute sa richesse,
Quoique le Ciel en tout favorise ses vœux,
Il ne pourra jamais accomplir sa promesse.'   150

Aussitôt la jeune princesse
L'alla dire en tremblant à son père amoureux,
Qui dans le moment fit entendre
Aux tailleurs les plus importants
Que, s'ils ne lui faisaient, sans trop le faire attendre,   155
Une robe qui fût de la couleur du temps,
Ils pouvaient s'assurer qu'il les ferait tous pendre.

Le second jour ne luisait pas encore,
Qu'on apporta la robe désirée:
Le plus beau bleu de l'empyrée   160
N'est pas, lorsqu'il est ceint de gros nuages d'or,
D'une couleur plus azurée.
De joie et de douleur l'infante pénétrée
Ne sait que dire, ni comment
Se dérober à son engagement.   165
'Princesse, demandez-en une,
Lui dit sa marraine tout bas,
Qui, plus brillante et moins commune,
Soit de la couleur de la lune;
Il ne vous la donnera pas.'   170
A peine la princesse en eut fait la demande,
Que le roi dit à son brodeur:
'Que l'astre de la nuit n'ait pas plus de splendeur,
Et que dans quatre jours, sans faute, on me la rende.'
Le riche habillement fut fait au jour marqué,   175
Tel que le roi s'en était expliqué.
Dans les cieux où la nuit a déployé ses voiles,
La lune est moins pompeuse en sa robe d'argent,
Lors même qu'au milieu de son cours diligent
Sa plus vive clarté fait pâlir les étoiles.   180

La princesse admirant ce merveilleux habit,
Etait à consentir presque délibérée;
Mais, par sa marraine inspirée,
Au prince amoureux, elle dit:
'Je ne saurais être contente   185
Que je n'aie une robe encore plus brillante
Et de la couleur du soleil.'
Le prince, qui l'aimait d'un amour sans pareil,
Fit venir aussitôt un riche lapidaire,
Et lui commanda de la faire   190
D'un superbe tissu d'or et de diamants,
Disant que, s'il manquait à le bien satisfaire,
Il le ferait mourir au milieu des tourments.

Le prince fut exempt de s'en donner la peine,
Car l'ouvrier industrieux, 195
Avant la fin de la semaine,
Fit apporter l'ouvrage précieux,
Si beau, si vif, si radieux,
Que le blond amant de Climène,
Lorsque sur la voûte des cieux 200
Dans son char d'or il se promène,
D'un plus brillant éclat n'éblouit pas les yeux.
L'infante, que ces dons achèvent de confondre,
A son père, à son roi, ne sait plus que répondre.
Sa marraine aussitôt la prenant par la main: 205
'Il ne faut pas, lui dit-elle à l'oreille,
Demeurer en si beau chemin.
Est-ce une si grande merveille
Que tous ces dons que vous en recevez
Tant qu'il aura l'âne que vous savez, 210
Qui d'écus d'or sans cesse emplit sa bourse?
Demandez-lui la peau de ce rare animal:
Comme il est toute sa ressource,
Vous ne l'obtiendrez pas, ou je raisonne mal.'

Cette fée était bien savante, 215
Et cependant elle ignorait encore
Que l'amour violent, pourvu qu'on le contente,
Compte pour rien l'argent et l'or.
La peau fut galamment aussitôt accordée
Que l'infante l'eut demandée. 220
Cette peau, quand on l'apporta,
Terriblement l'épouvanta
Et la fit de son sort amèrement se plaindre.
Sa marraine survint et lui représenta
Que, quand on fait le bien, on ne doit jamais craindre; 225
Qu'il faut laisser penser au roi
Qu'elle est tout à fait disposée
A subir avec lui la conjugale loi;
Mais qu'au même moment, seule et bien déguisée,
Il faut qu'elle s'en aille en quelque état lointain, 230
Pour éviter un mal si proche et si certain.

'Voici, poursuivit-elle, une grande cassette
Où nous mettrons tous vos habits,
Votre miroir, votre toilette,
Vos diamants et vos rubis, 235

Je vous donne encore ma baguette:
En la tenant en votre main,
La cassette suivra votre même chemin,
Toujours sous la terre cachée;
Et, lorsque vous voudrez l'ouvrir   240
A peine mon bâton la terre aura touchée
Qu'aussitôt à vos yeux elle viendra s'offrir.

Pour vous rendre méconnaissable
La dépouille de l'âne est un masque admirable:
Cachez-vous bien dans cette peau.   245
On ne croira jamais, tant elle est effroyable,
Qu'elle renferme rien de beau.'

La princesse, ainsi travestie,
De chez la sage fée à peine fut sortie,
Pendant la fraîcheur du matin,   250
Que le prince, qui pour la fête
De son heureux hymen s'apprête,
Apprend, tout effrayé, son funeste destin.
Il n'est point de maison, de chemin, d'avenue,
Qu'on ne parcoure promptement;   255
Mais on s'agite vainement,
On ne peut deviner ce qu'elle est devenue.

Partout se répandit un triste et noir chagrin;
Plus de noces, plus de festin,
Plus de tarte, plus de dragées;   260
Les dames de la cour, toutes découragées,
N'en dînèrent point la plupart;
Mais du curé, surtout, la tristesse fut grande,
Car il en déjeuna fort tard
Et, qui pis est, n'eut point d'offrande.   265

L'infante cependant poursuivait son chemin,
Le visage couvert d'une vilaine crasse;
A tous passants elle tendait la main,
Et tâchait, pour servir, de trouver une place;
Mais les moins délicats et les plus malheureux,   270
La voyant si maussade et si pleine d'ordure,
Ne voulaient écouter ni retirer chez eux
Une si sale créature.

Elle alla donc bien loin, bien loin, encore plus loin;
Enfin elle arriva dans une métairie   275

Où la fermière avait besoin
D'une souillon, dont l'industrie
Allât jusqu'à savoir bien laver des torchons
Et nettoyer l'auge aux cochons.

On la mit dans un coin, au fond de la cuisine,   280
Où les valets, insolente vermine,
Ne faisaient que la tirailler,
La contredire et la railler:
Ils ne savaient quelle pièce lui faire,
La harcelant à tout propos;   285
Elle était la butte ordinaire
De tous leurs quolibets et de tous leurs bons mots.

Elle avait le dimanche un peu plus de repos,
Car, ayant du matin fait sa petite affaire,
Elle entrait dans sa chambre et, tenant son huis clos,   290
Elle se décrassait, puis ouvrait sa cassette,
Mettait proprement sa toilette,
Rangeait dessus ses petits pots.
Devant son grand miroir, contente et satisfaite,
De la lune tantôt la robe elle mettait,   295
Tantôt celle où le feu du soleil éclatait,
Tantôt la belle robe bleue
Que tout l'azur des cieux ne saurait égaler,
Avec ce chagrin seul que leur traînante queue
Sur le plancher trop court ne pouvait s'étaler.   300
Elle aimait à se voir jeune, vermeille et blanche
Et plus brave cent fois que nulle autre n'était.
Ce doux plaisir la sustentait
Et la menait jusqu'à l'autre dimanche.

J'oubliais à dire en passant   305
Qu'en cette grande métairie,
D'un roi magnifique et puissant
Se faisait la ménagerie;
Que là poules de Barbarie,
Râles, pintades, cormorants,   310
Oisons musqués, canepetières,
Et milles autres oiseaux de bizarres manières,
Entre eux presque tous différents,
Remplissaient à l'envi dix cours toutes entières.

Le fils du roi dans ce charmant séjour   315
Venait souvent, au retour de la chasse,

Se reposer, boire à la glace
Avec les seigneurs de sa Cour.

Tel ne fut point le beau Céphale:
Son air était royal, sa mine martiale, 320
Propre à faire trembler les plus fiers bataillons.
Peau d'Ane, de fort loin, le vit avec tendresse,
Et reconnut, par cette hardiesse,
Que sous sa crasse et ses haillons
Elle gardait encore le cœur d'une princesse. 325
'Qu'il a l'air grand, quoi qu'il l'ait négligé!
Qu'il est aimable, disait-elle,
Et que bienheureuse est la belle
A qui son cœur est engagé!
D'une robe de rien s'il m'avait honorée, 330
Je m'en trouverais plus parée
Que de toutes celles que j'ai.'

Un jour, le jeune prince, errant à l'aventure
De basse-cour en basse-cour,
Passa dans une allée obscure 335
Où de Peau d'Ane était l'humble séjour.
Par hasard il mit l'œil au trou de la serrure;
Comme il était fête ce jour,
Elle avait pris une riche parure
Et ses superbes vêtements 340
Qui, tissus de fin or et de gros diamants,
Egalaient du soleil la clarté la plus pure.
Le prince, au gré de son désir,
La contemple, et ne peut qu'à peine,
En la voyant, reprendre haleine, 345
Tant il est comblé de plaisir.
Quels que soient les habits, la beauté du visage,
Son beau tour, sa vive blancheur,
Ses traits fins, sa jeune fraîcheur,
Le touchent cent fois davantage; 350
Mais un certain air de grandeur,
Plus encore une sage et modeste pudeur,
Des beautés de son âme assuré témoignage,
S'emparèrent de tout son cœur.

Trois fois, dans la chaleur du feu qui le transporte, 355
Il voulut enfoncer la porte;
Mais, croyant voir une divinité,
Trois fois par le respect son bras fut arrêté.

Dans le palais, pensif, il se retire;
Et là, nuit et jour il soupire: 360
Il ne veut plus aller au bal,
Quoiqu'on soit dans le carnaval;
Il hait la chasse, il hait la comédie;
Il n'a plus d'appétit, tout lui fait mal au cœur;
Et le fond de sa maladie   365
Est une triste et mortelle langueur.

Il s'enquit quelle était cette nymphe admirable
Qui demeurait dans une basse-cour,
Au fond d'une allée effroyable,
Où l'on ne voit goutte en plein jour.   370
'C'est, lui dit-on, Peau d'Ane, en rien nymphe ni belle
Et que Peau d'Ane l'on appelle
A cause de la peau qu'elle met sur son cou;
De l'amour c'est le vrai remède,
La bête en un mot la plus laide   375
Qu'on puisse voir après le loup.'
On a beau dire, il ne saurait le croire:
Les traits que l'Amour a tracés,
Toujours présents à sa mémoire,
N'en seront jamais effacés.   380

Cependant la reine sa mère,
Qui n'a que lui d'enfant, pleure et se désespère;
De déclarer son mal elle le presse en vain;
Il gémit, il pleure, il soupire,
Il ne dit rien, si ce n'est qu'il désire   385
Que Peau d'Ane lui fasse un gâteau de sa main;
Et la mère ne sait ce que son fils veut dire.
'O Ciel! Madame, lui dit-on,
Cette Peau d'Ane est une noire taupe,
Plus vilaine encore et plus gaupe   390
Que le plus sale marmiton.

—N'importe, dit la reine, il le faut satisfaire
Et c'est à cela seul que nous devons songer.'
Il aurait eu de l'or, tant l'aimait cette mère,
S'il en avait voulu manger.   395

Peau d'Ane donc prend sa farine,
Qu'elle avait fait bluter exprès
Pour rendre sa pâte plus fine,
Son sel, son beurre et ses œufs frais,

Et, pour bien faire sa galette, 400
S'enferme seule en sa chambrette.
D'abord elle se décrassa
Les mains, les bras et le visage,
Et pris un corps d'argent, que vite elle laça,
Pour dignement faire l'ouvrage, 405
Qu'aussitôt elle commença.

On dit qu'en travaillant un peu trop à la hâte,
De son doigt, par hasard, il tomba dans la pâte
Un de ses anneaux de grand prix;
Mais ceux qu'on tient savoir le fin de cette histoire 410
Assurent que par elle exprès il y fut mis;
Et pour moi, franchement, je l'oserais bien croire,
Fort sûr que, quand le prince à sa porte aborda
Et par le trou la regarda,
Elle s'en était aperçue. 415
Sur ce point la femme est si drue,
Et son œil va si promptement,
Qu'on ne peut la voir un moment,
Qu'elle ne sache qu'on l'a vue.
Je suis bien sûr encore, et j'en ferais serment, 420
Qu'elle ne douta point que de son jeune amant,
La bague ne fût bien reçue.

On ne pétrit jamais un si friand morceau;
Et le prince trouva la galette si bonne
Qu'il ne s'en fallut rien que, d'une faim gloutonne, 425
Il n'avalât aussi l'anneau.
Quand il en vit l'émeraude admirable,
Et du jonc d'or le cercle étroit
Qui marquait la forme du doigt,
Son cœur en fut touché d'une joie incroyable; 430
Sous son chevet il le mit à l'instant;
Et, son mal toujours augmentant,
Les médecins, sages d'expérience,
En le voyant maigrir de jour en jour,
Jugèrent tous, par leur grande science, 435
Qu'il était malade d'amour.

Comme l'hymen, quelque mal qu'on en dise,
Est un remède exquis pour cette maladie,
On conclut à le marier.
Il s'en fit quelque temps prier; 440

Puis dit : 'Je le veux bien, pourvu que l'on me donne
En mariage la personne
Pour qui cet anneau sera bon.'
A cette bizarre demande,
De la reine et du roi la surprise fut grande ;   445
Mais il était si mal qu'on n'osa dire non.

Voilà donc qu'on se met en quête
De celle que l'anneau, sans nul égard du sang,
Doit placer dans un si haut rang.
Il n'en est point qui ne s'apprête   450
A venir présenter son doigt,
Ni qui veuille céder son droit.

Le bruit ayant couru que, pour prétendre au prince,
Il faut avoir le doigt bien mince,
Tout charlatan, pour être bienvenu,   455
Dit qu'il a le secret de le rendre menu.
L'une, en suivant son bizarre caprice,
Comme une rave le ratisse ;
L'autre en coupe un petit morceau ;
Une autre, en le pressant, croit qu'elle l'appetisse ;   460
Et l'autre, avec de certaine eau,
Pour le rendre moins gros, en fait tomber la peau.
Il n'est enfin point de manœuvre
Qu'une dame ne mette en œuvre
Pour faire que son doigt cadre bien à l'anneau.   465

L'essai fut commencé par les jeunes princesses,
Les marquises et les duchesses ;
Mais leurs doigts, quoi que délicats,
Etaient trop gros et n'entraient pas.
Les comtesses et les baronnes   470
Et toutes les nobles personnes,
Comme elles tour à tour présentèrent leur main,
Et la présentèrent en vain.

Ensuite vinrent les grisettes,
Dont les jolis et menus doigts,   475
Car il en est de très bien faites,
Semblèrent à l'anneau s'ajuster quelquefois ;
Mais la bague, toujours trop petite ou trop ronde,
D'un dédain presque égal rebutait tout le monde.

Il fallut en venir enfin   480
Aux servantes, aux cuisinières,

Aux tortillons, aux dindonnières,
En un mot, à tout le fretin,
Dont les rouges et noires pattes,
Non moins que les mains délicates,   485
Espéraient un heureux destin.
Il s'y présenta mainte fille
Dont le doigt, gros et ramassé
Dans la bague du prince eût aussi peu passé
Qu'un cable au travers d'une aiguille.   490

On crut enfin que c'était fait ;
Car il ne restait, en effet,
Que la pauvre Peau d'Ane, au fond de la cuisine.
Mais, comment croire, disait-on,
Qu'à régner le Ciel la destine !   495
Le prince dit : 'Et pourquoi non ?
Qu'on la fasse venir !' Chacun se prit à rire,
Criant tout haut : 'Que veut-on dire,
De faire entrer ici cette sale guenon ?'
Mais, lorsqu'elle tira de dessous sa peau noire   500
Une petite main qui semblait de l'ivoire
Qu'un peu de pourpre a coloré,
Et que de la bague fatale,
D'une justesse sans égale,
Son petit doigt fut entouré.   505
La Cour fut dans une surprise
Qui ne peut pas être comprise.

On la menait au roi dans ce transport subit ;
Mais elle demanda qu'avant que de paraître,
Devant son seigneur et son maître,   510
On lui donnât le temps de prendre un autre habit.
De cet habit, pour la vérité dire,
De tous côtés on s'apprêtait à rire ;
Mais, lorsqu'elle arriva dans les appartements,
Et qu'elle eut traversé les salles   515
Avec ses pompeux vêtements
Dont les riches beautés n'eurent jamais d'égales ;
Que ses aimables cheveux blonds,
Mêlés de diamants dont la vive lumière
En faisait autant de rayons   520
Que ses yeux bleus, grands, doux et longs,
Qui pleins d'une majesté fière,

Ne regardent jamais sans plaire et sans blesser,
Et que sa taille, enfin, si menue et si fine
Qu'avec ses deux mains on eût pu l'embrasser,   525
Montrèrent leurs appas et leur grâce divine,
Des dames de la cour et de leurs ornements
Tombèrent tous les agréments.

Dans la joie et le bruit de toute l'assemblée,
Le bon roi ne se sentait pas   530
De voir sa bru posséder tant d'appas;
La reine en était affolée,
Et le prince, son cher amant,
De cent plaisirs l'âme comblée,
Succombait sous le poids de son ravissement.   535

Pour l'hymen aussitôt chacun prit ses mesures;
Le monarque en pria tous les rois d'alentour,
Qui, tous brillants de diverses parures,
Quittèrent leurs Etats pour être à ce grand jour.
On en vit arriver des climats de l'aurore,   540
Montés sur de grands éléphants;
Il en vint du rivage more,
Qui, plus noirs et plus laids encore,
Faisaient peur aux petits enfants;
Enfin, de tous les coins du monde   545
Il en débarque, et la Cour en abonde.

Mais nul prince, nul potentat,
N'y parut avec tant d'éclat
Que le père de l'épousée
Qui, d'elle autrefois amoureux   550
Avait, avec le temps, purifié les feux
Dont son âme était embrasée:
Il en avait banni tout désir criminel,
Et de cette odieuse flamme
Le peu qui restait dans son âme   555
N'en rendait que plus vif son amour paternel.
Dès qu'il la vit: 'Que béni soit le Ciel,
Qui veut bien que je te revoie,
Ma chère enfant!' dit-il, et tout pleurant de joie,
Courut tendrement l'embrasser.   560
Chacun à son bonheur voulut s'intéresser;
Et le futur époux était ravi d'apprendre
Que d'un roi si puissant il devenait le gendre.

Dans ce moment, la marraine arriva,
Qui raconta toute l'histoire,   565
Et par son récit acheva
De combler Peau d'Ane de gloire.

Il n'est pas malaisé de voir
Que le but de ce conte est qu'un enfant apprenne
Qu'il vaut mieux s'exposer à la plus rude peine   570
Que de manquer à son devoir;

Que la vertu peut être infortunée,
Mais qu'elle est toujours couronnée;

Que contre un fol amour et ses fougueux transports
La raison la plus forte est une faible digue,   575
Et qu'il n'est point de si riches trésors
Dont un amant ne soit prodique;

Que de l'eau claire et du pain bis
Suffisent pour la nourriture
De toute jeune créature,   580
Pourvu qu'elle ait de beaux habits;

Que sous le ciel il n'est point de femelle
Qui ne s'imagine être belle,
Et qui souvent ne s'imagine encore
Que, si des trois beautés la fameuse querelle   585
S'était démêlée avec elle,
Elle aurait eu la pomme d'or.

Le conte de Peau d'Ane est difficile à croire;
Mais, tant que dans le monde on aura des enfants,
Des mères et des mères-grands,   590
On en gardera la mémoire.

This *conte* illustrates how Perrault, by fusing the magical, the strange, and the every-day, in a style of distinguished familiarity, produces a new and rewarding antithesis. The poem's structure, with its repeating and expanding main and subordinate themes, is essentially of a musical nature.
55 *écus au soleil* (cf. écus d'or, l.211) gold coins, first ordered struck in 1475 by Louis XI, called 'au soleil' in that above the crown there was a small sun with eight radiating rays.
56 *louis*: gold and silver coins, first minted in 1640 and 1641.
106 *mettre au monument*: entomb, bury.
113 *tendres appas*: no doubt what in modern journalese is called vital statistics and expressed in terms of measurements (the first of a series of three).
119 *casuiste*: 'Théologien dont la fonction est de traiter des cas de conscience et d'en donner les résolutions ... Les casuistes discourent des vertus et des vices avec tant de subtilité qu'ils justifient les plus grands crimes à la faveur de leurs distinctions: ils ne

s'occupent qu'à diminuer nos obligations, et à trouver les moyens de pêcher sans devenir coupable' (Furetière, *Dictionnaire*, 1727 ed.).

132 *mie*: as a child's expression, usually meant governess.

147, 169, 187 The fairy godmother confidently expects to overwhelm the king by asking for colours which are either variable or reflected or too bright to gauge correctly (weather, moon, sun). To mere mortals, no such *nuances* being possible, the colours are interpreted as blue, silver and gold, and the *couturiers*, their imagination fired by the king's threats of torture and death, create dresses whose magnificence is brought out by a comparison: the blue like that of a sky made bluer by being in a frame of clouds tinged with gold, the silver that of the moon set off by the encircling night, the gold that of the Sun-god surrounded by the entire vault of heaven. The fairy godmother has misjudged human ingenuity, as she does human greed in the case of the ass's skin (ll.210–23).

199 the Sun-god.

219 *galamment*: with the alacrity of a gallant carrying out his lady's merest whim.

234 *toilette*: cloth on which toilet articles were laid (une toilette de brocard, de velours, etc. From *toile*). See also l.292.

274 Perrault does not forget the tone of the Mother Goose tales. (See also ll.543–4)

284 *pièce*: a cruel trick.

302 *plus brave*: more splendidly dressed.

303 *sustentait*: kept up her hopes.

309–11 *poules de Barbarie*: Barbary duck; *râles*: rails; *oisons musqués*: goslings of the South American musk-duck (Cairina); *canepetière*: familiar name of the *petite outarde* (lesser bustard).

317 The first ice-houses in Paris were set up in 1664.

319 *Céphale*: type of the handsome, devil-may-care huntsman.

326 Noble in bearing, casual in dress, and sometimes in manner. The time is the last decade of the seventeenth century.

337 He just *happened* to be looking through a key-hole!

364 *lui fait mal au cœur*: disgusts him.

366 *langueur*: Furetière's Dictionary quotes Saint-Evremond: 'le mouvement le plus délicat de l'amour.' According to the latter, there were three states of love: *aimer*, *brûler, languir*.

376 *après le loup*: the big, bad wolf of fairy tales.

390 *gaupe*: 'femme malpropre et sâle' (Furetière).

404 *corps d'argent*: silver-coloured bodice (*corps* meant any garment which covered the body from neck to waist).

416 *drue*: quick, keen.

427 *jonc d'or*: gold ring (apart from the stone or setting).

443 *sera bon*: will fit (cf. the glass slipper 'test' in Cinderella).

461 *certaine eau*: probably *eau-forte, aqua fortis*, which would certainly take the skin off.

482 *tortillons, dindonnières*: lowly servant girls who looked after the barnyard fowl.

491 *que c'était fait*: that the search was useless.

516 *pompeux*: royal.

523 *blesser*: wound, as with Cupid's arrows.

525 *embrasser*: encircle with two hands.

540 eastern potentates.

542 Moorish kings.

559 *créature*: girl, woman (cf. popular usage in French Canada).

591 *mères-grands*: grand' mères.

Fénelon

François de Salignac de la Mothe Fénelon, born in 1651 in the Périgord, was the younger son of a noble but impoverished family. After a thorough classical education, he was ordained a priest, carried out missionary projects in the provinces, and later was appointed tutor to the grandson of Louis xiv, the Duke of Burgundy. At the age of 42 he was elected to the Académie Française, as much for his *préceptorat* as for his writings. In 1695 he was made Archbishop of Cambrai, one of the richest sees in France. This apparent triumph was short-lived, however: he had been for some time involved in the 'affaire du quiétisme' and in 1697, at the instigation of Bossuet and ultimately Louis xiv, his *Maximes des saints* was condemned by Rome. Two years later, *Télémaque*, written for the edification of his pupil, was construed as being, in part, a criticism of Louis xiv, and Fénelon was ordered to leave the court. He retired to Cambrai, and spent the rest of his life carrying out his episcopal duties, keeping in touch nevertheless with the intellectual and political life of Versailles and Paris. He died in 1715.

Supple in thought and style, Fénelon has left works which reflect a certain transition in viewpoints and ideas; a prince of the Church, he quite naturally upholds the Catholic viewpoint of his time, yet with a mystical colouration. As an educator (*Traité de l'éducation des filles*), he based his system on trust, eschewed fear of the teacher as motivation for learning, and showed the danger of representing virtue as something sombre and sad. In politics, he was an idealist, eager to base political morality on Christian virtues, claiming for man a kinship with all men beyond the confines of family and nation, ideas which were bound to irritate Louis xiv. His ideal society was one of golden-age simplicity. He saw the need for freedom in commerce and industry, and toward the end of his life, even hoped for freedom in religion. The eighteenth-century *Encyclopédistes* in their advocacy of natural law and 'utilité publique,' considered Fénelon a precursor.

Fénelon's ideal is one of unfeigned simplicity: 'Je veux un sublime si familier, si doux et si simple, que chacun soit tenté de croire qu'il l'aurait trouvé sans peine, quoique peu d'hommes soient capables de le trouver.' For him, poetic creation is 'simple et sans art,' timeless, idealized, but without preoccupations of grandeur, a graceful world whose elegance must give the appearance of being fortuitous and involuntary. The poet's task is to touch and benefit a human heart by revealing the outer universe through a universe of imagery.

Fénelon wrote little verse; his most characteristic poetry is to be found in his prose-poem *Télémaque*. This new genre (Fénelon himself called it 'une narration fabuleuse en forme de poème héroïque comme ceux d'Homère et de Virgile'), by exemplifying its author's view that poetry consists of qualities rather than forms, helped bring about a new poetic climate which endures to this day.

TEXT *Les Aventures de Télémaque*, nouvelle édition ... par Albert Cahen. Paris, Hachette 1920, 2 vol. 8⁰ (Collection des Grands Ecrivains de la France). *Œuvres de Fénelon ... précédées d'études sur sa vie* par M. Aimé-Martin, 1882, vol. III, 251 (for *Soupirs du poète pour le retour du printemps*)

Soupirs du poète pour le retour du printemps

Bois, fontaines, gazons, rivages enchantés,
Quand est-ce que mes yeux reverront vos beautés,
Au retour du printemps, jeunes et refleuries!
Cruel sort qui me tient! que ne puis-je courir?
  Creux vallons, riantes prairies,
  Où de si douces rêveries
A mon cœur enivré venaient sans cesse offrir
Plaisirs purs et nouveaux, qui ne pouvaient tarir!
Hélas! que ces douceurs pour moi semblent taries!
Loin de vous je languis, rien ne peut me guérir:
  Mes espérances sont péries,
  Moi-même je me sens périr.
Collines, hâtez-vous, hâtez-vous de fleurir,
Hâtez-vous, paraissez, venez me secourir.
Montrez-vous à mes yeux, ô campagnes chéries!
Puissé-je encore un jour vous revoir, et mourir!

Bois, fontaines, gazons, rivages are under one spell (*enchantés*, i.e. *ensorcelés*), the speaker under another (*cruel sort qui me tient*), a juxtaposition which renews the force of what otherwise might seem a hackneyed exclamation. The longing inherent in the title is brought out by the repetition of identical or similar expressions.

Télémaque (excerpts)

1

On immola, entre la ville et l'armée ennemie, cent génisses blanches comme la neige et autant de taureaux de même couleur, dont les cornes étaient dorées et ornées de festons. On entendait retentir jusque dans les montagnes voisines le mugissement affreux des victimes qui tombaient sous le couteau sacré. Le sang fumant ruisselait de toutes parts. On faisait couler avec abondance un vin exquis pour les libations. Les aruspices consultaient les entrailles qui palpitaient encore. Les sacrificateurs brûlaient sur les autels un encens qui formait un épais nuage, et dont la bonne odeur parfumait toute la campagne.

Cependant les soldats des deux partis, cessant de se regarder d'un œil ennemi, commençaient à s'entretenir sur leurs aventures. Ils se délassaient déjà de leurs travaux, et goûtaient par avance les douceurs de la paix. Plusieurs de ceux qui avaient suivi Idoménée au siège de Troie reconnurent ceux de Nestor qui avaient combattu dans la même guerre. Ils s'embrassaient avec tendresse, et se recontaient mutuellement tout ce qui leur était arrivé depuis qu'ils avaient ruiné la superbe ville qui était l'ornement de toute l'Asie. Déjà ils se couchaient sur l'herbe, se couronnaient de fleurs, et buvaient ensemble le vin qu'on apportait de la ville dans de grands vases, pour célébrer une si heureuse journée.

(Livre IX, vol. II, 47–8)

Against a magnificent background of ritualistic colour, sound and fragrance, priests and death, is placed an intimate foreground where former enemies relax in the pleasures of reconciliation and the hopeful prospect of peaceful living. Such two-part inventions, rich in symbolic suggestion, are frequent in Fénelon's prose-poem.

Aruspices: haruspices, minor priests who practised divination from the entrails of animals killed in sacrifice.

Idoménée: In classical mythology, Idomeneus, king of Crete, was one of the Greek leaders in the Trojan war. Nestor, king of Pylos, was the oldest and wisest of these.

2

Ainsi les peuples y accoururent bientôt en foule de toutes parts. Le commerce de cette ville était semblable au flux et reflux de la mer. Les trésors y entraient comme les flots viennent l'un sur l'autre. Tout y était apporté et tout en sortait librement. Tout ce qui entrait était utile, tout ce qui sortait laissait, en sortant, d'autres richesses en sa place. La justice sévère présidait dans le port au milieu de tant de nations. La franchise, la bonne foi, la candeur, semblaient du haut de ces superbes tours appeler les marchands des terres les plus éloignées: chacun de ces marchands, soit qu'il vint des rives orientales où le soleil sort chaque jour du sein des ondes, soit qu'il fût parti de cette grande mer où le soleil, lassé de son cours, va éteindre ses feux, vivait paisiblement en sûreté dans Salente comme dans sa patrie.

(Livre X, vol. II, 89–90)

The international network of commercial interrelationships is here suggested in terms

of a central port to and from which merchants of all the earth not only bring and take material treasures but also the links of universal peace.
'Salente, nouvelle colonie des Grecs' (*Télémaque*, livre ix): Salentum, ancient city in the south of Italy, said to have been founded by Idomeneus.

3

Ensuite Télémaque fit laver le corps dans des liqueurs odoriférantes; puis on prépara par son ordre un bûcher. Les grands pins, gémissant sous les coups de haches, tombent en roulant du haut des montagnes. Les chênes, ces vieux enfants de la terre, qui semblaient menacer le ciel; les hauts peupliers, les ormeaux, dont les têtes sont si vertes et si ornées d'un épais feuillage; les hêtres, qui sont l'honneur des forêts, viennent tomber sur le bord du fleuve Galèse. Là s'élève avec ordre un bûcher qui ressemble à un bâtiment régulier; la flamme commence à paraître; un tourbillon de fumée monte jusqu'au ciel.

(Livre xiii, vol. ii, 291)

Cremation is represented not as destruction but as means of liberation, with a personal friend, Télémaque, for intermediary. The cleansed and fragrant body is ready. Pines, the symbol of physical power, oaks of moral character, poplars of grace, elms of justice, beeches of dignity, suggest the qualities of the spirit which will shortly rise to heaven on wings that they supply.

4

Télémaque s'avança vers ces rois, qui étaient dans des bocages odoriférants, sur des gazons toujours renaissants et fleuris. Mille petits ruisseaux d'une onde pure arrosaient ces beaux lieux, et y faisaient sentir une délicieuse fraîcheur; un nombre infini d'oiseaux faisaient résonner ces bocages de leur doux chant. On voyait tout ensemble les fleurs du printemps qui naissaient sous les pas, avec les plus riches fruits de l'automne qui pendaient des arbres. Là, jamais on ne ressentit les ardeurs de la furieuse canicule; là, jamais les noirs aquilons n'osèrent souffler, ni faire sentir les rigueurs de l'hiver. Ni la guerre altérée de sang, ni la cruelle envie qui mord d'une dent venimeuse et qui porte des vipères entortillées dans son sein et autour de ses bras, ni les jalousies, ni les défiances, ni la crainte, ni les vains désirs n'approchent jamais de cet heureux séjour de la paix. Le jour n'y finit point, et la nuit, avec ses sombres voiles y est inconnue: une lumière pure et douce se répand autour des corps de ces hommes justes et les environne de ses rayons comme d'un vêtement. Cette lumière n'est point semblable à la lumière sombre qui éclaire les yeux des misérables mortels, et qui n'est que ténèbres; c'est plutôt une gloire céleste qu'une lumière: elle pénètre plus subtilement les corps les plus épais, que les rayons du soleil ne pénètrent le plus pur cristal: elle n'éblouit jamais; au contraire, elle fortifie les yeux et porte dans le fond de l'âme je ne sais quelle sérénité: c'est d'elle seule que ces hommes bienheureux sont nourris; elle sort d'eux et elle y entre; elle les pénètre et s'incorpore à eux comme les aliments s'incorporent à nous. Ils la voient, ils la sentent, ils la respirent; elle fait naître en eux une source intarissable de paix et de joie: ils sont plongés dans cet abîme de joie comme les poissons dans la mer. Ils ne veulent plus rien; ils ont tout sans rien avoir, car ce goût de lumière pure apaise la faim de leur cœur; tous leurs désirs sont rassasiés et leur plénitude les élève au-dessus de tout ce que les hommes vides et affamés cherchent sur la terre: toutes les délices qui les environnent ne leur sont rien, parce que le comble de leur félicité, qui vient du dedans, ne leur laisse aucun sentiment pour tout ce qu'ils voient de délicieux au dehors. Ils sont tels que les dieux, qui, rassasiés de nectar et d'ambroisie, ne daigneraient pas se nourrir des viandes grossières qu'on leur présenterait à la table la plus exquise des hommes mortels. Tous les maux s'enfuient loin de ces lieux tranquilles: la mort, la maladie, la pauvreté, la douleur, les regrets, les remords, les craintes, les espérances mêmes, qui coûtent souvent autant de peines que les craintes; les divisions, les dégouts, les dépits ne peuvent y avoir aucune entrée.

(Livre xiv, vol. ii, 345–8)

Excessive precision of epithet or precipitation of pace is not allowed to disturb the forward flight of the melodic sense. Fénelon follows closely and swiftly the modifications of his subject-matter, one treatment sufficing to present each with equal effectiveness, namely, a concise yet natural diction, so constantly heightened by vividness and feeling that the result is everywhere *bel canto*, that quality which has been called 'l'indéfinissable,' 'chant avec les siècles variable, mais toujours étrange,' 'le chant français qui ... se distingue de cette poésie sans voix à laquelle on voudrait nous confiner' (L. Aragon, *Chroniques du bel canto*, 1947, 87, 88, 91).

5

Cet inconnu qu'on nommait Cléomène avait erré quelque temps dans le milieu de l'île, montant sur le sommet de tous les rochers, et considérant de là les espaces immenses des mers avec une tristesse profonde. Télémaque ne l'avait point perdu de vue, et il ne cessait d'observer ses pas. Son cœur était attendri pour un homme vertueux, errant, malheureux, destiné aux plus grandes choses et servant de jouet à une rigoureuse fortune, loin de sa patrie. 'Au moins, se disait-il, en lui-même, peut-être reverrai-je Ithaque; mais ce Cléomène ne peut jamais revoir la Phrygie.' L'exemple d'un homme encore plus malheureux que lui adoucissait la peine de Télémaque.

Enfin cet homme, voyant son vaisseau prêt, était descendu de ses rochers escarpés avec autant de vitesse et d'agilité qu'Apollon, dans les forêts de Lycie, ayant noué ses cheveux blonds, passe au travers des précipices pour aller percer de ses flèches les cerfs et les sangliers. Déjà cet inconnu est dans le vaisseau, qui fend l'onde amère, et qui s'éloigne de la terre. Alors une impression secrète de douleur saisit le cœur de Télémaque; il s'afflige sans savoir pourquoi; les larmes coulent de ses yeux, et rien ne lui est si doux que de pleurer.

(Livre xviii, vol. ii, 542)

Cléomène is really Télémaque's father, Ulysses, who has not yet returned home from his long odyssey.

Fontenelle

Bernard Le Bovier de Fontenelle was an outstanding man of letters whose life spanned a hundred fateful years, 1657–1757. He was born in Rouen, a nephew of Pierre and Thomas Corneille. Like many cultured Frenchmen, he studied law, but gave it up after losing his first case. At 20 years of age, already in Paris, a contributor to the *Mercure galant*, he soon turned to the composition of opera librettos. Then, as many aspiring young authors were wont to do, he wrote a tragedy, *Aspar* (1680); this was a complete failure, and so at 23, Fontenelle returned to his home town. There, however, he became one of the renowned wits of Normandy, a province which was a sort of proving-ground of French *belles-lettres*. Fontenelle was no *désœuvré*; within seven years, he had published a number of important works, including the *Entretiens sur la pluralité des mondes* (1686) and the *Histoire des oracles* (1687). In the latter year, after the reading of his prize-winning *Digression sur les Anciens et les Modernes* at the Académie Française, he was acclaimed a champion of the Moderns, along with Perrault. Four years later, Fontenelle himself became a member of the 'Immortals,' and in 1697, of the Académie des Sciences. In 1699, he was named secretary of the latter, and thus wielded great influence as a disseminator of philosophic and scientific ideas, while carrying on an enormous correspondence with learned organizations, not only in the French provinces but all Europe. Much of this material has not yet been published.

Fontenelle is primarily remembered as a prose writer, whose delicate analysis of feeling antedates Marivaux, and whose peculiar blend of perspicuity, ingenuity, irony, and wit foreshadows the most characteristic manner of eighteenth-century writing. To him also belongs the honour of having put science and philosophy within the reach of the average cultivated man and woman of his day. He brought the appraising eye of reason to bear on all things; Vauvenargues said of him: 'C'est à lui, en grande partie, qu'on doit cet esprit philosophique qui fait mépriser les déclamations et discuter le vrai avec exactitude.' None the less, Fontenelle's renown as a fore-runner of eighteenth-century writing in prose should not obscure his limited but definite contribution as a poet.

TEXT Fontenelle, *Œuvres diverses*, Paris, 1724 (for *Empire de la poésie, Rêverie, Sonnet*). *Poésies choisies de Fontenelle et de La Motte*, Genève, 1777 (for *Le Ruisseau amant à la prairie*). *Œuvres*, 1766 (for *Les Deux Courriers, Sur un Clair de lune*).

Louis Maigron, *Fontenelle, l'homme, l'œuvre, l'influence,* Paris, 1906 (for l'*Œil,* see p.10)

L'*Œil*

Interprète du cœur, chef-d'œuvre de nature,
Qui caches au-dedans un trésor précieux,
Petit soleil vivant, miroir officieux,
Qui reçois des objets la fidèle peinture,

Œil, de qui l'admirable et divine structure   5
Forme un charmant dédale, un globe industrieux,
Et qui prends de toi-même un soin si curieux
Que tu n'y peux jamais souffrir la moindre ordure,

Puisqu'en toi des objets tu reçois chaque trait,
Par un nouveau bonheur tu deviens le portrait   10
Du plus beau des objets qu'on ait vus dans le monde.

C'est un miroir de grâce, un soleil en beauté,
Un chef-d'œuvre des cieux, une vierge féconde
Dont tu nous peins assez quelle est la pureté.

The Virgin (l.13) is viewed through the eye, the eye through the Virgin and both through the inner eye of a poet who gives new freshness to the familiar metaphors of the *Litanies de la Vierge* (1576) by juxtaposing them with an unexpected symbol. This sonnet, written by Fontenelle at the age of fourteen, was awarded the prize of a gold ring by the Académie des Palinods de Rouen.

L'*Empire de la Poésie*

Cet Empire est un grand pays très peuplé. Il est divisé en Haute et Basse Poésie, comme le sont la plupart de nos provinces.

La Haute Poésie est habitée par des gens graves, mélancoliques, renfrognés, et qui parlent un langage qui est à l'égard des autres provinces de la Poésie ce qu'est le Bas-Breton pour le reste de la France. Tous les arbres de la Haute Poésie portent leurs têtes jusques dans les nues. Les chevaux y valent mieux que ceux qu'on nous amène de Barbarie, puisqu'ils vont plus vite que les vents; et pour peu que les femmes y soient belles, il n'y a plus de comparaison entre elles et le soleil.

Cette grande ville que la carte vous représente au-delà des hautes montagnes que vous voyez, est la capitale de cette province, et s'appelle le Poème Epique. Elle est bâtie sur une terre sablonneuse et ingrate, qu'on ne se donne presque pas la peine de cultiver. La ville a plusieurs journées de chemin, et elle est d'une étendue ennuyeuse. On trouve toujours à la sortie des gens qui s'entre-tuent; au lieu que quand on passe par le Roman, qui est le faubourg du Poème Epique, et qui est cependant plus grand que la ville, on ne va jamais jusqu'au bout, sans rencontrer des gens dans la joie, et qui se préparent à se marier.

Les Montagnes de la Tragédie sont aussi dans la province de la Haute Poésie. Ce sont des montagnes escarpées, et où il y a des précipices très dangereux. Aussi la plupart des gens bâtissent dans les vallées, et s'en trouvent bien. On découvre encore sur ces montagnes de fort belles ruines de quelques villes anciennes, et de temps en temps on en apporte les matériaux dans les vallons pour en faire des villes toutes nouvelles; car on ne bâtit presque plus si haut.

La Basse Poésie tient beacoup des Pays-Bas; ce ne sont que marécages. Le Burlesque en est la capitale. C'est une ville située dans des étangs très bourbeux. Les princes y parlent comme des gens de néant, et tous les habitants en sont Tabarins nés.

La Comédie est une ville dont la situation est beaucoup plus agréable; mais elle est trop voisine du Burlesque, et le commerce qu'elle a avec cette ville lui fait tort.

Remarquez, je vous prie, dans cette carte les vastes solitudes qui sont entre la Haute et la Basse Poésie. On les appelle les Déserts du Bon Sens. Il n'y a point de ville dans cette grande étendue de pays, mais seulement quelques cabanes assez éloignées les unes des autres. Le dedans du pays est beau et fertile, mais il ne faut s'étonner de ce qu'il y a si peu de gens qui s'avisent d'y aller demeurer; c'est que l'entrée en est extrêmement rude de tous côtés, les chemins étroits et difficiles, et on trouve rarement des guides qui puissent y servir de conducteurs.

D'ailleurs ce pays confine avec une province où tout le monde s'arrête, parce qu'elle paraît très agréable, et on ne se met plus en peine de pénétrer jusque dans les Déserts du Bon Sens. C'est la province des Pensées Fausses. On n'y marche que sur les fleurs; tout y rit, tout y paraît enchanté: mais ce qu'il y a d'incommode, c'est que la terre n'en étant pas solide, on y enfonce partout, et on n'y saurait tenir pied. L'Eglise en est la principale ville: on n'y entend que des gens plaintifs; mais on dirait qu'ils se jouent en se plaignant. La ville est toute environnée de bois et de rochers, où les habitants vont se promener seuls; ils les prennent pour confidents de tous leurs secrets; et ils ont tant de peur d'être trahis, qu'ils leur recommandent souvent le silence.

Deux rivières arrosent le pays de la Poésie. L'une est la Rivière de la Rime, qui prend sa source au pied des Montagnes de la Rêverie. Ces montagnes ont quelques pointes si élevées, qu'elles donnent presque dans les nues. On les appelle les Pointes des Pensées Sublimes. Plusieurs y arrivent à force d'efforts surnaturels: mais on en voit tomber une infinité qui sont longtemps à se relever, et dont la chute attire la raillerie de ceux qui les ont d'abord admirés sans les connaître. Il y a de grandes esplanades qu'on trouve presqu'au pied de ces montagnes, et qui sont nommées les Terrasses des Pensées Basses. On y voit toujours un fort grand nombre de gens qui se promènent. Au bout de ces terrasses sont les Cavernes des Rêveries Creuses. Ceux qui y descendent le font insensiblement, et s'ensevelissent si fort dans leurs rêveries qu'ils se trouvent dans ces cavernes sans y penser. Elles sont pleines de détours qui les embarrassent, et on ne saurait croire la peine qu'ils se donnent pour en sortir. Sur ces mêmes terrasses sont certaines gens, qui ne se promenant que dans les chemins faciles, qu'on appelle Chemins des Pensées Naturelles, se moquent également, et de ceux qui veulent monter aux Pointes des Pensées Sublimes et de ceux qui s'arrêtent sur l'Esplanade des Pensées Basses. Ils auraient raison, s'ils pouvaient ne point s'écarter: mais ils succombent presqu'aussitôt à la tentation d'entrée dans un Palais fort brillant qui n'est pas bien éloigné. C'est celui de la Badinerie. A peine y est-on entré, qu'au lieu de pensées naturelles qu'on avait d'abord, on n'en a plus que de rampantes. Ainsi ceux qui n'abandonnent point les chemins faciles, sont les plus raisonnables de tous. Ils ne s'élèvent qu'autant qu'il faut, et le bon sens se trouve toujours dans leur pensées.

Outre la Rivière de la Rime, qui naît au pied des montagnes dont je viens de faire la description, il y en a une autre nommée la Rivière de la Raison. Ces deux rivières sont assez éloignées l'une de l'autre; et comme elles ont un cours très différent, on ne les saurait communiquer que par des canaux qui demandent un fort grand travail: encore ne peut-on pas tirer ces canaux de communication en tout lieu, parce qu'il n'y a qu'un bout de la Rivière de la Rime qui réponde à celle de la Raison, et de là vient que plusieurs villes situées sur la Rime, comme le Virelai, la Ballade, et le Chant Royal, ne peuvent avoir aucun commerce avec la Raison, quelque peine qu'on y puisse prendre. De plus, il faut que ces canaux passent par les Déserts du Bon Sens, comme vous le voyez par la carte, et c'est un pays presque inconnu. La Rime est une grande rivière dont le cours est fort tortueux et inégal, et elle fait des sauts très dangereux pour ceux qui se hasardent à y naviguer. Au contraire, le cours de la Rivière de la Raison est fort égal et fort droit; mais c'est une rivière qui ne porte pas toutes sortes de vaisseaux.

Il y a dans le pays de la Poésie une forêt très obscure, et où les rayons du soleil n'entrent jamais. C'est la Forêt du Galimatias. Les arbres en sont épais, touffus, et tous entrelacés les uns dans les autres. La forêt est si ancienne, qu'on s'est fait une espèce de religion de ne point toucher à ses arbres; et il n'y a pas d'apparence qu'on ose jamais la défricher. On s'y égare aussitôt qu'on y a fait quelques pas, et on ne saurait croire qu'on se soit égaré. Elle est pleine d'une infinité de labyrinthes imperceptibles, dont il n'y a personne qui puisse sortir. C'est dans cette forêt que se perd la Rivière de la Raison.

La grande province de l'Imitation est fort stérile, et ne produit rien. Les habitants y sont très pauvres, et vont glaner dans les campagnes de leurs voisins. Il y en a quelques-uns qui s'enrichissent à ce métier-là.

La Poésie est très froide du côté du septentrion, et par conséquent ce sont les pays les plus peuplés. Là sont les villes de l'Acrostiche, de l'Anagramme et des Bouts-rimés.

Enfin dans cette mer, qui borne d'un côté les Etats de la Poésie, est l'Ile de la Satire, toute environnée de flots amers. On y trouve bien des salines, et principalement de sel noir. La plupart des ruisseaux de cette Ile ressemblent au Nil. La source en est inconnue; mais ce qu'on y remarque de particulier, c'est qu'il n'y en a pas un d'eau douce.

Une partie de la même mer s'appelle l'Archipel des Bagatelles. Ce sont quantité de petites îles semées de côté et d'autre, où il semble que la nature se joue comme elle fait dans la mer Egée. Les principales sont les Iles des Madrigaux, des Chansons, des Impromptus. On peut dire qu'il n'y a rien de plus léger, puisqu'elles flottent toutes sur les eaux.

This prose poem appeared in the *Mercure* for January 1678, accompanied by an illustrative map, and thus belongs to a series of writings that persisted throughout the second half of the seventeenth century, beginning with the map for Segrais' *Athys* (1653), continuing with those for d'Aubignac's *Royaume de la Coquetterie* (1654) and, a little later the same year, Madeleine de Scudéry's *Clélie* (la carte de Tendre), a military map for Furetière's *Royaume de l'Eloquence* (1658), a topographical one for Sorel's *Royaume de Frisquemore* (1678), finally ending, in 1688, with another military map, that for a battle in Callière's *Histoire poétique de la guerre ... entre les anciens et les modernes*. Like Boileau's l'*Art poétique*, Fontenelle's l'*Empire de la Poésie* deals poetically with the criticism of poetry. A judicious reading of this poem will show that it is in no sense *précieux*. It is an allegorical fantasy, intimate in tone, full of delicate touches of imagination, humour, tenderness, irony, while the geographical terms emphasize qualities rather than forms. Despite the lightness of its style, it is a piece to be taken seriously. Although Fontenelle excluded the poem from his collected works in order that it might not be misinterpreted as indirect censure of particular poets (notably Racine), he frequently referred to it, right up to the end of his life. (Trublet, *Mémoires*, 1761, 35).

empire: poetry is an aggregate of many provinces, each made up of its own typical raw material (nature), finished products (poems), producers (poets), and consumers (readers), all of which Fontenelle's description includes or implies.

le Bas-Breton: The Breton language introduced into Brittany by Celtic immigrants chased out of Great Britain by Anglo-Saxon invaders.

Tabarins: buffoons.

terre sablonneuse: continuous exploits preclude agrarian pursuits.

la Forêt du Galimatias: the place of all obscurities, from recondite hermetism to sheer nonsense.

les plus peuplés: rhymesters have always been in the majority.

Rêverie

A vous que j'aime et n'en aime pas moins
   Pour vous aimer dans le silence,
A vous à qui je rends des soins
   Inconnus, et sans récompense,

A vous, qui pourrez bien ne le jamais savoir,   5
En ces lieux écartés j'adresse cet hommage,
Et je puis seulement me rendre témoignage
    Que j'aime à faire mon devoir.
    Je doute même que tout autre
En pareil cas s'en acquittât ainsi,   10
    Mais vous, si vous faisiez le vôtre,
    Vous devineriez tout ceci.

This poem catches the irrational logic of many reveries, promissory notes made out
and endorsed by the holder but not negotiable. Left unsigned in an album this could
have been a 'sonnet d'Arvers' *avant la lettre.*

Le Ruisseau amant, à la prairie

J'ai fait pour vous trouver un assez long voyage,
Mon aimable prairie, enfin je viens à vous,
Recevez un ruisseau, dont le sort le plus doux
Sera de voir ses eaux couler pour votre usage.

C'est dans ce seul espoir que sans aucun repos,   5
    Depuis que j'ai quitté ma source,
J'ai toujours jusqu'ici continué ma course,
    Toujours roulé mes petits flots.

D'un cours précipité j'ai passé des prairies
Où tout autre ruisseau s'amuse avec plaisir;   10
Je n'ai point serpenté dans les routes fleuries,
    Je n'en avais pas le loisir.

Tel que vous me voyez, sachez, ne vous déplaise,
    (Car il est bon de se faire valoir)
Que plus d'une prairie aurait été bien aise   15
De me donner passage et de me recevoir.

    Mais ce n'était pas là mon compte,
J'en fusse un peu plus tard arrivé dans ce lieu,
    Et par une fuite assez prompte,
Gazouillant fièrement, je leur disais adieu.   20

Il faut vous dire tout, la feinte est inutile,
J'en trouvais la plupart dignes de mes refus,
Les unes, entre nous, sont d'accès si facile
    Que tous ruisseaux y sont les bien venus.

Elles veulent toujours en avoir un grand nombre,   25
Et moi dans le grand nombre aussitôt je me perds;

D'autres sont dans des lieux un peu trop découverts,
Et moi j'aime à couler à l'ombre.

J'étais bien inspiré de me garder pour vous;
Vous êtes bien mon fait, je suis assez le vôtre;   30
Mais aussi, moi reçu, n'en recevez point d'autre,
Car je suis un ruisseau jaloux.

A cela près, qui n'est pas un grand vice,
J'ai d'assez bonnes qualités;
Ne craignez pas que jamais je tarisse,   35
Je puis défier les étés.

Je sais que certaines prairies
D'un ruisseau comme moi ne s'accommodent pas;
Il leur faut ces torrents qui font tant de fracas,
Mais fort souvent on voit leurs eaux taries.   40
Mon cours en tout temps est égal
Je suis tranquille et doux, ne fais point de ravage,
De plus je viens vous faire hommage
D'une eau pure comme cristal.

Il est telle prairie, et peut-être assez belle,   45
A qui le plus petit ruisseau,
Suivant sa pente naturelle,
N'irait jamais porter deux gouttes d'eau;
A moins que détournée par un chemin nouveau,
Elle n'en amenât quelqu'un jusque chez elle.   50

Mais pour vous, sans vous mettre en frais,
Sans vous servir d'un pareil artifice,
Vous voyez des ruisseaux qui viennent tout exprès
Vous faire offre de leur service,
Et le tout pour vos intérêts.   55

A présent, je l'avoue, on vous trouve agréable,
Vous donnez du plaisir aux yeux;
Mais avec un ruisseau, rien n'est plus véritable,
Que vous en vaudrez beaucoup mieux.

De cent fleurs qui naîtront vous vous verrez ornée,   60
Je vous enrichirai de ces nouveaux trésors,
Et vous tenant environnée,
Avec mes eaux je munirai vos bords.

Reposez-vous sur moi du soin de les défendre;
A quoi plus fortement puis-je m'intéresser?   65
Déjà même en deux bras je m'apprête à me fendre,
Pour tâcher de vous embrasser.

Mes ondes lentement de toutes parts errantes,
Ne pourront de ce lieu se résoudre à partir;
Et quand j'aurai formé cent routes différentes,   70
Je me perdrai chez vous, plutôt que d'en sortir.

Je sens, je sens mes eaux qui bouillonnent de joie,
De les tant retenir à la fin je suis las,
Elles vont se répandre, et se faire une voie;
Il n'est plus temps à vous de n'y consentir pas.   75

Without periphrases or assisting mythological deity (cf. Delille's *Le Ruisseau de la
Malmaison* in which 'c'est le dieu du ruisseau qui parle,' *Œuvres complètes*, 1824, I,
86), the irregular stanzas and rhyme schemes capture the meanders and murmurs
of the rivulet which, at the meadow's edge, broadens into embracing alexandrines.
Whereas to Faguet this discreetly erotic poem seemed strange, cold, and false
(*Histoire de la poésie française*, VI, 185), the contemporary reader saw it as original,
not so much in expressing the progress of true affection in terms of a happy streamlet,
as in endowing a streamlet with feeling. ('Il [Fontenelle] est le premier qui ait donné à
un ruisseau de la sensibilité ...,' *Mercure galant*, 1677, X, 16).

Sonnet

Je suis (criait jadis Apollon à Daphné,
Lorsque tout hors d'haleine il courait après elle
Et lui contait pourtant la longue kyrielle
Des rares qualités dont il était orné)

Je suis le dieu des vers, je suit bel esprit né.   5
Mais les vers n'étaient point le charme de la belle.
Je sais jouer du luth, arrêtez. Bagatelle,
Le luth ne pouvait rien sur ce cœur obstiné.

Je connais la vertu de la moindre racine,
Je suis par mon savoir dieu de la médecine.   10
Daphné fuyait encor plus vite que jamais.

Mais s'il eût dit, Voyez quelle est votre conquête,
Je suis un jeune dieu, toujours beau, toujours frais,
Daphné, sur ma parole, aurait tourné la tête.

Fontenelle, in accordance with his theory of originality, renews an ancient legend, not
merely for the sake of so doing but also as an amusing commentary on the masculine
art de se faire valoir.

Les Deux Courriers

L'autre jour deux courriers, chacun portant sa malle,
  L'un parti de la capitale,
L'autre d'un lieu voisin, le plus beau des déserts,
  Allant tous deux d'une vitesse égale
   Se rencontrèrent dans les airs.   5
Dans les airs? direz-vous. Voici choses nouvelles.
  C'étaient zéphirs, entendez-vous?
  Et ce qu'ils portaient sur leurs ailes
  C'étaient soupirs dérobés aux jaloux,
Vers, et que sais-je enfin? cent autres bagatelles 10
  Qui ravissent deux cœurs fidèles
  Et font leurs trésors les plus doux.
Le courrier qui tournait le dos à la grand'ville,
  Vous saurez que c'était le mien,
Dit à l'autre parti de ce séjour tranquille 15
  Où se renfermait tout mon bien,
  Ta course doit être assez prompte,
Tu n'as rien à porter, mon frère, au prix de moi,
  Vois comme je suis chargé, vois,
  Tu devrais en mourir de honte. 20
Il est vrai, répond-il, et cependant je compte
  D'être encor mieux reçu que toi.

The importance of correspondence depends neither on length, style, variety, nor eloquence but on implication. For the meditative reader, from this imaginative poem emerge two real people.

Sur un Clair de lune

Quand l'amour nous fait éprouver
Son premier trouble avec ses premiers charmes,
Contre soi-même encor c'est lui prêter des armes
Que d'être seul et de rêver.
La dominante idée, à chaque instant présente, 5
N'en devient que plus dominante,
Elle produit de trop tendres transports,
Et plus l'esprit rentre en lui-même,
Libre des objets du dehors,
Plus il retrouve ce qu'il aime. 10
Je conçois ce péril, et qui le connaît mieux?
Tous les soirs cependant une force secrète
M'entraîne en d'agréables lieux
Où je me fais une retraite

Qui me dérobe à tous les yeux.   15
Là, vous m'occupez seule, et dans ce doux silence,
Absente je vous vois, je suis à vos genoux,
Je vous peins de mes feux toute la violence;
Si quelqu'un m'interrompt, j'ai le même courroux
Que s'il venait par sa présence   20
Troubler un entretien que j'aurais avec vous.
Le soleil dans les mers vient alors de descendre,
Sa sœur jette un éclat moins vif et moins perçant,
Elle répand dans l'air je ne sais quoi de tendre,
Et dont mon âme se ressent.   25
Peut-être ce discours n'est guère intelligible,
Vous ne l'entendrez point, je sais ce que j'y perds;
Un cœur passionné voit un autre univers
Que le cœur qui n'est pas sensible.

Moonlight, the presence-in-absence of the sun, by making unrequited love seem temporarily the presence-in-absence of the beloved, changes one world into another. Thus, ironically, moonlit solitude renders an illusion more real than reality, for the poem will never be heard by the ear to which it is addressed. The quietly sensitive way in which feelings are here illuminated has much of the subtlety and elusiveness of the moonlight that this poem, appropriately, suggests rather than describes.

La Motte

Antoine Houdar, better known as La Motte, was born in Paris in 1672 and died there in 1731. Of humble extraction, he studied law, but his ambitions were largely turned towards writing plays. When he was 20, his first attempt, a short comedy in prose and verse, was hissed from the stage of the Théâtre-Italien; he became a novice in the Trappist order, but left after a short time, returned to the theatre, and was soon acclaimed as the author of an opera, l'Europe galante, which was one of the first to discard the merveilleux and the heroic. He went on to achieve great success in opera and has been credited with the popularization of ballet, pastoral, and comédie-ballet. He wrote the lyrics for eight operas, five ballets, and many poems connected with music: cantates, psaumes en vers, cantiques, hymnes, proses à chanter, chansons, and vaudevilles. Ten of his plays (four tragedies, six comedies) were given at the Comédie Française. He became a member of the Académie Française in 1710.

Blindness overtook La Motte when he was 43, but this did not stop him from continuing to be a noted figure in a number of 'salons philosophiques,' and an oracle of the leading cafés (i.e. political and social clubs) of the time.

He achieved notoriety in the so-called third Quarrel of the Ancients and Moderns. His truncated verse adaptation of the Iliad, and especially the preface to a work (Discours sur Homère, 1714) criticizing Homer in the cold light of universal reason and in the name of modern good taste, angered all those who held the ancients in reverence; and Madame Dacier attacked him soon after in her Causes de la corruption du goût. The ensuing Quarrel, however, has been made by historians of literature to assume undue importance in the life and work of La Motte.

His poetic production does not depart from his theories. For variety in theme and form, originality in subject matter, direct unaffectedness and a simple conversational tone, he is, in odes, fables, eclogues, and various pieces, unmistakeably himself – in a century noted for poetic conformity.

TEXT *Fables nouvelles, dédiées au roi, par M. de la Motte, de l'Académie Française. Avec un discours sur la Fable*, Paris, Grégoire Dupuis, 1719 (for *La Montre et le Cadran Solaire* and *Les Amis trop d'accord*). *Œuvres de Monsieur Houdar de la Motte, l'un des Quarante de l'Académie Française*, Paris, Prault, 1753–4, 9 vol. 12° (for *l'Orgueil poétique*, *Le Célibat*, *La Raison et l'amour*). *Lettres de Monsieur de la Motte, suivis d'un recueil de vers du même auteur, pour servir de supplément à ses œuvres*, 1754, vol. x of preceding work (for *Eclipse de soleil, Enigme, Voici des Vers,* two sonnets from a sequence, *Vers contre les vers, La Même Pièce en faveur des vers*)

Eclipse de Soleil

Le père des saisons sur un char de lumière,
Rassemblant tout l'éclat de l'immortelle cour,
Fournissait dans les cieux sa brillante carrière:
Ses chevaux hennissant, soufflaient au loin le jour,

Quand tout à coup des mois l'inégale courrière   5
Veut obscurcir sa gloire et régner à son tour.
Entre Phoebus et nous se plaçant tout entière
Elle couvre d'horreur le terrestre séjour.

Les enfers ne sont pas plus tristes et plus sombres,
Les mortels effrayés se parurent des ombres,   10
Le voile de la nuit se déploya dans l'air,

Alors pour dissiper ces funèbres alarmes
Iris de ses beaux yeux étala tous les charmes.
Qui croira le prodige? On n'en vit pas plus clair.

Three natural, and rare, phenomena are described in a combined parody of the heroic and *précieux* styles.

Enigme

Quoique sœurs nous marchons en des rangs inégaux,
De sept frères amis nous sommes la figure.
     Interprètes de la nature,
Nous savons exprimer les plaisirs et les maux.
Le signal qui d'abord nous ouvre la barrière   5
     Sert à nous imposer les lois
     Prescrites à notre carrière.
Le temps règle le sceptre en la main de nos rois.
     (Les Notes de la Musique)

The procession of sisters (*les notes*), white or black (according to their duration, hence *rangs inégaux*), silent symbolic relatives (*figure*) of *sept frères amis* (the seven harmoniously connected intervals (*les sons*) of the scale), stand obediently ready to express the range of human emotions, dependent upon twin signals, key-signature, and time-signature (most commonly a semi-circle with a bar (*barrière*) drawn perpendicularly through it), for the progress of their *carrière* (defined as *espace fermé de barrières, pour les courses,* etc., i.e., the bars or measures through which they move), also upon the conductor's baton (*le sceptre ... de nos rois*), itself in turn subject to the triple temporal deity of clock-time, rhythm-time, and pace-time. The closing figure raises simple but richly suggestive imagery to the level of a symbol of the musical universe: actual sound, its representation and co-ordination by means of notation and composition, the function of both the latter, laws controlling the exercise of that function, administrators of those laws, and, finally, the controlling force behind the administration. Cf. Mallarmé 'ces processions macabres de signes sévères, chastes, inconnus' ('L'Art pour Tous,' l'*Artiste*, 15 September 1862). La Motte's poem defines the mystery by enhancing it. Mallarmé's phrase enhances the mystery not by definition but description.

La Montre et le cadran solaire

Un jour la montre au cadran insultait,
Demandant quelle heure il était.
'Je n'en sais rien, dit le greffier solaire.
– Eh! que fais-tu donc là, si tu n'en sais pas plus?
– J'attends, répondit-il, que le soleil m'éclaire: 5
    Je ne sais rien que par Phébus.
– Attends-le donc, moi, je n'en ai que faire,
Dit la montre; sans lui, je vais toujours mon train.
    Tous les huit jours, un tour de main,
C'est autant qu'il m'en faut pour toute ma semaine.   10
Je chemine sans cesse et ce n'est point en vain
    Que mon aiguille en ce rond se promène.
Ecoute, voilà l'heure; elle sonne à l'instant:
Une, deux, trois, et quatre. Il en est tout autant,'
Dit-elle. Mais tandis que la montre décide,   15
    Phébus, de ses ardents regards
    Chassant nuages et brouillards,
Regarde le cadran, qui, fidèle à son guide,
    Marque quatre heures et trois quarts.
    'Mon enfant, dit-il à l'horloge,   20
    Va-t'en te faire remonter.
    Tu te vantes sans hésiter
    De répondre à qui t'interroge;
Mais qui t'en croit peut bien se mécompter.
Je te conseillerais de suivre mon usage;   25
Si je ne vois bien clair, je dis: "Je n'en sais rien."
    Je parle peu, mais je dis bien:
    C'est le caractère du sage.'

The *montre à sonnerie* had been in wide use since Louis XIII's reign.

Les Amis trop d'accord

Il était quatre amis qu'assortit la fortune;
    Gens de goût et d'esprit divers.
L'un était pour la blonde, et l'autre pour la brune;

Un autre aimait la prose et celui-là les vers.
L'un prenait-il l'endroit? L'autre prenait l'envers.   5
    Comme toujours quelque dispute
    Assaisonnait leur entretien;
    Un jour on s'échauffa si bien
    Que l'entretien devint presque une lutte.
Les poumons l'emportaient; raison n'y faisait rien.   10
    'Messieurs, dit l'un d'eux, quand on s'aime,
Qu'il serait doux d'avoir même goût, mêmes yeux!
    Si nous sentions, si nous pensions de même,
Nous nous aimons beaucoup, nous nous aimerions mieux.'
Chacun étourdiment fut d'avis du problème,   15
Et l'on se proposa d'aller prier les dieux
    De faire en eux ce changement extrême.
    Ils vont au temple d'Apollon
    Présenter leur humble requête;
    Et le dieu sur-le-champ, dit-on,   20
    Des quatre ne fit qu'une tête,
    C'est-à-dire qu'il leur donna
Sentiments tout pareils et pareilles pensées.
    L'un comme l'autre raisonna.
'Bon, dirent-ils, voilà les disputes chassées.'   25
Oui, mais aussi voilà tout charme évanoui;
    Plus d'entretien qui les amuse.
    Si quelqu'un parle, ils répondent tous: 'Oui.'
C'est désormais entre eux le seul mot dont on use.
L'ennui vint: l'amitié s'en sentit altérer.   30
Pour être trop d'accord nos gens se désunissent.
Ils cherchèrent enfin, n'y pouvant plus durer,
    Des amis qui les contredissent.
C'est un grand agrément que la diversité:
    Nous sommes bien comme nous sommes.   35
    Donnez le même esprit aux hommes,
Vous ôtez tout le sel de la société.
L'ennui naquit un jour de l'uniformité.

The suggestive last line of the poem, a household word in France, is regularly attributed to any but its rightful author. Apollo is here consulted in his capacity as god of medicine, the great healer.

L'Orgueil poétique

Oui, Génie, enfin trop superbe,
Qui, toujours prêt à t'encenser,

A côté même de Malherbe
En secret oses te placer,
Sache à quel excès ridicule   5
Ton amour propre trop crédule
Te fait sans cesse t'oublier:
Descends du sommet du Parnasse,
Ma raison, malgré ton audace,
Entreprend de t'humilier.   10

Rappelle ces moments stériles
Où, dans un transport convulsif,
De cent mouvements inutiles
Tu hâtes un sens trop tardif:
Après une pénible attente,   15
Si quelquefois il se présente,
Ce n'est point un fruit de ton art,
Tu ne sais ce qui le fait naître,
Le beau qui s'offre semble n'être
Qu'un heureux présent du hasard.   20

Mais, de ce hasard sans mérite
C'est peu que ton sens soit le fruit;
Un trouble plus honteux t'agite
En cherchant un mot qui te fuit.
Jouet de la rime rebelle,   25
Que de termes t'arrache-t-elle,
Que ton dépit même dément!
Ou, tu souffres qu'on t'applaudisse
D'une beauté qu'à son caprice
Tu dois plus qu'à ton jugement.   30

Qui peut sonder ton arrogance?
Je t'entends, superbe: tu crois
Pouvoir malgré ton impuissance
Te faire au moins honneur du choix:
Mais aveugle sur tes pensées   35
Les plus vaines, les moins sensées
Ont cent fois surpris ton amour;
Pour prendre la dernière place,
Souviens-toi de ce que j'efface,
Non de ce que je mets au jour.   40

N'y dois-je rien à la critique
D'un ami sincère, éclairé,
Sans qui l'ivresse poétique
Dès longtemps t'aurait égaré?

Par toi seul, incertain de plaire,   45
Il n'est pas jusques au vulgaire
Qui ne te prête quelque appui,
Et souvent tes fautes reprises
Par tel censeur que tu méprises
T'abaissent au-dessous de lui.   50

Parle, il est temps que tu t'excuses
Du faste outré de tes écrits.
Cette fierté sied bien aux muses,
Des vers elle augmente le prix;
Seule elle y met les traits sublimes,   55
Par elle, dis-tu, sur nos rimes
Un feu plus vif est répandu.
Prétexte d'un esprit qui s'aime
Et qui veut s'enivrer lui-même
De tout l'encens qu'il se croit dû.   60

Nouveau Narcisse que consume
L'amour de ta propre beauté
Qu'un effort prudent t'accoutume
A te voir du mauvais côté.
Juge assidu de ta faiblesse,   65
Résiste, oppose-la sans cesse
A l'instinct qui te fait la loi,
Et laisse à la raison plus sage
Prononcer l'humble témoignage
Que mes écrits rendront de toi.   70

Avoue à la future race,
Si jusque-là vont tes accords,
Qu'il fut mille auteurs dont l'audace
Passa de bien loin tes efforts,
Que tu voyais de la barrière   75
Des athlètes dans la carrière
Contre qui tu n'osais lutter
Et que, par des routes nouvelles,
D'autres s'élevaient où tes ailes
Refusèrent de te porter.   80

De mes téméraires saillies
Je reconnais enfin l'abus,
J'abjure aujourd'hui les folies
Des fiers élèves de Phébus;
Stérile artisan de paroles,   85
J'ai honte des lauriers frivoles

Dont moi-même j'ai ceint mon front
Et si désormais je me loue,
Eloges que je désavoue,
Soyez mon éternel affront.   90

Mais de ce langage peut-être
Ma fierté va grossir ses droits.
Quelle gloire de se connaître!
Me crie une secrète voix.
C'est là le savoir le plus rare   95
Et qu'aux auteurs le ciel avare
A le plus souvent refusé.
Ah! je connais le stratagème,
Et la modestie elle-même
N'est que notre orgueil déguisé.   100

Toi qui déments cette maxime,
Huet, tu peux la censurer;
Objet de la publique estime,
Toi seul tu parais t'ignorer.
Tes talents, ton savoir extrême,   105
Prodige aux yeux des savants même,
Pour toi ne sont point un écueil,
Et de ces pièges garantie
Il semble que ta modestie
Naisse des sources de l'orgueil.   110

Perrault's *Le Génie* takes the form of an epistle to a friend. La Motte's equally personal
variation is on opposite aspects of the same theme and is primarily presented as a
one-sided conversation of the poet with his own genius, in which foibles and failings
of the latter are treated with directness but also with a certain indulgent good-humour,
most natural in what is, after all, a species of self-searching.

For six stanzas, the faults of genius are specified: 1/Genius invariably exagger-
ates its own importance; 2/relies on luck rather than on work; 3/is a slave to the
tyranny of versification; 4/takes credit for what is due to judgment; 5/refuses the
benefit of outside criticism; 6/esteems its pride a rightful element of art. In stanza 7,
La Motte transforms an ancient image. The 'nouveau Narcisse' is that part of a poet
which has been caught in the act of contemplating itself in his works. The latter are
indeed the result, primarily of inspiration, but also of the poet's critical faculty. One
is reminded here of Valéry's similar attitude. Stanza 8 completes the admonition by
adjuring the individual poet to acknowledge his limitations by accepting his proper
place amidst the variety and non-uniformity of universal genius.

Stanzas 9, 10, and 11, by veering the poem in an unexpected direction, a device in
the use of which La Motte is particularly skilled, provide a triple surprise ending. In
stanza 9, the poet, impressed by his admonitory fervour, turns it upon himself, only to
realize (stanza 10) that his sudden burst of contrition is a mask for poetic pride. Is
modesty then impossible for poets? Stanza 11, with a final twist that gives new point
to the entire poem, makes known a truly humble poet, whose modesty proves that
whether genius produces pride or humility must depend ultimately on its possessor.

Our poet's mock-modest criticism of himself is shown for what it is. Genius is disallowed as a whipping boy and its responsibilities are lodged with the man who has it.

Apart from the deftness of its handling, La Motte's ode has two noteworthy features: Its novel subject, expressed in an unpretentious, economical style, is suited to the circumstances: a poet's remonstrance with the irrational side of his artistic nature. The poem provides a counterpart to Perrault's *Le Génie*, by showing genius in its less attractive aspects.

102 *Huet, Pierre-Daniel* (1630–1721), tutor to the Dauphin, on whose behalf he published an edition of the classics *ad usum Delphini*, and author of an *Essai sur l'origine des romans*, memoirs (in Latin), etc.

Voici des vers

Voici des vers en ce moment;
J'ignore ce qu'ils vont vous dire;
Je ne sens bien distinctement
Que le besoin de vous écrire.

A former d'abord un projet,
Ne croyez pas que je m'amuse,
Vous êtes toujours mon sujet,
Et mon cœur est ma seule muse.

Le cœur dit tout ce qui lui vient,
Jamais le choix ne l'embarrasse,
Et c'est à lui seul qu'appartient
Et l'enthousiasme et la grâce.

L'esprit toujours dans l'embarras
Toujours chancelle, toujours doute.
Le pauvre esprit, il ne dit pas
Ce que le moindre mot lui coûte.

Ainsi, pour vous ingénûment,
J'avouerai mon respect extrême;
Je vous avertis seulement
Que je respecte comme on aime.

Quoi donc! est-ce ma faute, à moi,
D'être né si loin de l'altesse?
Puis-je mais de n'être pas roi,
Et que vous, vous soyez princesse?

La plus superbe dignité
Défend-elle qu'on vous adore?
Non, non, fussiez-vous majesté,
Je vous adorerais encore.

Enfin je prends mon droit d'aimer
D'où vous prenez celui de plaire.
S'il vous est permis de charmer,
Il me l'est de vous laisser faire.

Si l'aveu m'en est interdit,
Par l'égard que le rang impose,
Supposez que je n'ai rien dit,
Mais soyez sûre de la chose.

Though originally addressed to a princess of the blood royal, Anne-Louise de Bourbon-Condé, this poem's delicate nine-part spiral describes many a lover's discreet offering of worship to the woman he idealizes from afar.

La Raison et l'amour

Aime la charmante Charite,
Me disait un jour la raison;
Tu le sais, son moindre mérite
Est d'être en sa belle saison.

D'une rose qui vient d'éclore
Son teint a la vivacité,
Et les grâces donnent encore
Un nouveau lustre à sa beauté.

Quel goût, quelle délicatesse!
Qui mieux qu'elle connaît mon prix?
Partout sa naïve finesse
Sait m'allier avec les ris.

Son âme est encore plus belle,
Le ciel y versa tous ses dons.
Qu'elle aime, elle sera fidèle,
Je connais son cœur, j'en réponds.

Après la peinture engageante
Dont la raison tenait ma foi,
L'amour me dit, aime Amarante.
Je l'aimai sans savoir pourquoi.

The key lies in the words *Charite* and *Amarante*. The former, the generic name given by the Greeks to the goddesses of grace, implies every attraction beauty has to offer. Amarante, the name of a never-dying flower, stands for that inexplicable love-at-first-sight which lasts forever.

Le Célibat

Veut-on que je prenne une femme?
J'y veux trouver ensemble et jeunesse et beauté,
L'esprit bien fait, une belle âme,
Agrément et simplicité,
Cœur sensible sans jalousie,
Complaisance et sincérité,
Vivacité sans fantaisie,
Sagesse sans austérité;
Enfin pour la rendre parfaite,
A toutes les vertus, joignez tous les appâts:
Voilà celle que je souhaite,
Trop heureux cependant de ne la trouver pas.

On meurt deux fois en ce bas monde:
La première en perdant les faveurs de Vénus;
Je redoute peu la seconde,
C'est un bien quand on n'aime plus.

Selfishness, wit, philosophy, and melancholy are blended in a single mood, that of a
celibate who would and who would not.

[*Sonnets from a Sequence*]

1

Dans les pleurs et les cris recevoir la naissance
Pour être du besoin l'esclave malheureux,
Sous les bizarres lois de maîtres rigoureux
Traîner dans la contrainte une imbécile enfance,

Avide de savoir, languir dans l'ignorance,   5
De plaisirs fugitifs follement amoureux
N'en recueillir jamais qu'un ennui douloureux,
Payer d'un long regret une courte espérance,

Voir, avec la vieillesse, arriver à grand pas
Les maux avant-coureurs d'un funeste trépas,   10
Longtemps avant la mort en soutenir l'usage,

Enfin en gémissant mourir comme on est né:
N'est-ce que pour subir ce sort infortuné
Que le ciel aurait fait son plus parfait ouvrage?

2

Dans ce jour de vengeance où la nature entière,
Touchant avec frayeur à ses derniers moments,
Verra des feux du ciel s'éteindre la lumière
Et du monde brisé crouler les fondements,

La voix du Tout-Puissant, ranimant la poussière,
Rassemblera les morts du sein des monuments :
Il ouvrira ce livre, effroyable matière
D'inflexibles arrêts et d'affreux châtiments,

Et comment soutenir ce tribunal suprême
Où devant les regards de la Justice même
A peine le plus juste est digne de faveur?

Tout m'y doit annoncer la rigueur de mon Juge,
Mais j'y dois voir aussi la croix de mon Sauveur
Et j'en fais aujourd'hui mon éternel refuge.

These two poems are distinguished as constituting, respectively, the introduction to and conclusion of one of the rare sonnet-sequences of the century. The first, a concentrated 'seven ages,' ends in a question, the ironical overtones of which are dispersed by the final sonnet. The abstract vocabulary of the first sonnet sets the key for a reflective inner music whose tempo and interpretation are determined by the reader. The second sonnet renews the magnificent figures of the Apocalypse by a fresh presentation.
Stanza 1,4 *Imbécile*: in the sense of the Lat. *imbecillis*, weak, foolish.

Vers contre les vers

Les vers sont un art difficile
Mais c'est un travail puéril
Dont la seule difficulté
Usurpe sur l'esprit les droits de la beauté.
Donnons un noble essor à l'aimable nature.
Les vers la tiennent en prison
Et les rimes et la mesure
Sont des chaînes pour la raison.

La Même Pièce en faveur des vers,
au moyen de quelques additions

Les vers sont un art difficile,
Fait pour plaire et pour émouvoir,
Mais c'est un travail puéril
Que d'en décrier le pouvoir.

Oh! que j'ai pitié d'un faux sage
Qui ne voit dans les vers qu'un abus du langage
Dont la seule difficulté
Usurpe sur l'esprit les droits de la beauté!
Donnons un noble essor à l'aimable nature.
Pourquoi donc la gêner, dit-on?
Les vers la tiennent en prison
Et les rimes et la mesure
Sont des chaînes pour la raison.
Non, quand elle obéit aux vrais fils d'Apollon,
Jamais de ses liens la raison ne murmure:
Sa chaîne même est sa parure.

The poem delightfully demonstrates the fact that versification can win its own battles.

Chaulieu

Guillaume Amfrye de Chaulieu was born at Fontenay-en-Vexin, near Paris, in 1639. He was a familiar of the La Rochefoucauld and Bouillon groups, and, like Saint-Evremond, a friend of Ninon de Lenclos. In 1675, he accompanied the French ambassador to Poland; on his return he hoped to be made Polish resident (consular official) in Paris, but was disappointed in this. For some twenty years (1679–99) he acted as intendant for the Vendôme family, at a time when the Société du Temple was becoming the social centre of France. In this epicurean milieu of love, fine music, and 'soupers délicats,' Chaulieu became the favourite poet. In his later years he was afflicted with gout and blindness, but kept his good humour. He died in 1720. His poems were published posthumously, in 1724, along with those of La Fare, his inseparable friend.

Chaulieu admired the poetry of Clément Marot, whose unaffected simplicity, lightness of touch and language seem closer to us, as to him, than the more rhetorical diction of the Pléiade poets, who belonged to the succeeding generation. Of Chaulieu himself, it was said, as late as 1770, that he was so modern and so generally known that it seemed superfluous to have to quote him. His verse still has the ease and charm for us that it had for Hugo, who includes Chaulieu in his *Groupe des idylles* (*Légende des siècles*).

TEXT *Œuvres de Chaulieu*, d'après les manuscrits de l'auteur. A la Haye, et se trouve à Paris, chez Claude Bleuet, 1774. 2 vol. 8⁰ (published with the assent of his grand-nephew, the Marquis de Chaulieu, by Fouquet)

La Retraite, en 1698

La foule de Paris à présent m'importune,
Les ans m'ont détrompé des manèges de cour,
Je vois bien que j'y suis dupe de la fortune,
Autant que je le fus autrefois de l'amour.

Je rends grâces au ciel que l'esprit de retraite
Me presse chaque jour d'aller bientôt chercher

5

Celle que mes aïeux, plus sages, s'étaient faite,
D'où mes folles erreurs avaient su m'arracher.

C'est là que, jouissant de mon indépendance,
Je serai mon héros, mon souverain, mon roi;   10
Et de ce que je vaux la flatteuse ignorance
Ne me laissera voir rien au-dessus de moi.

Tout respire à la cour l'erreur et l'imposture:
Le sage avant sa mort doit voir la vérité.
Allons chercher des lieux où la simple nature,   15
Riche de ses biens seuls, fait toute la beauté.

Là, pour ne point des ans ignorer les injures,
Je consulte souvent le cristal d'un ruisseau,
Mes rides s'y font voir: par ces vérités dures
J'accoutume mes sens à l'horreur du tombeau.   20

Cependant quelquefois un reste de faiblesse,
Rappelant à mon cœur quelques tendres désirs,
En dépit des leçons que me fait la vieillesse,
Me laisse encor jouir de l'ombre des plaisirs.

Nos champs du siècle d'or conservent l'innocence;   25
Nous ne la devons point à la rigueur des lois;
La seule bonne foi nous met en assurance,
Et le guet ne fait point le calme de nos bois.

Ni le marbre ni l'or n'embellit nos fontaines;
De la mousse et des fleurs en font les ornements: 30
Mais sur ces bords heureux, loin des soins et des peines,
Amarylle et Daphnis de leur sort sont contents.

Ma retraite aux neufs Sœurs est toujours consacrée;
Elles m'y font encore entrevoir quelquefois
Vénus dansant au frais, des Grâces entourée,   35
Les faunes, les sylvains, et les nymphes des bois.

Mais je commence à voir que ma veine glacée
Doit enfin de la rime éviter la prison;
Cette foule d'esprits dont brillait ma pensée
Fait au plus maintenant un reste de raison.   40

Ainsi, pour éloigner ces vaines rêveries,
J'examine le cours et l'ordre des saisons,
Et comment tous les ans à l'émail des prairies
Succèdent les trésors des fruits et des moissons.

Je contemple à loisir cet amas de lumière,   45
Ce brillant tourbillon, ce globe radieux;
Et cherche s'il parcourt en effet sa carrière,
Ou si, sans se mouvoir, il éclaire les cieux.

Puis de là tout à coup élevant ma pensée
Vers cet Etre, du monde et maître et créateur,   50
Je me ris des erreurs d'une secte insensée
Qui croit que le hasard en peut être l'auteur.

Ainsi coulent mes jours, sans soin, loin de l'envie,
Je les vois commencer et je les vois finir,
Nul remords du passé n'empoisonne ma vie;   55
Satisfait du présent, je crains peu l'avenir.

Heureux qui, méprisant l'opinion commune
Que notre vanité peut seule autoriser,
Croit, comme moi, que c'est avoir fait sa fortune
Que d'avoir, comme moi, bien su la mépriser!   60

The note of spontaneous sincerity is unmistakeable in a theme as old and new as big
cities and their victims. The poet looks forward to retirement in the country, where
truth and beauty are synonymous, neighbourliness is a bond, nature an all-sufficient
setting for young country folk and a source of intermittent inspiration for an aging
poet who sees, however, that his public production of poems must now gradually give
place to private consideration of the successive seasons, and their Author. Time, which
by dint of disillusionment brings about retreat to the country, shrinks to a perpetually
new and contented present. In ll.32–6, the poet's imagination, fired by the muses, en-
ables him (and us, if we are with him) to see rural youth in high-lighted aspects.

Les Louanges de la vie champêtre

Désert, aimable solitude,
Séjour du calme et de la paix,
Asile où n'entrèrent jamais
Le tumulte et l'inquiétude,

Quoi! j'aurais tant de fois chanté   5
Aux tendres accords de ma lyre
Tout ce qu'on souffre sous l'empire
De l'amour et de la beauté

Et, plein de la reconnaissance
De tous les biens que tu m'as faits,   10
Je laisserais dans le silence
Tes agréments et tes bienfaits!

C'est toi qui me rends à moi-même,
Tu calmes mon cœur agité
Et de ma seule oisiveté   15
Tu me fais un bonheur extrême.

Parmi ces bois et ces hameaux
C'est là que je commence à vivre,
Et j'empêcherai de m'y suivre
Le souvenir de tous mes maux.   20

Emplois, grandeurs tant désirées,
J'ai connu vos illusions,
Je vis loin des préventions
Qui forgent vos chaînes dorées.

La cour ne peut plus m'éblouir,   25
Libre de son joug le plus rude
J'ignore ici la servitude
De louer qui je dois haïr.

Fils des dieux, qui de flatteries
Repaissez votre vanité,   30
Apprenez que la vérité
Ne s'entend que dans nos prairies.

Grotte, d'où sort ce clair ruisseau,
De mousse et de fleurs tapissée,
N'entretiens jamais ma pensée   35
Que du murmure de son eau.

Bannissons la flatteuse idée
Des honneurs que m'avaient promis
Mon savoir-faire et mes amis,
Tous deux maintenant en fumée.   40

Je trouve ici tous les plaisirs
D'une condition commune,
Avec l'éclat de ma fortune
Je mets de niveau mes désirs.

Ah! quelle riante peinture   45
Chaque jour se montre à mes yeux
Des trésors dont la main des dieux
Se plaît d'enrichir la nature!

Quel plaisir de voir les troupeaux,
Quand le midi brûle l'herbette,   50
Rangés autour de la houlette,
Chercher le frais sous ces ormeaux!

Puis sur le soir à nos musettes
Ouïr répondre les côteaux
Et retentir tous nos hameaux   55
De hautbois et de chansonnettes!

Mais, hélas! ces paisibles jours
Coulent avec trop de vitesse,
Mon indolence et ma paresse
N'en peuvent suspendre le cours.   60

Déjà la vieillesse s'avance
Et je verrai dans peu la mort
Exécuter l'arrêt du sort
Qui m'y livre sans espérance.

Fontenay, lieu délicieux   65
Où je vis d'abord la lumière,
Bientôt au bout de ma carrière,
Chez toi je joindrai mes aïeux.

Muses, qui dans ce lieu champêtre
Avec soin me fîtes nourrir,   70
Beaux arbres, qui m'avez vu naître,
Bientôt vous me verrez mourir!

Cependant du frais de votre ombre
Il faut sagement profiter,
Sans regret, prêt à vous quitter   75
Pour ce manoir terrible et sombre

Où, de ces arbres dont, exprès,
Pour un doux et plus long usage
Mes mains ornèrent ce bocage,
Nul ne me suivra qu'un cyprès.   80

Mais je vois revenir Lisette
Qui, d'une coiffure de fleurs,
Avec son teint à leurs couleurs,
Fait une nuance parfaite.

Egayons ce reste de jours   85
Que la bonté des dieux nous laisse,
Parlons de plaisirs et d'amours,
C'est le conseil de la sagesse.

A Fontenay, ma maison de campagne, 1707.

The previous poem expresses the feelings of one still living in the city. In this one, the author, the better perhaps to convey his spontaneous reaction to a particular locality, prefers the less contemplative, more direct eight-syllable line.

The four interlocking themes of the poem are clear: what Fontenay frees the poet from; what it gives him; how it prepares him for the inevitable leave-taking; how meanwhile it consoles him.

The poem is often included in anthologies in truncated form, lacking the first three stanzas, and the delightful two of the surprise ending.

Of l.80, Faguet comments that it is a translation of Horace (*Histoire de la poésie française*, VI, 113). Horace himself has been accused of translating lines from other poets (cf. E. Fraenkel, *Horace*, Oxford, 1957). Chaulieu, however, not only uses the line to heighten a different context but also as a striking reminder of contemporary practice.

A Madame la Marquise D.L. en se promenant avec elle sur le bord de la mer

Celui qui grava sur le sable
Les chiffres dont tu vois les traits
Brûla dessus ces bords d'une ardeur véritable
Pour l'objet le plus aimable
Que nature fit jamais.   5
O mer qui donnas la naissance
Jadis à la mère d'Amour,
En faveur de son fils respecte à ton retour
Ce monument de sa puissance.

At the symbolic moment of low-tide, these words express simultaneously the beauty and the transiency of love.

In three editions of 1724, 1757, and 1774, while the text of the *madrigal* remained the same, the title changed from *Madrigal sur ses chiffres et ceux de sa maîtresse qu'il traça sur le bord de la mer* to *En se promenant avec Elle sur le bord de la mer* to the above, found in the authentic MSS by Fouquet. The changes may have been adopted by the preceding editors (Thieriot, Voltaire's friend, in 1724, and Saint-Marc, in 1757), following imperfect manuscript copies.

[Sur une Infidélité]

Prés, côteaux, aimables fontaines,
Lieux où l'Amour me fit tant de fois revenir,
Témoins de mes plaisirs, confidents de mes peines,
Pourquoi me rappeler un si doux souvenir?

Vous qui vîtes Cloé si tendre et si fidèle,   5
Hélas! vous ignorez que l'ingrate a changé;
Cessez de retracer à mon cœur affligé
L'image d'une ardeur et si vive et si belle.
Et toi, qui si souvent me redis dans ces bois
Le sacré nom de l'infidèle   10
Echo, redis-le moi pour la dernière fois.

Compressed into this brief expression of a state of mind are the recognition and re-
jection of the pathetic fallacy until, wistful longing getting the better of indignant
disillusionment, the poet, crying out the name of his beloved, makes his own bitter
request come true.

This *madrigal* had no title in Chaulieu's mss. It is interesting to note that the
1724 and 1757 editions had included a different and apparently earlier version, as
follows:

Beaux lieux, confidents de ma peine
Et seuls témoins de mes plaisirs,
Qui venez rappeler de tendres souvenirs
Pour l'aimable Célimène,
Hélas! vous ignorez que l'ingrate a changé.
Clairs ruisseaux, sombres bois, qui la vîtes fidèle
Cessez de retracer à mon cœur affligé
L'image d'une ardeur et si vive et si belle.
Et vous, échos, retenez votre voix,
Ne me répétez plus le nom de l'infidèle,
Ou que ce soit du moins pour la dernière fois.

Apologie de l'inconstance

Loin de la route ordinaire
Et du pays des romans,
Je chante, aux bords de Cythère,
Les seuls volages amants,
Et viens, plein de confiance,   5
Annoncer la vérité
Des charmes de l'inconstance
Et de l'infidélité.

Fuyez donc, pasteurs fidèles
Qui sur le ton langoureux   10
Verrez radoter vos belles,
Plus indolents qu'amoureux.
Venez, troupe libertine
De friponnes, de fripons,
A ma lyre qui badine   15
Inspirer de nouveaux sons.

Vous seuls faites la puissance
De l'empire de l'Amour ;
Sans vous bientôt la constance
Aurait dépeuplé sa cour,   20
Et si la friponnerie
N'y mêlait son enjouement
Dans peu la galanterie
Deviendrait un sacrement.

Que servirait l'art de plaire   25
Sans le plaisir de changer ?
Et que peut-on dire ou faire
Toujours au même berger ?
Pour les beautés infidèles
Est fait le don de charmer,   30
Et ce ne fut que pour elles
Qu'Ovide fit l'*Art d'aimer.*

Lorsque l'on voit Cythérée
Des voûtes du firmament
Sortir brillante et parée,   35
Est-ce pour Mars seulement ?
— Non : la volage Déesse
Lasse des amours des Dieux,
Cherche en l'ardeur qui la presse
Adonis en ces bas lieux.   40

Si nature, mère sage
De tous ces êtres divers,
Dans ses goûts n'était volage,
Que deviendrait l'univers ?
La plus tendre tourterelle   45
Change d'amour en un an,
Et le coq le plus fidèle
De cent poules est l'amant.

La beauté qui vous fit naître,
Amour, passe en un moment :   50
Pourquoi voudriez-vous être
Moins sujet au changement ?
C'est souhaiter que la rose
Ait, pendant tout un été,
De l'instant qu'elle est éclose   55
La fraîcheur et la beauté.

Un arc, des traits et des ailes,
Qu'on t'a donnés sagement,
Du dieu des amours nouvelles
Sont le fatal ornement.   60
Qui, voyant cet équipage,
Ne croira facilement
Qu'il ne faut pas qu'on s'engage
D'aimer éternellement?

Aimons donc, changeons sans cesse;   65
Chaque jour nouveaux désirs!
C'est assez que la tendresse
Dure autant que les plaisirs.
Dieux! ce soir qu'Iris est belle!
Son cœur, dit-elle, est à moi: 70
Passons la nuit avec elle,
Mais comptons peu sur sa foi.

In complete contrast with *Sur une Infidélité*, *Apologie de l'inconstance* recommends what the former deplores. Its originality consists in renewing an old theme by pretending it is a new one and clothing an appropriate *rhythme impair* in irony that is also music.

A note by the editor of the 1774 edition dates the text: 'Deux de nos manuscrits ajoutent: pour Madame D ... en 1700.'

La Fare

Charles-Auguste de la Fare was born at the Château de Valgorge in 1644. He received an excellent education. Presented at court in 1662, he at first enjoyed great success there, but soon fell out of favour with Louis xiv. He joined the army, fought against the Turks, took part in the Netherlands campaign of 1671, and distinguished himself at the battle of Senef (1674). He served under Turenne in Alsace, and afterwards under the Maréchal du Luxembourg. When in 1677 the latter's request that La Fare be made a brigadier general was refused, La Fare resigned his charge of *Lieutenant des gendarmes du Dauphin*. From then on his career became closely linked with the Société du Temple and with Chaulieu. His marriage in 1684 brought him, along with his wife's dowry, a captaincy in the guards of *Monsieur*. After 1684 he gave up soldiering and devoted himself to high living and letters. He wrote poetry, made a number of translations, and left his later well-known *Mémoires sur les principaux événements du règne de Louis XIV* (published posthumously). He died in 1712.

Until modern times, La Fare has not generally been held in high esteem as a poet. Yet Chaulieu claimed that his work combined 'le badinage et le sublime.' At first only the *badinage* had seemed apparent. But since the publication of inedited poems of La Fare, by Frédéric Lachèvre (1924) and Gustave Van Roosbroeck (n.d.), the *sublime* has come into focus. This more serious part of La Fare's poetry, in reflective or philosophic mood, is often tinged with an elusive melancholy.

TEXT *Poésies de Monsieur le Marquis de la Farre [sic]*. A Amsterdam, chez J.F. Bernard, 1755 (for *Ode sur la paresse* and *Réflexions d'un philosophe sur une belle campagne*). Both Frédéric Lachèvre (*Le Libertinage au 17e siècle*, vol. v: *Les Derniers Libertins*, 1924) and G.L. Van Roosbroeck (*The Unpublished Poems of the Marquis de la Fare*, edited from MS 15029 F.F. of the Bibliothèque Nationale, New York, n.d.) include the *Epître à Chaulieu sur l'hypocrisie*, but Van Roosbroeck omits line 12, and has at line 66 'et par art des perfides.' *Ode morale* is in Lachèvre, given as inedited. *Réponse à M. d'Hamilton* is in Van Roosbroeck.

Epître à Chaulieu sur l'hypocrisie

Je ne me connais plus, moi dont l'âme tranquille
Etait inaccessible aux noirceurs de la bile;

Devenu misanthrope, à toute heure, en tous lieux,
Je n'aperçois plus rien qui ne blesse mes yeux.
Ma Muse qui, féconde en riantes peintures,   5
Venait m'entretenir de douces aventures,
Peignait Flore, Vénus, les charmes d'un beau jour,
Dont les tendres chansons n'inspiraient que l'amour,
N'offre plus à mon cœur que de tristes images,
Et remplit mon esprit de funestes présages.   10
Je n'ai que du dégoût pour tout ce que je vois,
Et l'avenir encore est plus affreux pour moi;
D'un si grand changement quelle est donc l'origine?
Dois-je l'attribuer à ma seule machine
Dont les yeux affaiblis et privés de clarté   15
Ne peuvent des objets discerner la beauté?
Ou peut-être qu'enfin ma raison épurée,
Aux erreurs de mes sens ne laissant plus d'entrée,
Ne saurait sans dégoût, sans des frémissements,
Du monde corrompu voir les égarements?   20
Eh, qui pourrait souffrir ce honteux esclavage
Que volontairement s'impose un homme sage
Qui, devenu flatteur, lâchement asservit
Aux sottises d'autrui jusques à son esprit?
Qui pourrait sans frémir voir la raison plaintive   25
Demeurer dans les fers indignement captive?
Ce rayon immortel de la divinité,
Dont Dieu même a fondé l'heureuse liberté,
N'ose plus au grand jour exposer sa lumière
Et presqu'en tous les cœurs souffre une éclipse entière.   30
Dans une épaisse nuit tout semble enseveli;
Des solides vertus l'exemple est aboli;
Où régnait le bon sens commande le caprice,
Et la vérité cède à l'indigne artifice;
De probité, de gloire et de religion,   35
En ce siècle on n'a plus retenu que le nom,
Sous lequel, de son cœur déguisant la malice,
Le plus grand scélérat met à l'abri son vice.
Mais où m'emportes-tu, Muse, dans ta fureur?
Prétends-tu donc de moi faire un déclamateur,   40
Dont les descriptions et les phrases usées
D'un jeune courtisan excitent les risées?
Je sais trop de quel œil on regarde un censeur!
Eh bien, dira quelqu'un, quel est ce grand malheur
Qu'en vers pompeux ici déplore votre veine?   45
Telle fut de tout temps la destinée humaine!

Depuis que dans le ciel Astrée a remonté
Sur la terre tout est mensonge et vanité;
Ainsi l'a prononcé la divine sagesse,
Qui fait à ses desseins servir notre faiblesse   50
Et veut que sous l'erreur le grand nombre abattu,
Lui serve à rehausser le prix de la vertu.
Oui, vous m'ouvrez les yeux, je vois que le mélange
Des bons et des méchants n'a rien qui soit étrange.
Aussi, je ne veux point corriger l'univers;   55
Ce n'est point au public que s'adressent mes vers,
C'est à ces dieux du monde à qui la Providence
A daigné faire part de sa toute-puissance,
Qui, loin d'être pour nous de sages conducteurs,
Ont su se faire un art de corrompre les cœurs;   60
Ils s'adressent, mes vers, à ceux dont la manie
Est d'avilir en eux le plus noble génie;
Pour plaire à des esprits d'un ordre inférieur,
Ils éteignent exprès les lumières du leur.
Ils sont nés généreux et deviennent timides,   65
Vertueux par nature, et par leur art perfides!
Voilà, voilà quel est, ami, ce grand malheur
Qu'un cœur comme le mien ne peut voir sans douleur.
Des véritables biens, la source est corrompue, –
A la tête est monté le poison qui nous tue,   70
Du monde tout entier l'air en est infecté
Sans qu'on ose former des vœux pour la santé:
Se plaindre en de tels maux est réputé pour crime;
On rirait des efforts d'une âme plus sublime
Qui suivrait avec force et d'un courage altier   75
De la pure vertu le pénible sentier.
En vain la vérité s'efforce de paraître
Aux lieux où l'hypocrite a su se rendre maître,
Dont l'esprit agité d'un inquiet ennui
Sait prendre dans le ciel des armes contre lui.   80
Ainsi dès qu'un prélat d'une conduite pure
A tâché d'élever notre faible nature
Jusqu'à des sentiments qui soient dignes de Dieu,
Il ne lui restera d'asile en aucun lieu.
Rome, malgré les saints lui deviendra contraire;   85
Il ne trouvera plus en elle un cœur de mère:
Contrainte en dépit d'elle à le sacrifier
Elle n'ose l'admettre à se justifier.
Ainsi de nos cagots la trop humble grimace
Cachant un sombre orgueil, une coupable audace,   90

Il n'est rien qu'ils ne soient résolus de tenter:
Rien que l'homme de bien n'en doive redouter.
Que si comme autrefois, honteuse de paraître,
L'hypocrisie encor se renfermait au cloître!
Mais sous les toits dorés au milieu des salons   95
A Tartuffe une femme en ferait des leçons;
Sous un dehors flatteur, sous une humble parure,
Ce n'est qu'ambition, que haine, qu'imposture;
Elle se priverait de spectacles, de fard,
Mais non de la douceur de médire avec art;   100
Vous les verrez, suivant leurs pieuses maximes,
Renoncer aux plaisirs pour commettre des crimes.
Eh, quel astre ennemi, quelle fatalité
M'a fait naître au milieu de tant de fausseté?
Sans cesse environné d'une foule servile   105
Je n'ose qu'en tremblant évaporer ma bile,
Trop heureux de pouvoir, ami, te confier
Dans mon juste dépit ce périlleux papier.

Though written on a particular occasion, this poem is still vibrant with the immediacy of emotions aroused at discovering hypocrisy rampant on a wide scale. As a 'périlleux papier' (l.108), it is of interest to note that it remained unpublished until 1924.
5, 7 Muse, Flore, Vénus: Here, not mythological figures but ample alternatives for poetry, nature, and love.
46 Astrée: The goddess of justice, who lived among men during the golden age.
80 un prélat: Likely Fénelon, who fell from favour in 1699 and was banished from court.

Ode sur la paresse

Pour avoir secoué le joug de quelque vice,
Qu'avec peu de raison l'homme s'enorgueillit!
Il vit frugalement, mais c'est par avarice:
S'il fuit les voluptés, hélàs! c'est qu'il vieillit.

Pour moi, par une longue et triste expérience,   5
De cette illusion j'ai reconnu l'abus;
Je sais, sans me flatter d'une vaine apparence,
Que c'est à mes défauts que je dois mes vertus.

Je chante tes bienfaits, favorable paresse;
Toi seule dans mon cœur as rétabli la paix: 10
C'est par toi que j'espère une heureuse vieillesse;
Tu vas me devenir plus chère que jamais.

Ah! de combien d'erreurs et de fausses idées,
Détrompes-tu celui qui s'abandonne à toi!
De l'amour du repos les âmes possédées   15
Ne peuvent reconnaître et suivre une autre loi.

Tu fais régner le calme au milieu de l'orage;
Tu mets un juste frein aux plus folles ardeurs;
Tu peux même élever le plus ferme courage,
Par le digne mépris que tu fais des grandeurs.   20

Le nom de ce Romain qui vainquit Mithridate,
Par ses travaux guerriers a bien moins éclaté,
Que par la volupté tranquille et délicate
Que lui fit savourer la molle oisiveté.

Rome eût toujours été la maîtresse du monde,   25
Si son sein n'eût produit que de pareils enfants,
Satisfaits de vieillir dans une paix profonde,
Après avoir été tant de fois triomphants.

Que Jule eût épargné de pleurs à sa patrie,
Si, vainqueur des Gaulois, par d'injustes projets   30
De ses rares vertus la gloire il n'eût flétrie,
Et qu'il eût aux travaux su préférer la paix!

De la tranquillité compagne inséparable,
Paresse, nécessaire au bonheur des mortels,
Le besoin que l'Europe a d'un repos durable,   35
Te devrait attirer un temple et des autels.

Ainsi l'on vit jadis le chantre d'Epicure
Demander à Vénus qu'avec tous ses appas
Elle amollît de Mars l'humeur farouche et dure,
Lorsqu'elle le tiendrait enchanté dans ses bras.   40

L'ardeur des vains désirs n'est jamais satisfaite,
Leur vol rapide et prompt ne se peut arrêter;
Celui qui dans son sein porte une âme inquiète,
Au milieu des plaisirs ne saurait les goûter.

Ami, dont le cœur haut, les talents, l'espérance,   45
Le don d'imaginer avec facilité,
Pourraient encor, malgré ta propre expérience,
Rallumer les esprits et la vivacité:

Laisse-toi gouverner par cette enchanteresse,
Qui seule peut du cœur calmer l'émotion,   50
Et préfère, crois-moi, les dons de la paresse
Aux offres d'une vaine et folle ambition.

The poem quickly establishes the relativity of *paresse*, a so-called vice which, rightly understood and properly practised, becomes a virtue. The rest makes clear the reason why. This *paresse* is *amour du repos, humeur paisible*, not indolent but active, producing self-control amid excitement, greater courage amid adversity. Further benefits of *paresse* thus understood are: appreciation of the arts, stability of government, permanence of peace. *Paresse* would even be a desirable religion for Europe, an idea long ago advanced, unfortunately made impossible of fulfilment by reason of the insatiability of the human race, yet realizable in individual cases, as the last two stanzas imply. This poem belongs to the genre *éloges gracieux ou badins* of which Akerlio (de Guerle, J.-M.-N.) in his *Eloge des perruques*, 1798, gives a 16-page list.
21 Lucullus, who, after defeating Mithridates in 72 BC, allowed fondness for retirement to withdraw him from the reach of ambition.
29 *Jule*: Julius Caesar.
37 *le chantre d'Epicure*: the epicurean poet Lucretius, who begins his *De natura rerum* with an invocation to Venus.

Ode morale

Souvenir des plaisirs de mes jeunes années
    Me suivras-tu toujours?
Cessons de murmurer contre les destinées
    Qui les firent si courts.

Pourquoi de quelques jours perdre le peu qui reste   5
    A quereller le sort?
Ou saisi de l'horreur de mon heure funeste
    Mourir avant ma mort?

Livrerai-je aux erreurs d'une vaine espérance
    Mon cœur et mon esprit?   10
Malheureux insensé, qui n'ai la jouissance
    Que de l'instant qui fuit.

Au pigeon amoureux la tourterelle unie
    Sait le mettre à profit;
Sensible aux tons plaintifs d'une tendre harmonie,   15
    Philomène en jouit.

L'homme seul sait se faire une triste habitude
    De gémir, de pleurer, –
Et dans le choix des biens sa sotte inquiétude
    Ne sert qu'à l'égarer.   20

C'est en vain que la mer et la terre équitable
D'accord avec les cieux
Remplissent ses greniers et fournissent sa table
De mets délicieux,

Si dédaignant les biens que sa bonne fortune   25
Fait trouver sous ses pas,
Semblable au chien d'Esope il court après la lune
Qu'il n'attrapera pas.

Tel un torrent fougueux des paisibles rivages
Quitte les verts roseaux,   30
Impatient d'aller dans les rochers sauvages
Précipiter ses eaux,

Ainsi le nautonier, en dépit de l'orage,
Par l'espoir du butin,
Va chercher follement les horreurs du naufrage   35
En un climat lointain.

Il préfère aux présents que lui fait la nature
Les seuls qu'elle a cachés,
Qui par quelque corsaire ou quelque ami parjure
Lui seront arrachés.   40

Il entr'ouvre le sein d'une terre étrangère
Pour y trouver de l'or,
Et néglige le champ que labourait son père
Où gît son vrai trésor.

Dégoûté des plaisirs qu'il peut avoir sans peine,   45
Ennuyé d'en jouir,
Il poursuit d'une ardeur insatiable et vaine
Ceux qui semblent le fuir.

Puisse avec mes beaux jours de cette étrange ivresse
Finir l'illusion.   50
Puissé-je, exempt d'erreurs du moins en ma vieillesse,
Jouir de ma raison.

The circular pattern of this poem skilfully traces that mood in which a man, past his
first youth but still in his prime, reflects on the folly of attempting to get what is not,
to the neglect of all that is, and, finally, expresses the procrastinating but all too
natural wish that he may be cured of this tendency, not now, but when his prime is
over or, at least, when he is old. Which brings the poem back to where it started:
'Souvenir des plaisirs ... Me suivras-tu toujours?'

Faguet's claim with regard to La Fare's work may well be reviewed here: 'Ses œuvres se réduisent à une pièce sur un sujet dont il était plein: sur la paresse' (*Histoire de la poésie française*, VI, 130). The reference, of course, is to the preceding poem. Faguet failed to appreciate La Fare's originality in treating the same theme twice-over from an unexpected viewpoint. Thus, in *Ode sur la paresse, la paresse* is a beneficent *humeur paisible*, whereas, in *Ode Morale, l'étrange ivresse* is the energetic but futile production of nothing.

Réponse à M. d'Hamilton

Après vous avoir fait mon remerciement, Monsieur, et avoir imploré votre secours en cas d'accident, souffrez que je vous fasse mes remontrances pour Marot et pour son style, à qui il me semble que vous ne rendez pas justice. Je le fais avec d'autant plus de plaisir qu'en justifiant ce poète, je soutiens mon meilleur ami et mon frère en Apollon, sur qui quelques esprits malins ont prétendu de détourner le coup de patte que vous donnez au vieux style que j'estime autant que vous paraissez l'estimer peu.

Bien écrire est un talent,
Bien juger en est un autre;
Témoin cette Epître vôtre
D'un tour, d'un style excellent,
Où badinez finement   5
Mais jugez peu sainement,
Me plaçant sur le Parnasse
Un peu témérairement,
Lorsque vous avez l'audace
D'y refuser une place   10
A ce grand Maître Clément,
Et traitez son vieux langage
D'un fantastique assemblage
De mots, dont l'antiquité
Et le peu fréquent usage   15
Joint à quelque obscurité
Font la force et la beauté;
Sans vouloir y reconnaître
La noble simplicité,
Le tour, la naïveté,   20
La précision d'un maître
Qui dans sa facilité
Est juste et non affecté,
Net, plein de variété,
Fécond en rimes nouvelles,   25
Lequel a si bien chanté
Que des choses les plus belles
Le temps vainqueur indompté

De ses chansons immortelles
N'a pu ternir la beauté   30
Et les grâces naturelles.
Or, ne croyez que tous vers
Récités avec emphase,
Ecoutés avec extase,
Coulent des canaux ouverts   35
Du coup de pied de Pégase;
Mais ces vers-là seulement
Qui semblent naître sans peine
Et, fût-ce en langue ancienne,
Mêlent délicatement   40
L'utile avec l'agrément.
De ces eaux de l'hypocrène
En notre temps La Fontaine
Avait bu très largement
Mais, de son aveu, sa veine   45
Cède à celle de Clément.
Des deux, il est vrai, le style
Pur, net, coulant et facile
Ne ressemble aucunement
A cette gothique idylle   50
Où Ronsard, poète habile
En Grec, en Latinité,
Quittant Marot et Virgile,
Affecta l'obscurité
D'une phrase difficile.   55
En quoi, vous dirai, Seigneur,
Que faites tort à l'auteur
Qui prend Marot pour exemple
Et quelquefois dans le Temple
Reçoit encore poliment   60
Cette Muse douce, aisée,
Qui naguère a tristement
Conduit son dernier amant,
La Fontaine, à l'Elysée,
Muse à Ronsard opposée   65
Autant qu'au feu véhément
L'est la très douce rosée.
Par quoi conclus hardiment,
Trouvant Marot excellent,
Admirant l'épître vôtre: 70
Bien écrire est un talent,
Bien juger en est un autre.

In his *Réponse à Monsieur d'Hamilton*, La Fare, while defending his acknowledged master, Marot, succeeds in presenting effectively the basic poetic tenets subscribed to by himself and his 'frère en Apollon,' Chaulieu.

Anthony Hamilton (1646–1720) was a Scotsman who followed the Stuarts into exile in France. He lived in England after the Restoration, and went back to France with James II, in 1688. His famous *Mémoires de la vie du Comte de Grammont* were written about his brother-in-law, count Philibert de Grammont, one of the brilliant courtiers of Louis XIV. He later frequented the Cour de Sceaux, as did Chaulieu and La Fare. The *Mémoires* were published in 1713 (Cologne, Pierre Marteau), in French, the language in which Hamilton wrote.

59 *le Temple*: in this fortified monastery of the Templars (built in the twelfth century, demolished in 1811) Philippe, duc de Vendôme (1655–1727), *grand prieur de France*, received men of letters.

Réflexions d'un philosophe sur une belle campagne

Plus on observe ces retraites
Plus l'aspect en est gracieux ;
Est-ce pour l'esprit, pour les yeux
Ou pour le cœur qu'elles sont faites ?
Je n'y vois rien de toutes parts   5
Qui ne m'arrête et ne m'enchante ;
Tout y retient, tout y contente
Mon goût, mon choix et mes regards.

Quand je regarde ces prairies
Et ces bocages renaissants,   10
J'y mêle aux plaisirs de mes sens
Le charme de mes rêveries,
J'y laisse couler mon esprit
Comme cette onde gazouillante
Qui fuit le chemin de sa pente   15
Qu'aucune loi ne lui prescrit.

Je vois sur des côteaux fertiles
Des troupeaux riches et nombreux,
Ceux qui les gardent sont heureux,
Et ceux qui les ont sont tranquilles :   20
S'ils ont à redouter les loups
Et si l'hiver vient les contraindre,
Ce sont là tous les maux à craindre,
Il en est d'autres parmi nous.

Nous ne savons plus nous connaître,   25
Nous contenir encore moins.
Heureux, nous faisons par nos soins
Tout ce qu'il faut pour ne pas l'être.

Notre cœur soumet notre esprit
Aux caprices de notre vie,
En vain la raison se récrie,
L'abus parle, tout y souscrit.

Ici je rêve à quoi nos pères
Se bornaient dans les premiers temps:
Sages, modestes et contents,
Ils se refusaient aux chimères.
Leurs besoins étaient leurs objets,
Leur travail était leur ressource
Et le repos toujours la source
De leurs soins et de leurs projets.

A l'abri de nos soins profanes
Ils élevaient, religieux,
De superbes temples aux dieux,
Et pour eux de simples cabanes.
Renfermés tous dans leur état
Et contents de leur destinée,
Ils la croyaient plus fortunée
Par le repos que par l'éclat.

Ils savaient à quoi la nature
A condamné tous les humains.
Ils ne devaient tous qu'à leurs mains
Leurs vêtements, leur nourriture.
Ils ignoraient la volupté
Et la fausse délicatesse
Dont aujourd'hui notre mollesse
Se fait une félicité.

L'intérêt, ni la vaine gloire,
Ne dérangeaient pas leur repos;
Ils aimaient plus dans leurs héros
Une vertu qu'une victoire.
Ils ne connaissaient d'autre rang
Que celui que la vertu donne;
Le mérite de la personne
Passait devant les droits du sang.

Dès qu'ils songeaient à l'hyménée
Leur penchant conduisait leur choix,
Et l'amour soumettait ses loix
Aux devoirs de la foi donnée.

L'ardeur de leurs plus doux souhaits
Se bornait au bonheur de plaire; 70
Leurs plaisirs ne leur coûtaient guère,
Les saisons en faisaient les frais.

En amitié, quelle constance!
Quels soins! quelle fidélité!
Ils étaient en sincérité 75
Ce qu'on est en fausse apparence.
S'étaient-ils donnés ou promis?
Leurs cœurs jaloux de leurs promesses
Volaient au-devant des faiblesses
Et des besoins de leurs amis. 80

Quel fut ce temps! quel est le nôtre!
Entre deux amis aujourd'hui,
Quand l'un a besoin d'un appui
Le trouve-t-il toujours dans l'autre?
Esclaves de tous nos abus, 85
Victime de tous nos caprices,
Nous ne donnons plus qu'à des vices
Les noms des premières vertus.

Dégoûtés des anciens usages,
Entêtés de nos goûts nouveaux, 90
Loin de songer à nos troupeaux
Nous détruisons nos pâturages.
Nous changeons nos prés en jardins,
En parterres nos champs fertiles,
Nos arbres fruitiers en stériles 95
Et nos vergers en boulingrins.

Heureux habitants de ces plaines,
Qui vous bornez dans vos désirs,
Si vous ignorez nos plaisirs
Vous ne connaissez pas nos peines. 100
Vous goûtez un repos si doux
Qu'il rappelle le temps d'Astrée,
Enchanté de cette contrée
J'y reviendrai vivre avec vous.

Springing from the contemplation of a bit of unspoiled countryside, the poem is an appreciation of the latter's amenities but is also an indictment of those people who spoil them. Simple vocabulary and images, intimate tone and familiar rhythm, heighten the presentation of the double theme.
96 *boulingrin*: from English bowling-green. A raised lawn, usually bordered with flowers and thus not even useful for bowling.

Jean-Baptiste Rousseau

Jean-Baptiste Rousseau was born in Paris in the late 1660s. He tried in vain to achieve renown in the theatre and attributed his lack of success to a cabal of enemies. Said to have written unforgivably caustic poems against them, he was tried by the parlement for defamation of character and banished from France. The last thirty years of his life were spent in Switzerland, Austria, and Belgium, from which countries he kept up a long-running correspondence with various French men of letters, some of whom remained staunch believers in his innocence. It is ironical that the man considered by his age to be France's greatest lyric poet was, for almost half his life, unable to set foot in his native land. Happily, however, he had the support of powerful patrons, such as Prince Eugène. Rousseau died in Brussels in 1741.

His literary fortunes, in a way, parallel those of eighteenth-century poetry itself, since whenever the latter was discussed in Romantic circles, Rousseau's was the verse condemned as typical. His star suffered an almost total eclipse, and it is only in our time that he has been at least partially rehabilitated, just as the poetry of his era is even now only beginning to be studied in an unbiased fashion.

Odes constitute the bulk of his work: fifty-four, including nineteen sacred and twelve allegorical odes or *odes en musique*. It has been a commonplace of criticism that eighteenth-century odes, no matter what their subject, were generally identical in tone and style. Yet anyone who takes the trouble to read Rousseau's odes (apparently the critics themselves have not always done so) will discover a range of tone from serious to playful, a delicate sensitiveness to character and human relationships, an awareness of broad problems, and a vitality which manifests itself in numerous ways, not the least of which is the exalting of heart over mind.

As a man Rousseau was maligned and misunderstood. As an artist he has been downgraded. Yet he shows, powerfully, the importance of enthusiasm, inspiration, and personal feeling. The deep common bond that he establishes with the reader by his original treatment of contemporary subject matter is heightened by his constant technical variety, invention of new poetic form, and freedom of choice in the matter of vocabulary.

He looked for *la clef de l'âme*; since he was called 'le grand Rousseau' by Chénier and others, can there be any doubt that they were certain he had found it? Much of his poetry proves that he had.

TEXT *Œuvres diverses de Mr. Rousseau.* Nouvelle édition, revue, corrigée et considérablement augmentée par lui-même. A Amsterdam, chez François Changuion, 1734, 3 vol.

Sur l'Aveuglement des hommes du siècle

Ode tirée du Psaume 48

Qu'aux accents de ma voix la terre se réveille!
Rois, soyez attentifs; peuples, ouvrez l'oreille!
Que l'univers se taise et m'écoute parler!
Mes chants vont seconder les accords de ma lyre:
L'Esprit-saint me pénètre, il m'échauffe et m'inspire   5
Les grandes vérités que je vais révéler.

L'homme en sa propre force a mis sa confiance:
Ivre de ses grandeurs et de son opulence,
L'éclat de sa fortune enfle sa vanité.
Mais, ô moment terrible, ô jour épouvantable!   10
Où la mort saisira ce fortuné coupable,
Tout chargé des liens de son iniquité!

Que deviendront alors, répondez, grands du monde,
Que deviendront ces biens où votre espoir se fonde,
Et dont vous étalez l'orgueilleuse moisson?   15
Sujets, amis, parents, tout deviendra stérile;
Et, dans ce jour fatal, l'homme à l'homme inutile
Ne paiera point à Dieu le prix de sa rançon.

Vous avez vu tomber les plus illustres têtes;
Et vous pourriez encor, insensés que vous êtes,   20
Ignorer le tribut que l'on doit à la mort!
Non, non, tout doit franchir ce terrible passage:
Le riche et l'indigent, l'imprudent et le sage,
Sujets à même loi, subissent même sort.

D'avides étrangers, transportés d'allégresse,   25
Engloutissent déjà toute cette richesse,
Ces terres, ces palais, de vos noms anoblis.
Et que vous reste-t-il en ces moments suprêmes?
Un sépulcre funèbre, où vos noms, où vous-mêmes
Dans l'éternelle nuit serez ensevelis.   30

Les hommes, éblouis de leurs honneurs frivoles,
Et de leurs vains flatteurs écoutant les paroles,
Ont de ces vérités perdu le souvenir:
Pareils aux animaux farouches et stupides,
Les lois de leur instinct sont leurs uniques guides,   35
Et pour eux le présent paraît sans avenir.

Un précipice affreux devant eux se présente;
Mais toujours leur raison, soumise et complaisante,
Au-devant de leurs yeux met un voile imposteur.
Sous leurs pas cependant s'ouvrent les noirs abîmes,   40
Où la cruelle mort, les prenant pour victimes,
Frappe ces vils troupeaux, dont elle est le pasteur.

Là s'anéantiront ces titres magnifiques,
Ce pouvoir usurpé, ces ressorts politiques
Dont le juste autrefois sentit le poids fatal:
Ce qui fit leur bonheur deviendra leur torture;   45
Et Dieu, de sa justice apaisant le murmure,
Livrera ces méchants au pouvoir infernal.

Justes, ne craignez point le vain pouvoir des hommes;
Quelque élevés qu'ils soient, ils sont ce que nous sommes: 50
Si vous êtes mortels, ils le sont comme vous.
Nous avons beau vanter nos grandeurs passagères,
Il faut mêler sa cendre aux cendres de ses pères,
Et c'est le même Dieu qui nous jugera tous.

Full appreciation of this ode depends on recognition of certain implications: 1/its title suggests that the poet is forgetting the commandment 'Judge not, that ye be not judged', 2/but the poem being based upon the inspiration of Holy Scripture, the poet and his words are the vehicle of a divinely sent message which he, in tune with the infinite, is enabled to express in finite terms (*mes chants vont seconder les accords de ma lyre*). God, not the poet, is the century's Judge. This and the ode which follows it are outstanding examples of Rousseau's grand or sustained manner.
4 *lyre*: here the most appropriate contemporary symbol for the poetic gift.
25 *d'avides étrangers*: a vivid summary of the sudden swarm of distant connections, undreamt-of claimants, business agents, tax-collectors.
29 *vos noms, vous-mêmes*: the former stands for the individuality, the latter for the physical being. The names, even if not literally effaced by weathering, lose all meaning for those who know nothing of their bearers.
35 *les lois de leur instinct*: imperative desires as opposed to considered needs.
36 *le présent paraît sans avenir*: they have lost all sense of the mystery of time (see below, *Sur un Commencement d'année*).
38–9 *leur raison ... imposteur*: they have substituted reason for wisdom (the subject of Rousseau's *allégorie, Minerve*).
48 *livrera ces méchants*: i.e., the hunters become the hunted.

Contre les Calomniateurs

Ode tirée du Psaume 119

Dans ces jours destinés aux larmes,
Où mes ennemis en fureur
Aiguisaient contre moi les armes
De l'imposture et de l'erreur.
Lorsqu'une coupable licence   5
Empoisonnait mon innocence,
Le Seigneur fut mon seul recours:
J'implorai sa toute-puissance,
Et sa main vint à mon secours.

O Dieu, qui punis les outrages   10
Que reçoit l'humble vérité,
Venge-toi, détruis les ouvrages
De ces lèvres d'iniquité:
Et confonds cet homme parjure
Dont la bouche non moins impure   15
Publie avec légèreté
Les mensonges que l'imposture
Invente avec malignité.

Quel rempart, quelle autre barrière
Pourra défendre l'innocent   20
Contre la fraude meurtrière
De l'impie adroit et puissant?
Sa langue aux feintes préparée
Ressemble à la flèche acérée
Qui part et frappe en un moment: 25
C'est un feu léger dès l'entrée,
Que suit un long embrasement.

Hélas! dans quel climat sauvage
Ai-je si longtemps habité!
Quel exil! quel affreux rivage!   30
Quels asiles d'impiété!
Cédar, où la fourbe et l'envie
Contre ma vertu poursuivie
Se déchaînèrent si longtemps.
A quels maux ont livré ma vie   35
Tes sacrilèges habitants!

J'ignorais la trame invisible
De leurs pernicieux forfaits:

Je vivais tranquille et paisible
Chez les ennemis de la paix: 40
Et lorsque, exempt d'inquiétude,
Je faisais mon unique étude
De ce qui pouvait les flatter,
Leur détestable ingratitude
S'armait pour me persécuter.   45

This second ode in the grand manner, though short, is fully orchestrated. The first stanza constitutes what has been called a solemn overture; the second and third develop those complex, ingenious images of which Rousseau was fond; the last five lines of stanza 4 exemplify his successful use of cumulative period; the last stanza skilfully equilibrates an appropriate harshness, since everything leads to the final line, in which the placing of the long adjective before the noun increases the effect of prolonged tension and torment. (We are indebted for certain points to G.D. Jackson, 'The Genre of the French Sacred Ode in the First Half of the Eighteenth Century' [unpublished thesis, University of Toronto, 1961]).
32 *Cédar*: Kedar, once a powerful country in what is now eastern Palestine. Used typically of cruel and merciless peoples; as we use the terms Vandals, Goths, Philistines.

Inquiétudes de l'âme sur les voies de la providence

Ode tirée du Psaume 72

Que la simplicité d'une vertu paisible
Est sûre d'être heureuse en suivant le Seigneur!
Dessillez-vous, mes yeux; console-toi, mon cœur:
Les voiles sont levés; sa conduite est visible
      Sur le juste et sur le pécheur.   5

Pardonne, Dieu puissant, pardonne à ma faiblesse!
A l'aspect des méchants, confus, épouvanté,
Le trouble m'a saisi, mes pas ont hésité:
Mon zèle m'a trahi, Seigneur, je le confesse,
      En voyant leur prospérité.   10

Cette mer d'abondance où leur âme se noie
Ne craint ni les écueils, ni les vents rigoureux:
Ils ne partagent point nos fléaux douloureux;
Ils marchent sur les fleurs, ils nagent dans la joie;
      Le sort n'ose changer pour eux.   15

Voilà donc d'où leur vient cette audace intrépide
Qui n'a jamais connu craintes ni repentirs?
Enveloppés d'orgueil, engraissés de plaisirs,
Enivrés de bonheur, ils ne prennent pour guide
      Que leurs plus insensés désirs.   20

Leur bouche ne vomit qu'injures, que blasphèmes,
Et leur cœur ne nourrit que pensers vicieux ;
Ils affrontent la terre, ils attaquent les cieux,
Et n'élèvent leur voix que pour vanter eux-mêmes
    Leurs forfaits les plus odieux.   25

De là, je l'avouerai, naissait ma défiance.
Si sur tous les mortels Dieu tient les yeux ouverts,
Comment, sans les punir, voit-il ces cœurs pervers ?
Et, s'il ne les voit point, comment peut sa science
    Embrasser tout cet univers ?   30

Tandis qu'un peuple entier les suit et les adore,
Prêt à sacrifier ses jours mêmes aux leurs,
Accablé de mépris, consumé de douleurs,
Je n'ouvre plus mes yeux aux rayons de l'aurore
    Que pour faire place à mes pleurs.   35

Ah ! c'est donc vainement qu'à ces âmes parjures
J'ai toujours refusé l'encens que je te dois !
C'est donc en vain, Seigneur, que, m'attachant à toi,
Je n'ai jamais lavé mes mains simples et pures
    Qu'avec ceux qui suivent ta loi !   40

C'était en ces discours que s'exhalait ma plainte :
Mais, O coupable erreur ! O transports indiscrets !
Quand je parlais ainsi, j'ignorais tes secrets,
J'offensais tes élus, et je portais atteinte
    A l'équité de tes décrets.   45

Je croyais pénétrer tes jugements augustes ;
Mais, grand Dieu, mes efforts ont toujours été vains,
Jusqu'à ce qu'éclairé du flambeau de tes saints,
J'ai reconnu la fin qu'à ces hommes injustes
    Réservent tes puissantes mains.   50

J'ai vu que leurs honneurs, leur gloire, leur richesse,
Ne sont que des filets tendus à leur orgueil ;
Que le port n'est pour eux qu'un véritable écueil ;
Et que ces lits pompeux où s'endort leur mollesse
    Ne couvrent qu'un affreux cercueil.   55

Comment tant de grandeur s'est-elle évanouie ?
Qu'est devenu l'éclat de ce vaste appareil ?

Quoi! leur clarté s'éteint aux clartés du soleil!
Dans un sommeil profond ils ont passé leur vie,
    Et la mort a fait leur réveil!   60

Insensé que j'étais de ne pas voir leur chute
Dans l'abus criminel de tes dons tout-puissants!
De ma faible raison j'écoutais les accents;
Et ma raison n'était que l'instinct d'une brute,
    Qui ne juge que par les sens.   65

Cependant, O mon Dieu! soutenu de ta grâce,
Conduit par ta lumière, appuyé sur ton bras,
J'ai conservé ma foi dans ces rudes combats:
Mes pieds ont chancelé; mais enfin de ta trace
    Je n'ai point écarté mes pas.   70

Puis-je assez exalter l'adorable clémence
Du Dieu qui m'a sauvé d'un si mortel danger?
Sa main contre moi-même a su me protéger;
Et son divin amour m'offre un bonheur immense,
    Pour un mal faible et passager.   75

Que me reste-t-il donc à chérir sur la terre?
Et qu'ai-je à désirer au céleste séjour?
La nuit qui me couvrait cède aux clartés du jour:
Mon esprit ni mes sens ne me font plus la guerre,
    Tout est absorbé par l'amour.   80

Car enfin, je le vois, le bras de sa justice,
Quoique lent à frapper, se tient toujours levé
Sur ces hommes charnels dont l'esprit dépravé
Ose à de faux objets offrir le sacrifice
    D'un cœur pour lui seul réservé.   85

Laissons-les s'abîmer sous leurs propres ruines,
Ne plaçons qu'en Dieu seul nos vœux et notre espoir;
Faisons-nous de l'aimer en éternel devoir;
Et publions partout les merveilles divines
    De son infaillible pouvoir.   90

This ode and the one which follows it are outstanding examples of Rousseau's quiet or intimate manner, which may be thought of as a modified sacred equivalent of the wistful tone that characterizes the best of his secular poems. *Inquiétudes de l'âme* is especially notable for the musical richness of its rhythmic resources. For example, the final line of each stanza, a 'dying fall,' by slightly decreasing the rich music of its preceding alexandrines, keeps the ode intimately subdued, in harmony with the subject.

Pour une Personne convalescente

Ode tirée du cantique d'Ezéchias

J'ai vu mes tristes journeés
Décliner vers leur penchant;
Au midi de mes années,
Je touchais à mon couchant.
La mort, déployant ses ailes,   5
Couvrait d'ombres éternelles
La clarté dont je jouis;
Et, dans cette nuit funeste,
Je cherchais en vain le reste
De mes jours évanouis.   10

Grand Dieu, votre main réclame
Les dons que j'en ai reçus;
Elle vient couper la trame
Des jours qu'elle m'a tissus.
Mon dernier soleil se lève,   15
Et votre souffle m'enlève
De la terre des vivants,
Comme la feuille séchée
Qui de sa tige arrachée
Devient le jouet des vents.   20

Comme un tigre impitoyable
Le mal a brisé mes os;
Et sa rage insatiable
Ne me laisse aucun repos.
Victime faible et tremblante,   25
A cette image sanglante
Je soupire nuit et jour,
Et dans ma crainte mortelle,
Je suis comme l'hirondelle
Sous les griffes du vautour.   30

Ainsi de cris et d'alarmes
Mon mal semblait se nourrir;
Et mes yeux, noyés de larmes,
Etaient lassés de s'ouvrir.
Je disais à la nuit sombre: 35
O nuit, tu vas dans ton ombre
M'ensevelir pour toujours!
Je redisais à l'aurore:

Le jour que tu fais éclore
Est le dernier de mes jours !   40

Mon âme est dans les ténèbres,
Mes sens sont glacés d'effroi :
Ecoutez mes cris funèbres,
Dieu juste, répondez-moi.
Mais enfin sa main propice   45
A comblé le précipice
Qui s'entr'ouvrait sous mes pas ;
Son secours me fortifie,
Et me fait trouver la vie
Dans les horreurs du trépas.   50

Seigneur, il faut que la terre
Connaisse en moi vos bienfaits :
Vous ne m'avez fait la guerre
Que pour me donner la paix.
Heureux l'homme à qui la grâce   55
Départ ce don efficace
Puisé dans ses saints trésors ;
Et qui, rallumant sa flamme,
Trouve la santé de l'âme
Dans les souffrances du corps.   60

C'est pour sauver la mémoire
De vos immortels secours,
C'est pour vous, pour votre gloire,
Que vous prolongez nos jours.
Non, non, vos bontés sacrées   65
Ne seront point célébrées
Dans l'horreur des monuments :
La mort, aveugle et muette,
Ne sera point l'interprète
De vos saints commandements.   70

Mais ceux qui de sa menace,
Comme moi, sont rachetés,
Annonceront à leur race
Vos célestes vérités.
J'irai, Seigneur, dans vos temples,   75
Réchauffer par mes exemples
Les mortels les plus glacés,
Et, vous offrant mon hommage,
Leur montrer l'unique usage
Des jours que vous leur laissez.   80

Since the speaker has been preserved to see the goodness of the Lord in the land of the living, he must be a living witness to that goodness. Such must be all who are redeemed from death, physical or otherwise, and such the speaker will be, publicly (*dans vos temples*) in the presence of those who are closest to spiritual death (*le plus glacés*) and privately as in the composing of this song on behalf of others like himself. It is worth noting that Rousseau wrote: 'telle de mes odes sacrées m'a coûté des semaines entières à tourner et à polir' (*Œuvres diverses*, 1731, I, 15).

Sur la Grâce

D'un père infortuné portant le châtiment
Tout homme est aux enfers soumis dès sa naissance
Si la grâce ne vient terrasser leur puissance
Unie aux saintes eaux du premier sacrement.

L'arbitre franc et libre à pécher seulement   5
Devient libre par elle à suivre l'innocence,
Et méritant pour nous, elle nous récompense
Du bien dont nos efforts ne sont que l'instrument.

Mais si l'âme, sans elle à périr condamnée,
Ne saurait mériter qu'elle lui soit donnée,   10
Dois-je donc m'endormir, ou me désespérer?

Non: sans la mériter tous ont droit d'y prétendre,
Elle est le prix du sang qu'un Dieu voulut répandre,
Et c'est déjà l'avoir que de la désirer.

The octet pronounces with the majestic impersonality of theology. As sons of Adam, all men are under condemnation, except for the intervention of grace, of whose regenerating power baptism is the outward sign. The will is free, but free only to sin, unless, again, grace intervening free the will to be a vehicle for righteousness.

In the sestet, suddenly, as always where the question of grace is urgently concerned, the situation becomes personal, a dialogue of the poet simultaneously with himself and any other helpless sinner. Must either yield to indifference or despair? Theological complications are brushed aside by a categorical *no*, and three brief phrases present the essential fact for every soul.

A M. le Comte du Luc

Tel que le vieux pasteur des troupeaux de Neptune
Protée, à qui le Ciel, père de la Fortune,
        Ne cache aucuns secrets,
Sous diverse figure, arbre, flamme, fontaine,
S'efforce d'échapper à la vue incertaine,   5
        Des mortels indiscrets;

Ou tel que d'Apollon le ministre terrible,
Impatient du dieu dont le souffle invincible
        Agite tous ses sens,

Le regard furieux, la tête échevelée,   10
Du temple fait mugir la demeure ébranlée
        Par ses cris impuissants:

Tel, aux premiers accès d'une sainte manie,
Mon esprit alarmé redoute du génie
        L'assaut victorieux;   15
Il s'étonne, il combat l'ardeur qui le possède,
Et voudrait secouer du démon qui l'obsède
        Le joug impérieux.

Mais sitôt que, cédant à la fureur divine,
Il reconnait enfin du dieu qui le domine   20
        Les souveraines lois;
Alors, tout pénétré de sa vertu suprême,
Ce n'est plus un mortel, c'est Apollon lui-même
        Qui parle par ma voix.

Je n'ai point l'heureux don de ces esprits faciles,   25
Pour qui les doctes sœurs, caressantes, dociles,
        Ouvrent tous leurs trésors;
Et qui, dans la douceur d'un tranquille délire,
N'éprouvèrent jamais, en maniant la lyre,
        Ni fureur ni transports.   30

Des veilles, des travaux, un faible cœur s'étonne;
Apprenons toutefois que le fils de Latone,
        Dont nous suivons la cour,
Ne nous vend qu'à ce prix ces traits de vive flamme,
Et ces ailes de feu qui ravissent une âme   35
        Au céleste séjour.

These six opening stanzas of a long poem to his rescuer and host, the French Ambassador to Switzerland, have been included because they are Rousseau's most extensive statement on the nature of genius. Each stanza deals with a different aspect: 1/the diversity of genius; 2/its painful pervasiveness; 3/its inescapability for its possessor; 4/ its transforming power; 5/its fundamentally emotive nature; 6/its dependence, for release, on technical preparedness.
8 *impatient de*: a latinism, impatiently waiting for

Circé

Sur un rocher désert, l'effroi de la nature,
Dont l'aride sommet semble toucher les cieux,
Circé, pâle, interdite, et la mort dans les yeux,
        Pleurait sa funeste aventure.
        Là, ses yeux errants sur les flots   5
D'Ulysse fugitif semblaient suivre la trace.

Elle croit voir encor son volage héros;
Et, cette illusion soulageant sa disgrâce,
    Elle le rappelle en ces mots,
Qu'interrompent cent fois ses pleurs et ses sanglots: 10

Cruel auteur des troubles de mon âme,
Que la pitié retarde un peu tes pas:
Tourne un moment tes yeux sur ces climats;
Et, si ce n'est pour partager ma flamme,
Reviens du moins pour hâter mon trépas.   15

Ce triste cœur, devenu ta victime,
Chérit encor l'amour qui l'a surpris;
Amour fatal! Ta haine en est le prix:
Tant de tendresse, O dieux! est-elle un crime
Pour mériter de si cruels mépris?   20

Cruel auteur des troubles de mon âme,
Que la pitié retarde un peu tes pas:
Tourne un moment tes yeux sur ces climats;
Et, si ce n'est pour partager ma flamme,
Reviens du moins pour hâter mon trépas.   25
C'est ainsi qu'en regrets sa douleur se déclare:
Mais, bientôt de son art employant le secours,
Pour rappeler l'objet de ses tristes amours,
Elle invoque à grands cris tous les dieux du Ténare,
Les Parques, Némésis, Cerbère, Phlégéton,   30
Et l'inflexible Hécate, et l'horrible Alecton.
Sur un autel sanglant l'affreux bûcher s'allume,
La foudre dévorante aussitôt le consume;
Mille noires vapeurs obscurcissent le jour;
Les astres de la nuit interrompent leur course;   35
Les fleuves étonnés remontent vers leur source,
Et Pluton même tremble en son obscur séjour.

      Sa voix redoutable
      Trouble les enfers;
      Un bruit formidable   40
      Gronde dans les airs;
      Un voile effroyable
      Couvre l'univers;
      La terre tremblante
      Frémit de terreur;   45
      L'onde turbulente
      Mugit de fureur;

La lune sanglante
Recule d'horreur.

Dans le sein de la mort ses noirs enchantements　　　　50
Vont troubler le repos des ombres:
Les mânes effrayés quittent leurs monuments;
L'air retentit au loin de leurs longs hurlements,
Et les vents, échappés de leurs cavernes sombres,
Mêlent à leurs clameurs d'horribles sifflements.　　　　55
Inutiles efforts: amante infortuneé,
D'un dieu plus fort que toi dépend ta destinée:
Tu peux faire trembler la terre sous tes pas,
Des enfers déchaînés allumer la colère,
　　　Mais tes fureurs ne feront pas　　　　60
　　　Ce que tes attraits n'ont pu faire.

　　　Ce n'est point par effort qu'on aime,
　　　L'Amour est jaloux de ses droits;
　　　Il ne dépend que de lui-même,
　　　On ne l'obtient que par son choix.　　　　65
　　　Tout reconnaît sa loi suprême;
　　　Lui seul ne connaît point de lois.

　　　Dans les champs que l'hiver désole
　　　Flore vient rétablir sa cour;
　　　L'alcyon fuit devant Eole,　　　　70
　　　Eole le fuit à son tour:
　　　Mais sitôt que l'Amour s'envole,
　　　Il ne connaît plus de retour.

Each half of the eighteenth century saw the appearance of a new poetic genre, both musical – the *cantate* and the *romance*. It was Rousseau who, taking Italian models as his point of departure, developed the *cantate* into a fresh and original form intended to be sung by one person – the allegorical ode or *ode en musique*, which records the amorous joys and sorrows of modern times in terms of those experienced by mythological characters. Rousseau's *odes en musique* were set to music by thirteen leading composers, *Circé* by J.-B. Morin, the first composer in France to treat the new genre. In reading this and similar poems, one must remember that the music, an essential part of the work, is missing.

The scene is not in the *Odyssey* but is Rousseau's original invention. At the end, the poet turns from the sad figure of Circé to himself and his listeners, making beautifully plain the suggestive fact that whereas nature has recurrent seasons, love has not. Each hearer is left to indulge his own reflections.

29 *Ténare*: the underworld.

30 *Némésis*: the avenger; *Cerbère*: could refuse hell's entrance to the living who sought it; *Phlégéton*: the river of fire.

31 *Hécate*: amongst other duties, she regulated the prosperity of heroes; *Alecto*: pest-breather.

52 *Les mânes*: amongst these, incidentally, was Tiresias; Circe had previously advised Ulysses to consult him regarding his future.

61 *tes attraits*: the noun brings Circe's predicament full circle, as her 'attraits' had held Ulysses for only one cycle of seasons.
70 *alcyon*: the kingfisher, bringer of 'halcyon days.'
71 *Eole*: Aeolus, king of winds and storms.

Sur un Commencement d'Année

L'Astre qui partage les jours,
Et qui nous prête sa lumière,
Vient de terminer sa carrière
Et commencer un nouveau cours.

Avec une vitesse extrême   5
Nous avons vu l'an s'écouler;
Celui-ci passera de même,
Sans qu'on puisse le rappeler.

Tout finit; tout est, sans remède,
Aux lois du temps assujetti;   10
Et, par l'instant qui lui succède,
Chaque instant est anéanti.

La plus brillante des journées
Passe pour ne plus revenir;
La plus fertile des années   15
N'a commencé que pour finir.

En vain, par les murs qu'on achève
On tâche à s'immortaliser;
La vanité qui les élève
Ne saurait les éterniser.   20

La même loi, partout suivie,
Nous soumet tous au même sort:
Le premier moment de la vie
Est le premier pas vers la mort.

Pourquoi donc, en si peu d'espace,   25
De tant de soins m'embarrasser?
Pourquoi perdre le jour qui passe
Pour un autre qui doit passer?

Si tel est le destin des hommes,
Qu'un moment peut les voir finir,   30
Vivons pour l'instant où nous sommes
Et non pour l'instant à venir.

Cet homme est vraiment déplorable,
Qui, de la fortune amoureux,
Se rend lui-même misérable,   35
En travaillant pour être heureux.

Dans des illusions flatteuses
Il consume ses plus beaux ans;
A des espérances douteuses
Il immole des biens présents.   40

Insensés! votre âme se livre
A de tumultueux projets;
Vous mourrez sans avoir jamais
Pu trouver le moment de vivre.

De l'erreur qui vous a séduits   45
Je ne prétends pas me repaître;
Ma vie est l'instant où je suis,
Et non l'instant où je dois être.

Je songe aux jours que j'ai passés,
Sans les regretter, ni m'en plaindre: 50
Je vois ceux qui me sont laissés,
Sans les désirer, ni les craindre.

Ne laissons point évanouir
Des biens mis en notre puissance,
Et que l'attente d'en jouir   55
N'étouffe point leur jouissance.

Le moment passé n'est plus rien,
L'avenir peut ne jamais être:
Le présent est l'unique bien
Dont l'homme soit vraiment le maître.   60

The first three stanzas sing time's mysteries in terms of solar time (1), clock time (2), absolute time (3). The second three do so in terms of past and present time: what we have and lose, things and events (4); what we make and lose, works of art (5); what we are and lose, life itself (6). Stanzas 7 and 8 introduce future time, whose mystery is then examined in terms of the desire for what we have not: insatiable ambitions (9), unrealizable dreams (10), stultifying plans (11), which the poet deplores. For him, past time is an accepted memory, future time an unhoped-for possibility; present time is his unit of personal time (*Ma vie est l'instant où je suis*) in the greater unit of collective, or relative, time.

Rousseau's cumulative treatment of one of poetry's basic ornaments – time – is comparable to his contemporary Bach's development of basic musical ornaments. For instance, musicians acquainted with Book 1 of the *Well-Tempered Clavichord* are familiar with the way in which Bach develops the four-note turn into a fugue (xv), the three-note slide into a prelude (xvi), and the two-note appoggiatura into a fugue (xvi).

A Philomèle

Pourquoi, plaintive Philomèle,
Songer encore à vos malheurs,
Quand, pour apaiser vos douleurs,
Tout cherche à vous marquer son zèle?

L'univers, à votre retour,   5
Semble renaître pour vous plaire;
Les Dryades à votre amour
Prêtent leur ombre solitaire.

Loin de vous l'aquilon fougueux
Souffle sa piquante froidure;   10
La terre reprend sa verdure;
Le ciel brille des plus beaux feux.

Pour vous l'amante de Céphale
Enrichit Flore de ses pleurs;
Le zéphyr cueille sur les fleurs   15
Les parfums que la terre exhale.

Pour entendre vos doux accents
Les oiseaux cessent leur ramage;
Et le chasseur le plus sauvage
Respecte vos jours innocents.   20

Cependant votre âme, attendrie
Par un douloureux souvenir,
Des malheurs d'une sœur chérie
Semble toujours s'entretenir.

Hélàs! que mes tristes pensées   25
M'offrent des maux bien plus cuisants!
Vous pleurez des peines passées,
Je pleure des ennuis présents;

Et quand la nature attentive
Cherche à calmer vos déplaisirs,   30
Il faut même que je me prive
De la douceur de mes soupirs.

The originality of this poem lies in the way it evokes the perennial consolation of a legendary sorrowful singer, in order to make more poignant the denial of expression to one who has lost a real 'âme sœur.' There is additional poetic irony in the fact that even enforced silence can result in poetry.

Epigramme/1

Ce monde-ci n'est qu'une œuvre comique
Où chacun fait ses rôles différents.
Là, sur la scène, en habit dramatique,
Brillent prélats, ministres, conquérants.
Pour nous, vil peuple, assis aux derniers rangs,   5
Troupe futile et des grands rebutée,
Par nous d'en bas la pièce est écoutée.
Mais nous payons, utiles spectateurs,
Et, quand la farce est mal représentée,
Pour notre argent nous sifflons les acteurs.   10

Many poets liken the world to a stage; Rousseau is probably unique in also attracting attention to the audience, a bipartite one. He is concerned not with the front rows which are complimentary, but with the major portion of the audience to which he belongs, i.e., those in the cheaper seats. The occupants of the latter can neither choose, nor avoid seeing, the play; yet their money pays for it. Their sole satisfaction (an impossible one for the actors) lies in expressing their feelings (as in this epigramme).

Epigramme/2

Est-on héros pour avoir mis aux chaînes
Un peuple ou deux? Tibère eut cet honneur.
Est-on héros en signalant ses haines
Par la vengeance? Octave eut ce bonheur.
Est-on héros en régnant par la peur?   5
Séjan fit tout trembler, jusqu'à son maître.
Mais de son ire éteindre le salpêtre,
Savoir se vaincre et réprimer les flots
De son orgueil, c'est ce que j'appelle être
Grand par soi-même, et voilà mon héros.   10

10 *mon héros*: the allusion is probably to Rousseau's benefactor, the Prince Eugène. The latter, according to the poet, had none of the faults attributed to two Roman emperors, Tiberius and Octavian (Augustus), and to Sejanus, who plotted to over-throw Tiberius ('son maître') but was later executed.

Rondeau

En manteau court, en perruque tapée,
Poudré, paré, beau, comme Deyopée,
Enluminé d'un jaune vermillon,
Monsieur l'abbé, vif comme un papillon,
Jappe des vers qu'il prit à la pipée.   5

Phébus voyant sa mine constipée

Dit: Quelle est donc cette muse éclopée
Qui vient chez nous racler du violon
  En manteau court?

C'est, dit Thalie, à son rouge trompée,   10
Apparemment quelque jeune napée
Qui court en masque au bas de ce vallon.
Vous vous moquez, lui répond Apollon,
C'est tout au plus une vieille poupée
  En manteau court.   15

During the eighteenth century it was a common saying in Paris that if one knocked at every house on both sides of a residential street and asked for the abbé, he would always be forthcoming in black or purple habit, with white collar and tabs. Five categories can be distinguished: 1/Those possessing abbeys, priories, or other benefits. These were older, wealthy, and eminent persons, such as abbé Bignon, who was also abbé de Saint-Quentin, dean of Saint-Germain-l'Auxerrois, councillor of state, member of the Académie Française, and owner of one of the largest private libraries in France. 2/Abbés employed by people of quality or well-to-do bourgeois as secretaries or tutors. These were generally younger men, second sons who, as long as they remained untonsured, could give up their ecclesiastical 'calling' at will and often did so on the death of an elder brother, in order to receive his inheritance and replace him at court or in the army. If tonsured, they enjoyed a living, but stayed on in rich homes as librarians or editors, e.g., abbé Fraguier, who edited the *Journal des savants*. 3/Abbés holding livings without having taken orders or made vows. Such usually wore the purple habit and followed various careers, e.g., Germain Brice (author of *Description de Paris*, Paris, nine editions, 1685–1752) who acted as personal guide in the capital to strangers of note. 4/Abbés who made a scanty livelihood by assisting at church functions, burials, processions, and other ceremonies. 5/Those having no connection whatsoever with the church but who wore habit and collar through vanity or for effect.

Abbés of the first category were the most sought-after because of their influence. Abbé Bignon's house could scarcely contain the people who sometimes waited several hours before he could see them. Abbés of the second category were welcome in society and were constantly met at both theatre and opera. Many of these outdid fops in finery and affectation. The phrase 'en manteau court' conjures up their entire costume: 'manteau court: petit manteau de soie noire qui ne dépassait pas le genou et que les ecclésiastiques mettaient avec l'habit court [frock coat, knee breeches] lorsqu'ils allaient dans le monde.' All eighteenth-century abbés wore the short knee-length cloak, thus consciously or unconsciously displaying such legs as they had. The obligatory refrain of a deliberately chosen artificial form, the rondeau, is here so focussed as to suggest a pair of legs that might better have been left unexposed.

1 *perruque*: a typical piece of abbé's finery; no ecclesiastic was supposed to wear one. See J.-B. Thiers, *Histoire des perruques, où l'on fait voir, avec leur origine, leur usage, leur forme, l'abus et l'irrégularité de celles des ecclésiastiques*, Paris, 1690; *tapée*: artificially curled or waved.

2 *Déyopée*: the most beautiful of Juno's nymphs. This ironical comparison exactly fits the case of Rousseau's contemporary, the abbé de Choisy (1644–1724), abbot of Saint-Seine-en Bourgogne at 18, afterwards prior of Saint-Benoît de Sault, dean of Bayeux Cathedral, and a member of the Académie Française, who often went out in public dressed as a woman (See *Mémoires de l'abbé de Choisy habillé en femme*, 1735, éd. Georges Mongrédien, Mercure de France, 1966).

3 *enluminé*: highly coloured. Cf. 'c'est pour eux [men] qu'elles[women] se fardent ou qu'elles s'enluminent ...' (La Bruyère, III, 6); *vermillon*: 'une poudre fine, d'un rouge

vif tirant sur le jaune.' The preceding adjective shows that the make-up had less red in it than yellow, and amounted to a bright orange.

4 *papillon*: one is reminded of 'Papillon du Parnasse ... Je suis chose légère, et vole à tout sujet ...' (La Fontaine, *Discours à Mme de la Sablière*)

5 *jappe*: japper is used of pampered lap-dogs. *la pipée*: 'genre de chasse dans laquelle on prend les oiseaux au piège après les avoir attirés en imitant le cri d'autres oiseaux.' This abbé depends on other people's poetry for inspiration. The abbé de Choisy's verse has been reprinted in Jean Mélia, *Inédits et belles pages de l'abbé de Choisy, de l'Académie Française*, Paris, 1922.

6 *mine constipée*: 'air contraint, anxieux, embarrassé.'

8 *racler du violon*: en jouer mal. Every society abbé was expected to be able to play the violin. In his *Mémoires*, the abbé de Choisy represents himself as an accomplished harpsichordist (334–5).

10 *Thalie*: muse of comedy, always shown with a mask. As a young man the abbé de Choisy had played feminine roles for several months on the stage at Bordeaux.

11 *Napée*: a nymph of the woods and meadows.

12 *qui court en masque*: a counterfeit poet(ess), interloper in Apollo's *vallon*.

14 *poupée*: 'se dit d'une femme parée, coquette, mais surtout d'une femme enfantine et futile.' The abbé de Choisy continued to appear in feminine attire from time to time until his death at 80.

Gresset

Jean-Baptiste-Louis Gresset was born at Amiens in 1709. At school he proved so brilliant a pupil that the Jesuits of his home town sent him to their Collège Louis-le-Grand in Paris. He subsequently taught literature at three other Jesuit colleges. At the age of 24 his *Ver-Vert*, a poem in four cantos and 10-syllable lines, made him famous.

In 1735, since he was not bound by vows, he left off teaching, then wrote for the stage with varied success, his best-known play being *Le Méchant*. In 1748, Gresset was elected to the Académie Française, and two years later was instrumental in founding an Academy at Amiens. He married in 1751; both he and his wife were acclaimed as wits and *conteurs*. Few of their occasional pieces have survived: Gresset was against having them published. His last twenty years or so were occupied in carrying out duties at the Academy, and in works of charity (he had, for religious reasons, given up the theatre, and even – in 1759 – printed a disavowal of his poetic 'bagatelles'). In 1775, he was granted letters-patent of nobility by Louis XVI. For his altruism and benevolence, he was held in such esteem in his native city that when he died, in 1777, Amiens declared public mourning.

As poet, Gresset follows a consistent mode of conduct. Valuing freedom of action, he attaches little importance to literary glory, since famous writers are prisoners of the fame that surrounds them. Similarly, he avoids treading too many paths of literature: inherently modest, he is content with the *genres* most suited to his individual gifts. Moreover, he has an uncanny ability to find thematic material in those humble occupations and circumstances which non-individualist poets tend to disregard.

Like a number of contemporaries, he was the victim of Voltaire's rancour and denigration. Gresset, who believed that 'on n'est jamais bien que soi-même,' paid the price of being an independent: disdain and neglect. He was treated harshly by official critics such as Sainte-Beuve and is not even mentioned by Faguet. Yet his poetry, by reason of its verve and unaffected simplicity, has lost none of its original charm.

TEXT *Œuvres de Gresset*, Paris, chez Ant. Aug. Renouard, 1811, 2 vol., 8⁰

Ver-Vert

A Madame l'Abbesse D ...

Chant 1

Vous, près de qui les grâces solitaires
Brillent sans fard et règnent sans fierté;
Vous, dont l'esprit, né pour la vérité,
Sait allier à des vertus austères
Le goût, les ris, l'aimable liberté;   5
Puisqu'à vos yeux vous voulez que je trace
D'un noble oiseau la touchante disgrâce,
Soyez ma muse, échauffez mes accents,
Et prêtez-moi ces sons intéressants,
Ces tendres sons que forma votre lyre   10
Lorsque Sultane, au printemps de ses jours,
Fut enlevée à vos tristes amours,
Et descendit au ténébreux empire.
De mon héros les illustres malheurs
Peuvent aussi se promettre vos pleurs.   15
Sur sa vertu par le sort traversée,
Sur son voyage et ses longues erreurs,
On aurait pu faire une autre Odyssée,
Et par vingt chants endormir les lectures:
On aurait pu des fables surannées   20
Ressusciter les diables et les dieux;
Des faits d'un mois occuper des années,
Et, sur des tons d'un sublime ennuyeux,
Psalmodier la cause infortunée
D'un perroquet non moins brillant qu'Enée,   25
Non moins dévot, plus malheureux que lui.
Mais trop de vers entraînent trop d'ennui.
Les muses sont des abeilles volages;
Leur goût voltige, il fuit les longs ouvrages,
Et, ne prenant que la fleur d'un sujet,   30
Vole bientôt sur un nouvel objet.
Dans vos leçons j'ai puisé ces maximes:
Puissent vos lois se lire dans mes rimes!
Si, trop sincère, en traçant ces portraits
J'ai dévoilé les mystères secrets,   35
L'art des parloirs, la science des grilles,
Les graves riens, les mystiques vétilles,
Votre enjouement me passera ces traits;

Votre raison, exempte de faiblesses,
Sait vous sauver ces fades petitesses ;   40
Sur votre esprit, soumis au seul devoir,
L'illusion n'eut jamais de pouvoir :
Vous savez trop qu'un front que l'art déguise
Plaît moins au ciel qu'une aimable franchise,
Si la vertu se montrait aux mortels,   45
Ce ne serait ni par l'art des grimaces,
Ni sous des traits farouches et cruels,
Mais sous votre air ou sous celui des Grâces,
Qu'elle viendrait mériter nos autels.
    Dans maint auteur de science profonde   50
J'ai lu qu'on perd à trop courir le monde ;
Très rarement en devient-on meilleur :
Un sort errant ne conduit qu'à l'erreur.
Il nous vaut mieux vivre au sein de nos Lares,
Et conserver, paisibles casaniers,   55
Notre vertu dans nos propres foyers,
Que parcourir bords lointains et barbares ;
Sans quoi le cœur, victime des dangers,
Revient chargé de vices étrangers.
L'affreux destin du héros que je chante   60
En éternise une preuve touchante ;
Tous les échos des parloirs de Nevers,
Si l'on en doute, attesteront mes vers.

A Nevers donc, chez les Visitandines,
Vivait naguère un perroquet fameux,   65
A qui son art et son cœur généreux,
Ses vertus même, et ses grâces badines,
Auraient dû faire un sort moins rigoureux,
Si les bons cœurs étaient toujours heureux.
Ver-Vert (c'était le nom du personnage),   70
Transplanté là de l'indien rivage,
Fut, jeune encor, ne sachant rien de rien,
Au susdit cloître enfermé pour son bien.
Il était beau, brillant, leste et volage,
Aimable et franc, comme on l'est au bel âge,   75
Né tendre et vif, mais encore innocent ;
Bref, digne oiseau d'une si sainte cage,
Par son caquet digne d'être en couvent.
    Pas n'est besoin, je pense, de décrire
Les soins des sœurs, des nonnes, c'est tout dire ;   80

Et chaque mère, après son directeur,
N'aimait rien tant: même dans plus d'un cœur,
Ainsi l'écrit un chroniqueur sincère,
Souvent l'oiseau l'emporta sur le père.
Il partageait, dans ce paisible lieu,   85
Tous les sirops dont le cher père en Dieu,
Grâce aux bienfaits des nonnettes sucrées,
Réconfortait ses entrailles sacrées.
Objet permis à leur oisif amour,
Ver-Vert était l'âme de ce séjour: 90
Exceptez-en quelques vieilles dolentes,
Des jeunes cœurs jalouses surveillantes,
Il était cher à toute la maison.
N'étant encor dans l'âge de raison,
Libre, il pouvait et tout dire et tout faire;   95
Il était sûr de charmer et de plaire.
Des bonnes sœurs égayant les travaux,
Il béquetait et guimpes et bandeaux.
Il n'etait point d'agréables parties
S'il n'y venait briller, caracoler,   100
Papillonner, siffler, rossignoler:
Il badinait, mais avec modestie,
Avec cet air timide et tout prudent
Qu'une novice a, même en badinant.
Par plusieurs voix interrogé sans cesse,   105
Il répondait à tout avec justesse:
Tel autrefois César en même temps
Dictait à quatre en styles différents.
    Admis partout, si l'on en croit l'histoire,
L'amant chéri mangeait au réfectoire: 110
Là tout s'offrait à ses friands désirs;
Outre qu'encor pour ses menus plaisirs,
Pour occuper son ventre infatigable,
Pendant le temps qu'il passait hors de table,
Mille bonbons, mille exquises douceurs,   115
Chargeaient toujours les poches de nos sœurs.
Les petits soins, les attentions fines,
Sont nés, dit-on, chez les Visitandines;
L'heureux Ver-Vert l'éprouvait chaque jour:
Plus mitonné qu'un perroquet de cour,   120
Tout s'occupait du beau pensionnaire;
Ses jours coulaient dans un noble loisir.
    Au grand dortoir il couchait d'ordinaire,

Là de cellule il avait à choisir;   125
Heureuse encor, trop heureuse la mère
Dont il daignait, au retour de la nuit,
Par sa présence honorer le réduit!
Très rarement les antiques discrètes
Logeaient l'oiseau; des novices proprettes
L'alcôve simple était plus de son goût: 130
Car remarquez qu'il était propre en tout.
Quand chaque soir le jeune anachorète
Avait fixé sa nocturne retraite,
Jusqu'au lever de l'astre de Vénus
Il reposait sur la boîte aux agnus.   135
A son réveil, de la fraîche nonnette,
Libre témoin, il voyait la toilette.
Je dis toilette, et je le dis tout bas:
Oui, quelque part j'ai lu qu'il ne faut pas
Aux fronts voilés des miroirs moins fidèles   140
Qu'aux fronts ornés de pompons et dentelles.
Ainsi qu'il est pour le monde et les cours
Un art, un goût de modes et d'atours,
Il est aussi des modes pour le voile;
Il est un art de donner d'heureux tours   145
A l'étamine, à la plus simple toile;
Souvent l'essaim des folâtres amours,
Essaim qui sait franchir grilles et tours,
Donne aux bandeaux une grâce piquante,
Un air galant à la guimpe flottante;   150
Enfin, avant de paraître au parloir,
On doit au moins deux coups-d'œil au miroir:
Ceci soit dit entre nous en silence.
Sans autre écart revenons au héros.
    Dans ce séjour de l'oisive indolence   155
Ver-Vert vivait sans ennui, sans travaux;
Dans tous les cœurs il régnait sans partage.
Pour lui sœur Thècle oubliait les moineaux:
Quatre serins en étaient morts de rage;
Et deux matous, autrefois en faveur,   160
Dépérissaient d'envie et de langueur.
    Qui l'aurait dit, en ces jours pleins de charmes,
Qu'en pure perte on cultivait ses mœurs;
Qu'un temps viendrait, temps de crime et d'alarmes,
Où ce Ver-Vert, tendre idole des cœurs,   165
Ne serait plus qu'un triste objet d'horreurs!

Arrête, muse, et retarde les larmes
Que doit coûter l'aspect de ses malheurs,
Fruit trop amer des égards de nos sœurs.

Chant 2

On juge bien qu'étant à telle école
Point ne manquait du don de la parole
L'oiseau disert; hormis dans les repas,
Tel qu'une nonne, il ne déparlait pas :
Bien est-il vrai qu'il parlait comme un livre,   5
Toujours d'un ton confit en savoir-vivre.
Il n'était point de ces fiers perroquets
Que l'air du siècle a rendus trop coquets,
Et qui, sifflés par des bouches mondaines,
N'ignorent rien des vanités humaines.   10
Ver-Vert était un perroquet dévot,
Une belle âme innocemment guidée;
Jamais du mal il n'avait eu l'idée,
Ne disait onc un immodeste mot :
Mais en revanche il savait des cantiques,   15
Des *oremus*, des colloques mystiques;
Il disait bien son *benedicite*,
Et *notre mère*, et *votre charité*;
Il savait même un peu de soliloque,
Et des traits fins de Marie Alacoque: 20
Il avait eu dans ce docte manoir
Tous les secours qui mènent au savoir.
Il était là maintes filles savantes
Qui mot pour mot portaient dans leurs cerveaux
Tous les noëls anciens et nouveaux.   25
Instruit, formé par leurs leçons fréquentes,
Bientôt l'élève égala ses régentes;
De leur ton même adroit imitateur,
Il exprimait la pieuse lenteur,
Les saints soupirs, les notes languissantes,   30
Du chant des sœurs, colombes gémissantes:
Finalement Ver-Vert savait par cœur
Tout ce que sait une mère de chœur.
    Trop resserré dans les bornes d'un cloître,
Un tel mérite au loin se fit connaître;   35
Dans tout Nevers, du matin jusqu'au soir,
Il n'était bruit que des scènes mignonnes

Du perroquet des bienheureuses nonnes;
De Moulins même on venait pour le voir.
Le beau Ver-Vert ne bougeait du parloir.
Sœur Mélanie, en guimpe toujours fine,   40
Portait l'oiseau: d'abord aux spectateurs
Elle en faisait admirer les couleurs,
Les agréments, la douceur enfantine;
Son air heureux ne manquait point les cœurs;
Mais la beauté du tendre néophyte   45
N'était encor que le moindre mérite;
On oubliait ces attraits enchanteurs
Dès que sa voix frappait les auditeurs.
Orné, rempli de saintes gentillesses
Que lui dictaient les plus jeunes professes,   50
L'illustre oiseau commençait son récit;
A chaque instant de nouvelles finesses,
Des charmes neufs variaient son débit.
Eloge unique et difficile à croire
Pour tout parleur qui dit publiquement,   55
Nul ne dormait dans tout son auditoire:
Quel orateur en pourrait dire autant?
On l'écoutait, on vantait sa mémoire:
Lui cependant, stylé parfaitement,
Bien convaincu du néant de la gloire,   60
Se rengorgeait toujours dévotement,
Et triomphait toujours modestement.
Quand il avait débité sa science,
Serrant le bec, et parlant en cadence,
Il s'inclinait d'un air sanctifié,   65
Et laissait là son monde édifié.
Il n'avait dit que des phrases gentilles,
Que des douceurs, excepté quelques mots
De médisance, et tels propos de filles
Que par hasard il apprenait aux grilles,   70
Ou que nos sœurs traitaient dans leur enclos.
    Ainsi vivait dans ce nid délectable,
En maître, en saint, en sage véritable,
Père Ver-Vert, cher à plus d'une Hébé,
Gras comme un moine, et non moins vénérable,   75
Beau comme un cœur, savant comme un abbé,
Toujours aimé, comme toujours aimable,
Civilisé, musqué, pincé, rangé;
Heureux enfin s'il n'eût pas voyagé.

Mais vint ce temps d'affligeante mémoire,   80
Ce temps critique où s'éclipse sa gloire.
O crime! O honte! O cruel souvenir!
Fatal voyage! aux yeux de l'avenir
Que ne peut-on en dérober l'histoire!
Ah! qu'un grand nom est un bien dangereux!   85
Un sort caché fut toujours plus heureux.
Sur cet exemple on peut ici m'en croire;
Trop de talents, trop de succès flatteurs,
Traînent souvent la ruine des mœurs.
    Ton nom, Ver-Vert, tes prouesses brillantes,   90
Ne furent point bornés à ces climats;
La renommée annonça tes appas,
Et vint porter ta gloire jusqu'à Nantes.
Là, comme on sait, la Visitation
A son bercail de révérendes mères,   95
Qui, comme ailleurs, dans cette nation
A tout savoir ne sont pas les dernières;
Par quoi bientôt, apprenant des premières
Ce qu'on disait du perroquet vanté,
Désir leur vint d'en voir la vérité.   100
Désir de fille est un feu qui dévore,
Désir de nonne est cent fois pire encore.
Déjà les cœurs s'envolent à Nevers;
Voilà d'abord vingt têtes à l'envers
Pour un oiseau. L'on écrit tout à l'heure   105
En Nivernais à la supérieure,
Pour la prier que l'oiseau plein d'attraits
Soit pour un temps amené par la Loire;
Et que, conduit au rivage nantais,
Lui-même il puisse y jouir de sa gloire,   110
Et se prêter à de tendres souhaits.
    La lettre part. Quand viendra la réponse?
Dans douze jours. Quel siècle jusque-là!
Lettre sur lettre, et nouvelle semonce:
On ne dort plus; sœur Cécile en mourra.   115
    Or à Nevers arrive enfin l'épître.
Grave sujet; on tient le grand chapitre:
Telle requête effarouche d'abord.
Perdre Ver-Vert! O ciel! plutôt la mort!
Dans ces tombeaux, sous ces tours isolées,   120
Que ferons-nous si ce cher oiseau sort?
Ainsi parlaient les plus jeunes voilées,

Dont le cœur vif, et las de son loisir,
S'ouvrait encore à l'innocent plaisir :
Et, dans le vrai, c'était la moindre chose   125
Que cette troupe, étroitement enclose,
A qui d'ailleurs tout autre oiseau manquait,
Eût pour le moins un pauvre perroquet.
L'avis pourtant des mères assistantes,
De ce sénat antiques présidentes,   130
Dont le vieux cœur aimait moins vivement,
Fut d'envoyer le pupille charmant
Pour quinze jours ; car, en têtes prudentes,
Elles craignaient qu'un refus obstiné
Ne les brouillât avec nos sœurs de Nantes.   135
Ainsi jugea l'état embéguiné.
   Après ce bill des myladys de l'ordre
Dans la commune arrive grand désordre :
Quel sacrifice ! y peut-on consentir ?
Est-il donc vrai ? dit la sœur Séraphine.   140
Quoi ! nous vivrons, et Ver-Vert va partir !
D'une autre part la mère sacristine
Trois fois pâlit, soupire quatre fois,
Pleure, frémit, se pâme, perd la voix.
Tout est en deuil. Je ne sais quel présage   145
D'un noir crayon leur trace ce voyage ;
Pendant la nuit des songes pleins d'horreur
Du jour encor redoublent la terreur.
Trop vains regrets ! l'instant funeste arrive :
Jà tout est prêt sur la fatale rive ;   150
Il faut enfin se résoudre aux adieux,
Et commencer une absence cruelle :
Jà chaque sœur gémit en tourterelle,
Et plaint d'avance un veuvage ennuyeux.
Que de baisers au sortir de ces lieux   155
Reçut Ver-Vert ! Quelles tendres alarmes !
On se l'arrache, on le baigne de larmes ;
Plus il est prêt de quitter ce séjour,
Plus on lui trouve et d'esprit et de charmes.
Enfin pourtant il a passé le tour :   160
Du monastère avec lui fuit l'Amour.
Pars, va, mon fils, vole où l'honneur t'appelle ;
Reviens charmant, reviens toujours fidèle ;
Que les zéphyrs te portent sur les flots,
Tandis qu'ici dans un triste repos   165

Je languirai, forcément exilée,
Sombre, inconnue, et jamais consolée:
Pars, cher Ver-Vert, et dans ton heureux cours
Sois pris partout pour l'aîné des Amours.
Tel fut l'adieu d'une nonnain poupine,   170
Qui, pour distraire et charmer sa langueur,
Entre deux draps avait à la sourdine
Très souvent fait l'oraison dans Racine,
Et qui, sans doute, aurait de très grand cœur
Loin du couvent suivi l'oiseau parleur.   175
    Mais c'en est fait, on embarque le drôle,
Jusqu'à présent vertueux, ingénu,
Jusqu'à present modeste en sa parole:
Puisse son cœur, constamment défendu,
Au cloître un jour rapporter sa vertu!   180
Quoi qu'il en soit, déjà la rame vole;
Du bruit des eaux les airs ont retenti;
Un bon vent souffle, on part, on est parti.

Chant 3

La même nef, légère et vagabonde,
Qui voiturait le saint oiseau sur l'onde,
Portait aussi deux nymphes, trois dragons
Une nourrice, un moine, deux Gascons:
Pour un enfant qui sort du monastère   5
C'était échoir en dignes compagnons!
Aussi Ver-Vert, ignorant leurs façons,
Se trouva là comme en terre étrangère:
Nouvelle langue et nouvelles leçons.
L'oiseau surpris n'entendait point leur style: 10
Ce n'était plus paroles d'évangile;
Ce n'était plus ces pieux entretiens,
Ces traits de bible et d'oraisons mentales,
Qu'il entendait chez nos douces vestales;
Mais de gros mots, en non des plus chrétiens: 15
Car les dragons, race assez peu dévote,
Ne parlaient là que langue de gargotte;
Charmant au mieux les ennuis du chemin,
Ils ne fêtaient que le patron du vin:
Puis les Gascons et les trois péronnelles   20
Y concertaient sur des tons de ruelles:
De leur côté, les bateliers juraient,
Rimaient en dieu, blasphémaient, et sacraient;

Leur voix, stylée aux tons mâles et fermes,
Articulait sans rien perdre des termes.   25
Dans le fracas, confus, embarrassé,
Ver-Vert gardait un silence forcé;
Triste, timide, il n'osait se produire,
Et ne savait que penser et que dire.
   Pendant la route on voulut par faveur   30
Faire causer le perroquet rêveur.
Frère Lubin d'un ton peu monastique
Interrogea le beau mélancolique:
L'oiseau bénin prend son air de douceur,
Et, vous poussant un soupir méthodique,   35
D'un ton pédant répond, *Ave, ma sœur.*
A cet *Ave* jugez si l'on dut rire;
Tous en chorus bernent le pauvre sire.
Ainsi berné le novice interdit
Comprit en soi qu'il n'avait pas bien dit,   40
Et qu'il serait mal mené des commères
S'il ne parlait la langue des confrères:
Son cœur, né fier, et qui jusqu'à ce temps
Avait été nourri d'un doux encens,
Ne put garder sa modeste constance   45
Dans cet assaut de mépris flétrissants.
A cet instant, en perdant patience,
Ver-Vert perdit sa première innocence.
Dès-lors ingrat, en soi-même il maudit
Les chères sœurs, ses premières maîtresses,   50
Qui n'avaient pas su mettre en son esprit
Du beau français les brillantes finesses,
Les sons nerveux et les délicatesses.
A les apprendre il met donc tous ses soins,
Parlant très peu, mais n'en pensant pas moins.   55
D'abord l'oiseau, comme il n'était pas bête,
Pour faire place à de nouveaux discours,
Vit qu'il devait oublier pour toujours
Tous les gaudés qui farcissaient sa tête:
Ils furent tous oubliés en deux jours;   60
Tant il trouva la langue à la dragonne
Plus du bel air que les termes de nonne!
En moins de rien l'éloquent animal,
(Hélas! jeunesse apprend trop bien le mal!)
L'animal, dis-je, éloquent et docile,   65
En moins de rien fut rudement habile:

Bien vite il sut jurer et maugréer
Mieux qu'un vieux diable au fond d'un bénitier;
Il démentit les célèbres maximes
Où nous lisons qu'on ne vient aux grands crimes   70
Que par degrés; il fut un scélérat
Profès d'abord, et sans noviciat.
Trop bien sut-il graver en sa mémoire
Tout l'alphabet des bateliers de Loire;
Dès qu'un d'iceux, dans quelque vertigo,   75
Lâchait un mor ... Ver-Vert faisant l'écho:
Lors applaudi par la bande susdite,
Fier et content de son petit mérite,
Il n'aima plus que le honteux honneur
De savoir plaire au monde suborneur;   80
Et, dégradant son généreux organe,
Il ne fut plus qu'un orateur profane.
Faut-il qu'ainsi l'exemple séducteur
Du ciel au diable emporte un jeune cœur!
    Pendant ces jours, durant ces tristes scènes,   85
Que faisiez-vous dans vos cloîtres déserts,
Chastes Iris du couvent de Nevers?
Sans doute, hélas! vous faisiez des neuvaines
Pour le retour du plus grand des ingrats,
Pour un volage indigne de vos peines,   90
Et qui, soumis à de nouvelles chaînes,
De vos amours ne faisait plus de cas.
Sans doute alors l'accès du monastère
Etait d'ennuis tristement obsédé;
La grille était dans un deuil solitaire,   95
Et le silence était presque gardé.
Cessez vos vœux: Ver-Vert n'en est plus digne;
Ver-Vert n'est plus cet oiseau révérend,
Ce perroquet d'une humeur si bénigne,
Ce cœur si pur, cet esprit si fervent: 100
Vous le dirai-je? il n'est plus qu'un brigand,
Lâche apostat, blasphémateur insigne;
Les vents légers et les nymphes des eaux
Ont moissonné le fruit de vos travaux.
Ne vantez point sa science infinie;   105
Sans la vertu que vaut un grand génie?
N'y pensez plus: l'infâme a sans pudeur
Prostitué ses talents et son cœur.
    Déjà pourtant on approche de Nantes,

Où languissaient nos sœurs impatientes; 110
Pour leurs désirs le jour trop tard naissait,
Des cieux trop tard le jour disparaissait.
Dans ces ennuis, l'espérance flatteuse,
A nous tromper toujours ingénieuse,
Leur promettait un esprit cultivé, 115
Un perroquet noblement élevé,
Une voix tendre, honnête, édifiante,
Des sentiments, un mérite achevé:
Mais, O douleur! O vaine et fausse attente!
   La nef arrive, et l'équipage en sort. 120
Une tourière était assise au port:
Dès le départ de la première lettre
Là chaque jour elle venait se mettre;
Ses yeux, errant sur le lointain des flots,
Semblaient hâter le vaisseau du héros. 125
En débarquant auprès de la béguine,
L'oiseau madré la connut à la mine,
A son œil prude ouvert en tapinois,
A sa grand' coiffe, à sa fine étamine,
A ses gants blancs, à sa mourante voix, 130
Et mieux encore à sa petite croix.
Il en frémit, et même il est croyable
Qu'en militaire il la donnait au diable;
Trop mieux aimant suivre quelque dragon
Dont il savait le bachique jargon, 135
Qu'aller apprendre encore les litanies,
La révérence, et les cérémonies.
Mais force fut au grivois dépité
D'être conduit au gîte détesté.
Malgré ses cris, la tourière l'emporte: 140
Il la mordait, dit-on , de bonne sorte,
Chemin faisant; les uns disent au cou,
D'autres au bras; on ne sait pas bien où:
D'ailleurs, qu'importe? à la fin, non sans peine,
Dans le couvent la béate l'emmène; 145
Elle l'annonce. Avec grande rumeur
Le bruit en court. Aux première nouvelles
La cloche sonne: on était lors au chœur;
On quitte tout, on court, on a des ailes:
'C'est lui, ma sœur! il est au grand parloir!' 150
On vole en foule, on grille de le voir;
Les vieilles même, au marcher symétrique,

Des ans tardifs ont oublié le poids:
Tout rajeunit; et la mère Angélique
Courut alors pour la première fois.   155

Chant 4

On voit enfin, on ne peut se repaître
Assez les yeux des beautés de l'oiseau:
C'était raison, car le fripon, pour être
Moins bon garçon, n'en était pas moins beau;
Cet œil guerrier et cet air petit-maître   5
Lui prêtaient même un agrément nouveau.
Faut-il, grand dieu! que sur le front d'un traître
Brillent ainsi les plus tendres attraits!
Que ne peut-on distinguer et connaître
Les cœurs pervers à de difformes traits!   10
Pour admirer les charmes qu'il rassemble
Toutes les sœurs parlent toutes ensemble:
En entendant cet essaim bourdonner
On eût à peine entendu Dieu tonner.
Lui cependant, parmi tout ce vacarme,   15
Sans daigner dire un mot de piété,
Roulait les yeux d'un air de jeune carme.
Premier grief: cet air trop effronté
Fut un scandale à la communauté.
En second lieu, quand la mère prieure   20
D'un air auguste, en fille intérieure,
Voulut parler à l'oiseau libertin,
Pour premiers mots, et pour toute réponse,
Nonchalamment, et d'un air de dédain,
Sans bien songer aux horreurs qu'il prononce,   25
Mon gars répond avec un ton faquin:
'Par la corbleu! que les nonnes sont folles!'
L'histoire dit qu'il avait en chemin
D'un de la troupe entendu ces paroles.
A ce début la sœur Saint-Augustin,   30
D'un air sucré, voulant le faire taire,
En lui disant: Fi donc, mon très cher frère!
Le très cher frère, indocile et mutin,
Vous la rima très richement en tain.
Vive Jésus! il est sorcier, ma mère!   35
Reprend la sœur. Juste Dieu! quel coquin!
Quoi! c'est donc là ce perroquet divin?
Ici Ver-Vert, en vrai gibier de Grève,

L'apostropha d'un 'La peste te crève!'
Chacune vint pour brider le caquet   40
Du grenadier; chacune eut son paquet:
Turlupinant les jeunes précieuses,
Il imitait leur courroux babillard;
Plus déchaîné sur les vieilles grondeuses,
Il bafouait leur sermon nasillard.   45
   Ce fut bien pis quand, d'un ton de corsaire,
Las, excédé de leurs fades propos,
Bouffi de rage, écumant de colère,
Il entonna tous les horribles mots
Qu'il avait su rapporter des bateaux,   50
Jurant, sacrant d'une voix dissolue,
Faisant passer tout l'enfer en revue;
Les B, les F, voltigeaient sur son bec.
Les jeunes sœurs crurent qu'il parlait grec.
'Jour de Dieu! ... mor! ... mille pipes de diables!'   55
Toute la grille, à ces mots effroyables,
Tremble d'horreur; les nonnettes sans voix
Font, en fuyant, mille signes de croix:
Toutes, pensant être à la fin du monde,
Courent en poste aux caves du couvent;   60
Et sur son nez la mère Cunégonde
Se laissant choir, perd sa dernière dent.
Ouvrant à peine un sépulcral organe:
Père éternel! dit la sœur Bibiane,
Miséricorde! ah! qui nous a donné   65
Cet antéchrist, ce démon incarné?
Mon doux sauveur! en quelle conscience
Peut-il ainsi jurer comme un damné?
Est-ce donc là l'esprit et la science
De ce Ver-Vert si chéri, si prôné?   70
Qu'il soit banni! qu'il soit remis en route!
O dieu d'amour! reprend la sœur Ecoute,
Quelles horreurs! chez nos sœurs de Nevers
Quoi! parle-t-on ce langage pervers?
Quoi! c'est ainsi qu'on forme la jeunesse!   75
Quel hérétique! O divine sagesse!
Qu'il n'entre point! avec ce Lucifer
En garnison nous aurions tout l'enfer.
   Conclusion; Ver-Vert est mis en cage:
On se résout, sans tarder davantage,   80
A renvoyer le parleur scandaleux.

Le pélerin ne demandait pas mieux.
Il est proscrit, déclaré détestable,
Abominable, atteint et convaincu
D'avoir tenté d'entamer la vertu   85
Des saintes sœurs: toutes de l'exécrable
Signent l'arrêt, en pleurant le coupable;
Car quel malheur qu'il fût si dépravé,
N'étant encore qu'à la fleur de son âge,
Et qu'il portât, sous un si beau plumage,   90
La fière humeur d'un escroc achevé,
L'air d'un païen, le cœur d'un réprouvé!
    Il part enfin, porté par la tourière,
Mais sans la mordre en retournant au port:
Une cabane emporte le compère,   95
Et sans regret il fuit ce triste bord.
    De ses malheurs telle fut l'Iliade.
Quel désespoir, lorsqu'enfin de retour
Il vint donner pareille sérénade,
Pareil scandale en son premier séjour!   100
Que résoudront nos sœurs inconsolables?
Les yeux en pleurs, les sens d'horreur troublés,
En manteaux longs, en voiles redoublés,
Au discrétoire entrent neuf vénérables:
Figurez-vous neuf siècles assemblés.   105
Là, sans espoir d'aucun heureux suffrage,
Privé des sœurs qui plaideraient pour lui,
En plein parquet enchaîné dans sa cage,
Ver-Vert paraît sans gloire et sans appui.
On est aux voix: déjà deux des sibylles   110
En billets noirs ont crayonné sa mort;
Deux autres sœurs, un peu moins imbéciles,
Veulent qu'en proie à son malheureux sort
On le renvoie au rivage profane
Qui le vit naître avec le noir brachmane;   115
Mais de concert les cinq dernières voix
Du châtiment déterminent le choix:
On le condamne à deux mois d'abstinence,
Trois de retraite, et quatre de silence;
Jardins, toilette, alcôves, et biscuits,   120
Pendant ce temps lui seront interdits.
Ce n'est point tout: pour comble de misère,
On lui choisit pour garde, pour geolière,
Pour entretien, l'Alecton du couvent,

Une converse, infante douairière,   125
Singe voilé, squelette octogénaire,
Spectacle fait pour l'œil d'un pénitent.
Malgré des soins de l'Argus inflexible,
Dans leurs loisirs souvent d'aimables sœurs,
Venant le plaindre avec un air sensible,   130
De son exil suspendaient les rigueurs :
Sœur Rosalie, au retour de matines,
Plus d'une fois lui porta des pralines ;
Mais, dans les fers, loin d'un libre destin,
Tous les bonbons ne sont que chicotin.   135
   Couvert de honte, instruit par l'infortune,
Ou las de voir sa compagne importune,
L'oiseau contrit se reconnut enfin :
Il oublia les dragons et le moine ;
Et, pleinement remis à l'unisson   140
Avec nos sœurs pour l'air et pour le ton,
Il redevint plus dévot qu'un chanoine.
Quand on fut sûr de sa conversion,
Le vieux divan, désarmant sa vengeance,
De l'exilé borna la pénitence.   145
De son rappel, sans doute, l'heureux jour
Va pour ces lieux être un jour d'allégresse ;
Tous ses instants, donnés à la tendresse,
Seront filés par la main de l'Amour.
Que dis-je ? Hélas ! O plaisirs infidèles !   150
O vains attraits de délices mortelles !
Tous les dortoirs étaient jonchés de fleurs ;
Café parfait, chansons, course légère,
Tumulte aimable, et liberté plénière ;
Tout exprimait de charmantes ardeurs,   155
Rien n'annonçait de prochaines douleurs :
Mais, de nos sœurs O largesse indiscrète !
Du sein des maux d'une longue diète
Passant trop tôt dans des flots de douceurs,
Bourré de sucre, et brûlé de liqueurs,   160
Ver-Vert, tombant sur un tas de dragées,
En noirs cyprès vit ses roses changées.
En vain les sœurs tâchaient de retenir
Son âme errante et son dernier soupir ;
Ce doux excès hâtant sa destinée,   165
Du tendre amour victime fortunée
Il expira dans le sein du plaisir.

On admirait ses paroles dernières.
Vénus enfin, lui fermant les paupières,
Dans l'Elysée et les sacrées bosquets 170
Le mène au rang des héros perroquets,
Près de celui dont l'amant de Corine
A pleuré l'ombre et chanté la doctrine.
Qui peut narrer combien l'illustre mort
Fut regretté? La sœur dépositaire 175
En composa la lettre circulaire
D'où j'ai tiré l'histoire de son sort.
Pour le garder à la race future,
Son portrait fut tiré d'après nature.
Plus d'une main, conduite par l'amour, 180
Sut lui donner une seconde vie
Par les couleurs et par la broderie;
Et la Douleur, travaillant à son tour,
Peignit, broda des larmes à l'entour.
On lui rendit tous les honneurs funèbres 185
Que l'Hélicon rend aux oiseaux célèbres.
Au pied d'un myrte on plaça le tombeau
Qui couvre encor le Mausole nouveau:
Là, par la main des tendres Artémises,
En lettres d'or ces rimes furent mises 190
Sur un porphyre environné de fleurs:
En les lisant on sent naître ses pleurs:
'Novices, qui venez causer dans ces bocages
        'A l'insu de nos graves sœurs,
'Un instant, s'il se peut, suspendez vos ramages; 195
        'Apprenez nos malheurs.
'Vous vous taisez: si c'est trop vous contraindre
'Parlez, mais parlez pour nous plaindre;
'Un mot vous instruira de nos tendres douleurs:
'Ci gît Ver-Vert, ci gisent tous les cœurs.' 200
On dit pourtant (pour terminer ma glose
En peu de mots) que l'ombre de l'oiseau
Ne loge plus dans le susdit tombeau;
Que son esprit dans les nonnes repose,
Et qu'en tout temps, par la métempsycose, 205
De sœurs en sœurs l'immortel perroquet
Transportera son âme et son caquet.

Gresset's *Ver-Vert* occupies a position in French poetry similar to that held in English
poetry by Pope's *Rape of the Lock*. Although the latter is said to have been modelled

on Boileau's *Lutrin*, the two eighteenth-century poems are much closer to each other in spirit and treatment. They are also fairly comparable in length, the final version of Pope's poem (1714) having 794 lines of rhyming couplets in iambic pentameter, while that of *Ver-Vert* (1735) has 714 decasyllabics with a constantly varying rhyme-scheme. The subject of Gresset's poem is even more daringly slender, since it concerns simply the grandeur and decadence of a parrot. Not realistically but poetically, the poem achieves the difficult feat of conducting its unusual hero from a conventual atmosphere to one exactly the opposite and back again, with an inimitable mixture of wit and feeling and by means of technical resources the more brilliant for not being immediately apparent. The poem enjoyed universal success and was translated into German, English, Italian, Portuguese, Spanish, even Latin. Its scenes were reproduced in *porcelaine de Sèvres* and mention of it is made in letters and journals throughout the rest of the century. Only two voices were raised against it, those of Bernis and Voltaire: in both cases their comment reveals underlying jealousy (See *Mémoires et lettres du Cardinal de Bernis*, Plon, 2 vol., I, 36-7; Voltaire, *Correspondance*, letter to M. de Cideville, 20 September 1735). The poem remains as alive and readable today as when first written.

Chant 1,40 *vous sauver*: preserve you from.

Chant 1,63 The introduction, amusingly high-lighted with touches of the mock-heroic style (which is effectively, but sparingly, used throughout the four cantos), interweaves the reason for the poem's existence with an appreciation of its instigator.

Chant 1,64 *Visitandines*: sisters of the Order of the Visitation (of the Virgin to Saint-Elizabeth), founded by Saint François de Sales and the baronne de Chantal in 1610, at Annecy, and devoted to the care of the poor and the teaching and training of young girls. Its pupils were noted for their good manners.

Chant 1,70 *Ver-Vert*: in certain editions appears as Vair-Vert (*vair* meaning grey, and *vert*, green, a usual colour combination with parrots), in others as Vert-Vert. Some scholars insist that the spelling Vert-Vert 'n'a pas de sens' (for example, see Jules Wogue, *J.-B.-L. Gresset*, 1894, 20n.) but Gresset himself always used this spelling.

Chant 1,135 *boîte aux agnus*: box containing medallions bearing the mystical figure of the Lamb.

Chant 1,158 *Thècle*: some animals treated Saint Thecla cruelly, others kindly. Here her namesake turns the tables. This saint, and Bibiane (see below, IV, l.64) were dropped from the Church calendar in 1969.

Chant 2,20 *Marie Alacoque* (1647-99), a member of the Order of the Visitation at Paray-le-Monial, who first popularized the adoration of the Sacred Heart, in France. She was beatified in 1864 and canonised in 1920.

Chant 2,25 *noëls*: dating from the fifteenth century, these were published profusely in 'Bibles de noëls,' with or without music, well into the nineteenth century.

Chant 2,40 *Mélanie*: the name evokes the aristrocratic bearing of the high-born saint after whom the sister is called.

Chant 2,78 *civilisé, musqué, pincé, rangé*: i.e., well disposed toward all, slightly mannered, prim, neat.

Chant 2,115 It is amusingly absurd that Sister Cécile, whose name suggests the utmost sensitivity to agreeable sound, should in these particular circumstances be the most affected.

Chant 2,137 The two anglicisms, *bill* and *myladys* suggest a touch of fashionable anglomania.

Chant 2,141 The language of tragedy in mock-heroic vein is used for the leavetaking.

Chant 2,173 It will be remembered that Jean Racine himself not only renounced the theatre but also wanted to burn his plays. The sister in question is breaking rules with a vengeance.

Chant 3,6 The comic force of this exclamation is evident when the language represented by Ver-Vert's new companions is taken into account: the swearing of boatmen; the oaths of women of easy virtue (*nymphes*); the earthy speech of a wet-nurse; the unedifying discourse of a vagrant monk; the low-eating-house ribaldry (*langue de gargotte*) of cavalrymen; and the rude braggadocio of Gascons as they and the three dull-witted females (*péronnelles*) exchange remarks at the top of their voices *sur des tons de ruelles*, the latter word recalling its quite other use in *style des ruelles*, a phrase suggestive of the conversational atmosphere Ver-Vert has left behind.

Chant 3,32 Saint Lubin of Chartres, after whom the monk is named, is described as a 'simple berger.' Frère Lubin would seem to be neither.

Chant 3,76 The echo may have been *morbleu, mordienne,* or *morgué!*

Chant 3,87 *Iris*: a double allusion to their heavenly calling (Iris = rainbow of divine promise) and the shape of their coif.

Chant 3,96 *presque*: a typical Gresset touch.

Chant 3,138 *grivois*: soldier (swearing like one).

Chant 4,21 *en fille intérieure*: in a well-bred manner.

Chant 4,34 *tain*: putain.

Chant 4,53 B: bougre; F: foutre.

Chant 4,61 Named after Cunégonde de Bamberg, an eleventh-century saint.

Chant 4,64 *Bibiane*: a saint of the fourth century.

Chant 4,72 A pun. 'Sœur Ecoute': 'religieuse qui accompagne au parloir la religieuse ou la pensionnaire qu'on y appelle.' This sister therefore has a special right to criticize the speaker.

Chant 4,104 *discrétoire*: the convent council-chamber.

Chant 4,112 *imbéciles*: stupid, not imbecile.

Chant 4,124 *l'Alecton*: the wardress of the convent is nicknamed after one of the Furies.

Chant 4,135 *chicotin*: bitter aloes.

Chant 4,172 Ovid, *Amores*, II, l.20.

Chant 4,175 *sœur dépositaire*: keeper of the valuables.

Chant 4,189 *Artémise*: Queen of Halicarnassus, who erected to the memory of her husband, King Mausolus, the first mausoleum, one of the wonders of the world.

A M. Le Comte de Tressan

Mais comment écrire à Paris?
Toujours le dieu des vers aima la solitude:
Dans cet enchaînement d'amusements suivis,
De choses et de riens unis,
Où trouver le silence, où fuir la multitude?
Comment être seul à Paris?   5
Pour cueillir les lauriers et les fruits de l'étude
Aux premiers rayons du soleil,
Je veux dès son coucher me livrer au sommeil:
Je me dis chaque jour que la naissante aurore   10
Ne retrouvera pas mes yeux appesantis;
Dix fois je me le suis promis;
Je promettrai dix fois encore:
Comment se coucher à Paris?
On veut pourtant que je réponde   15
Au badinage heureux d'une muse féconde:
On croit que les vers sont des jeux,
Et qu'on parle en courant le langage des dieux
Comme on persifle ce bas monde:

Par les Grâces, dit-on, si vos jours sont remplis,   20
Par les Muses du moins commencez vos journées.
Oui, fort bien; mais est-il encor des matinées?
        Comment se lever à Paris?
Des yeux fermés trop tard par le pesant Morphée
        Sont-ils si promptement ouverts?   25
De l'antre du Sommeil passe-t-on chez Orphée,
Et du néant de l'âme à l'essor des beaux vers?
N'importe: cependant, malgré l'ombre profonde
        Qui couvre mes yeux obscurcis,
Dès que je me réveille, à peine encore au monde,   30
        Je m'arrange, je m'établis;
        Dans le silence et le mystère,
        Au coin d'un foyer solitaire
        Je me vois librement assis.
Le ciel s'ouvre: volons, Muse, oublions la terre: 35
Je vais puiser au sein de l'immortalité
Ces vers faits par l'amour, ces présents du génie,
Et digne d'enchanter par leur douce harmonie
Les dieux de l'univers, l'esprit, et la beauté.
        Enflammé d'une ardeur nouvelle,   40
        Déjà je me crois dans les cieux;
Déjà: mais quel profane à l'instant me rappelle
Aux méprisables soins de ces terrestres lieux?
Quel insecte mortel vient m'arracher la rime?
Ou, pour tout dire enfin sur un ton moins sublime,   45
Bientôt mon cabinet est rempli de fâcheux;
Les brochures du jour et mille autres pancartes,
        Des vers, des lettres, et des cartes,
Viennent en même temps de différents endroits.
        Il faut y répondre à la fois.   50
Bientôt il faut sortir: l'heure est évanouie;
        Muses, remportez vos crayons.
Dans l'histoire d'un jour voilà toute la vie.
        Car vainement nous nous fuyons;
Jusqu'en nos changements tout est monotonie,   55
        Et toujours nous nous répétons.
        Or sur cette image sincère
        Prononcez, jugez si je puis
Devenir diligent ou rester solitaire:
        Comment donc rimer à Paris?   60

This poem states, with art-concealing casualness, the paradox of the mutual antagonism that exists between artists and society and the generous inclination of the artist towards all individuals and activities.

1 The four varied echoes of this phrase (ll.6, 14, 23, 60) give the poem its essential form – that of an unanswerable question.

13 *dix fois encore*: the procrastinator knowingly exploits his own weakness.

18 *le langage des dieux*: humorously juxtaposed with 'persifle' in the next line.

20 *les grâces*: preside over social intercourse.

21 *les Muses*: preside over creative invention.

27 *les yeux fermés*, etc.: the sleeping poet is dead not only to the world but to creativeness.

30 *dès que je me réveille*: the waking poet is nonetheless alive to his gift.

43 At the same time he is the vulnerable nerve-centre of a network of social obligations.

52 *remportez vos crayons*: theirs, best gift of all, is rejected.

53 *voilà toute la vie*: the single day is an extensible symbol of the creative artist's life-long vain attempt at impossible compromise.

54 The implication is that self-forgetfulness (though unattainable) is the only basis of creativity.

Le siècle pastoral

Précieux jours dont fut ornée
La jeunesse de l'univers,
Par quelle triste destinée
N'êtes-vous plus que dans nos vers?

Votre douceur charmante et pure   5
Cause nos regrets superflus,
Telle qu'une tendre peinture
D'un aimable objet qui n'est plus.

La terre, aussi riche que belle,
Unissait, dans ces heureux temps,   10
Les fruits d'une automne éternelle
Aux fleurs d'un éternel printemps.

Tout l'univers était champêtre,
Tous les hommes étaient bergers;
Les noms de sujet et de maître   15
Leur étaient encore étrangers.

Sous cette juste indépendance,
Compagne de l'égalité,
Tous dans une même abondance
Goûtaient même tranquillité.   20

Leurs toits étaient d'épais feuillages,
L'ombre des saules leurs lambris;
Les temples étaient des bocages,
Les autels des gazons fleuris.

Les dieux descendaient sur la terre,   25
Que ne souillaient aucuns forfaits,
Dieux moins connus par le tonnerre
Que par d'équitables bienfaits.

Vous n'étiez point dans ces années,
Vices, crimes tumultueux;   30
Les passions n'étaient point nées,
Les plaisirs étaient vertueux.

Sophismes, erreurs, imposture,
Rien n'avait pris votre poison;
Aux lumières de la nature   35
Les bergers bornaient leur raison.

Sur leur république champêtre
Régnait l'ordre, image des cieux.
L'homme était ce qu'il devait être;
On pensait moins, on vivait mieux.   40

Ils n'avaient point d'aréopages
Ni de Capitoles fameux;
Mais n'étaient-ils point les vrais sages,
Puisqu'ils étaient les vrais heureux?

Ils ignoraient les arts pénibles,   45
Et les travaux nés du besoin;
Des arts enjoués et paisibles
La culture fit tout leur soin.

La tendre et touchante harmonie
A leurs jeux doit ses premiers airs;   50
A leur noble et libre génie
Apollon doit ses premiers vers.

On ignorait dans leurs retraites
Les noirs chagrins, les vains desirs,
Les espérances inquiètes,   55
Les longs remords des courts plaisirs.

L'Intérêt au sein de la terre
N'avait point ravi les métaux,
Ni soufflé le feu de la guerre,
Ni fait des chemins sur les eaux.   60

Les pasteurs, dans leur héritage
Coulant leurs jours jusqu'au tombeau,

Ne connaissaient que le rivage
Qui les avait vus au berceau.

Tous dans d'innocentes délices,   65
Unis par des nœuds pleins d'attraits,
Passaient leur jeunesse sans vices,
Et leur vieillesse sans regrets.

La mort, qui pour nous a des ailes,
Arrivait lentement pour eux;   70
Jamais des causes criminelles
Ne hâtaient ses coups douloureux.

Chaque jour voyait une fête;
Les combats étaient des concerts;
Une amante était la conquête;   75
L'Amour jugeait du prix des airs.

Ce dieu berger, alors modeste,
Ne lançait que des traits dorés;
Du bandeau, qui le rend funeste,
Ses yeux n'étaient point entourés.   80

Les crimes, les pâles alarmes,
Ne marchaient point devant ses pas;
Il n'était point suivi des larmes,
Ni du dégoût, ni du trépas.

La bergère, aimable et fidèle,   85
Ne se piquait point de savoir;
Elle ne savait qu'être belle,
Et suivre la loi du devoir.

La fougère était sa toilette,
Son miroir le crystal des eaux;   90
La jonquille et la violette
Etaient ses atours les plus beaux.

On la voyait dans sa parure
Aussi simple que ses brebis;
De leur toison commode et pure   95
Elle se filait des habits.

Elle occupait son plus bel âge
Du soin d'un troupeau plein d'appas,
Et sur la foi d'un chien volage
Elle ne l'abandonnait pas.   100

O règne heureux de la nature!
Quel dieu nous rendra tes beaux jours?
Justice, Egalité, Droiture,
Que n'avez-vous régné toujours?

Sort des bergers, douceurs aimables,   105
Vous n'êtes plus ce sort si doux;
Un peuple vil de misérables
Vit pasteur sans jouir de vous.

Ne peins-je point une chimère?
Ce charmant siècle a-t-il été?   110
D'un auteur témoin oculaire
En sait-on la réalité?

J'ouvre les fastes, sur cet âge
Partout je trouve des regrets;
Tous ceux qui m'en offrent l'image   115
Se plaignent d'être nés après.

J'y lis que la terre fut teinte
Du sang de son premier berger;
Depuis ce jour, de maux atteinte,
Elle s'arma pour le venger.   120

Ce n'est donc qu'une belle fable:
N'envions rien à nos aïeux;
En tout temps l'homme fut coupable,
En tout temps il fut malheureux.

Derived in part from scripture and in part from classical antiquity, the theme of the Golden Age appeared in French Renaissance literature in many original guises (e.g., Ronsard depicts his ideal existence as one without either love or luxury. See E. Armstrong, *Ronsard and the Age of Gold*, Cambridge, 1968). Later, Gresset also presents this much-treated theme from a fresh point of view.

 In harmony with the subject, the form of the poem is of the simplest: brief quatrains, choice but unpretentious language, natural, fresh figures. By making the opening lines a question with reverberates down to the end of the seventh-last stanza, the poet gives the evoked idyll a nostalgic tension which is its *raison d'être*. Then, gradually, in the last six stanzas, this tension shifts to one of disillusionment and questioning, as the unheeded but historic blood of Abel cries out still, and the reader is left to choose between a saviour or despair. Jean-Jacques Rousseau tampered with Gresset's poem for his own ends. The six stanzas that he added were evidently composed to follow the third-last stanza of Gresset's poem and to replace its last two stanzas, which presented 'à l'imagination de notre philosophe une idée trop chagrine.' (See *Strophes ajoutées à celles dont se compose le Siècle pastoral, idylle de Gresset*, in J.-J. Rousseau, *Œuvres complètes*, avec des notes historiques, 1872, III, 369n.) Rousseau so much admired this idyll that he set it to music with, of course, its new ending which follows:

Mais qui nous eût transmis l'histoire
De ces temps de simplicité?
Etait-ce au temple de Mémoire
Qu'ils gravaient leur félicité?

La vanité de l'art d'écrire
L'eût bientôt fait évanouir;
Et sans songer à la décrire,
Ils se contentaient d'en jouir.

Des traditions étrangères
En parlent sans obscurité;
Mais dans ces sources mensongères
Ne cherchons point la vérité.

Cherchons-la dans le cœur des hommes,
Dans ces regrets trop superflus,
Qui disent dans ce que nous sommes
Tout ce que nous ne sommes plus.

Qu'un savant des fastes des âges
Fasse la règle de sa foi;
Je sens de plus sûrs témoignages
De la mienne au-dedans de moi.

Ah! qu'avec moi le ciel rassemble,
Apaisant enfin son courroux,
Un autre cœur qui me ressemble!
I'âge d'or renaîtra pour nous.

To say nothing of other contrasts, these two poetic textures could hardly have less in common.

Epître première

La Chartreuse

A M. D.D.N.

Pourquoi de ma sage indolence
Interrompez-vous l'heureux cours?
Soit raison, soit indifférence,
Dans une douce négligence,
Et loin des muses pour toujours,   5
J'allais racheter en silence
La perte de mes premiers jours;
Transfuge des routes ingrates
De l'infructueux Hélicon,
Dans les retraites des Socrate   10
J'allais jouir de ma raison,
Et m'arracher, malgré moi-même,
Aux délicieuses erreurs
De cet art brillant et suprême
Qui, malgré ses attraits flatteurs,   15

Toujours peu sûr et peu tranquille,
Fait de ses plus chers amateurs
L'objet de la haine imbécile
Des pédants, des prudes, des sots,
Et la victime des cagots: 20
Mais votre épître enchanteresse,
Pour moi trop prodigue d'encens,
Des douces vapeurs du Permesse
Vient encore enivrer mes sens.
Vainement j'abjurais la rime,   25
L'haleine légère des vents
Emportait mes faibles serments.
Aminte, votre goût ranime
Mes accords et ma liberté;
Entre Uranie et Terpsichore   30
Je reviens m'amuser encore
Au Pinde que j'avais quitté:
Tel, par sa pente naturelle,
Par une erreur toujours nouvelle,
Quoiqu'il semble changer son cours,   35
Autour de la flamme infidèle
Le papillon revient toujours.
    Vous voulez qu'en rimes légères
Je vous offre des traits sincères
Du gîte où je suis transplanté.   40
Mais comment faire, en vérité?
Entouré d'objets déplorables,
Pourrai-je de couleurs aimables
Egayer le sombre tableau
De mon domicile nouveau?   45
Y répandrai-je cette aisance,
Ces sentiments, ces traits diserts,
Et cette molle négligence
Qui, mieux que l'exacte cadence,
Embellit les aimables vers?   50
Je ne suis plus dans ces bocages
Où, plein de riantes images,
J'aimai souvent à m'égarer;
Je n'ai plus ces fleurs, ces ombrages,
Ni vous-même pour m'inspirer.   55
Quand, arraché de vos rivages
Par un destin trop rigoureux,
J'entrai dans ces manoirs sauvages,
Dieux! quel contraste douloureux!

Au premier aspect de ces lieux,   60
Pénétré d'une horreur secrète,
Mon cœur, subitement flétri,
Dans une surprise muette
Resta longtemps enseveli.
Quoi qu'il en soit, je vis encore;   65
Et, malgré vingt sujets divers
De regrets et de tristes airs,
Ne craignez point que je déplore
Mon infortune dans ces vers.
De l'assoupissante élégie   70
Je méprise trop les fadeurs;
Phébus me plonge en léthargie
Dès qu'il fredonne des langueurs;
Je cesse d'estimer Ovide
Quand il vient sur de faibles tons   75
Me chanter, pleureur insipide,
De longues lamentations:
Un esprit mâle et vraiment sage,
Dans le plus invincible ennui,   80
Dedaignant le triste avantage
De se faire plaindre d'autrui,
Dans une égalité hardie
Foule aux pieds la terre et le sort,
Et joint au mépris de la vie
Un égal mépris de la mort;   85
Mais sans cette âpreté stoïque,
Vainqueur du chagrin léthargique,
Par un heureux tour de penser,
Je sais me faire un jeu comique
Des peines que je vais tracer.   90
Ainsi l'aimable poésie,
Qui dans le reste de la vie
Porte assez peu d'utilité,
De l'objet le moins agréable
Vient adoucir l'austérité,   95
Et nous sauve au moins par la fable
Des ennuis de la vérité.
C'est par cette vertu magique
Du télescope poétique
Que je retrouve encor les ris   100
Dans la lucarne infortunée
Où la bizarre destinée
Vient de m'enterrer à Paris.

Sur cette montagne empestée
Où la foule toujours crottée 105
De prestolets provinciaux
Trotte sans cause et sans repos
Vers ces demeures odieuses
Où regnent les longs arguments
Et les harangues ennuyeuses, 110
Loin du séjour des agréments;
Enfin, pour fixer votre vue,
Dans cette pédantesque rue
Où trente faquins d'imprimeurs,
Avec un air de conséquence, 115
Donnent froidement audience
A cent faméliques auteurs,
Il est un édifice immense
Où dans un loisir studieux
Les doctes arts forment l'enfance 120
Des fils des héros et des dieux:
Là, du toit d'un cinquième étage
Qui domine avec avantage
Tout le climat grammairien,
S'élève un antre aérien, 125
Un astrologique hermitage,
Qui paraît mieux, dans le lointain,
Le nid de quelque oiseau sauvage
Que la retraite d'un humain.

C'est pourtant de cette guérite, 130
C'est de ce céleste tombeau,
Que votre ami, nouveau stylite,
A la lueur d'un noir flambeau,
Penché sur un lit sans rideau,
Dans un déshabillé d'hermite, 135
Vous griffonne aujourd'hui sans fard,
Et peut-être sans trop de suite,
Ces vers enfilés au hasard:
Et tandis que pour vous je veille
Longtemps avant l'aube vermeille, 140
Empaqueté comme un Lapon,
Cinquante rats à mon oreille
Ronflent encore en faux-bourdon.

Si ma chambre est ronde ou carrée,
C'est ce que je ne dirai pas; 145
Tout ce que j'en sais, sans compas,
C'est que, depuis l'oblique entrée,

Dans cette cage resserrée
On peut former jusqu'à six pas;
Une lucarne mal vitrée,   150
Près d'une gouttière livrée
A d'interminables sabbats,
Où l'université des chats,
A minuit, en robe fourrée,
Vient tenir ses bruyants états;   155
Une table mi-démembrée,
Près du plus humble des grabats;
Six brins de paille délabrée,
Tressés sur deux vieux échalas:
Voilà les meubles délicats   160
Dont ma chartreuse est décorée,
Et que les frères de Borée
Bouleversent avec fracas,
Lorsque sur ma niche éthérée
Ils préludent aux fiers combats   165
Qu'ils vont livrer sur vos climats,
Ou quand leur troupe conjurée
Y vient préparer ces frimas
Qui versent sur chaque contrée
Les catarrhes et le trépas.   170
Je n'outre rien; telle est en somme
La demeure où je vis en paix,
Concitoyen du peuple gnome,
Des sylphides et des follets:
Telles on nous peint les tanières   175
Où gisent, ainsi qu'au tombeau,
Les pythonisses, les sorcières,
Dans le donjon d'un vieux château;
Ou tel est le sublime siège
D'où, flanqué des trente-deux vents,   180
L'auteur de l'almanach de Liège
Lorgne l'histoire du beau temps,
Et fabrique avec privilège
Ses astronomiques romans.
   Sur ce portrait abominable   185
On penserait qu'en lieu pareil
Il n'est point d'instant délectable
Que dans les heures du sommeil.
Pour moi, qui d'un poids équitable
Ai pesé des faibles mortels   190
Et les biens et les maux réels,

Qui sais qu'un bonheur véritable
Ne dépendit jamais des lieux,
Que le palais le plus pompeux
Souvent renferme un misérable,   195
Et qu'un désert peut être aimable
Pour quiconque sait être heureux;
De ce Caucase inhabitable
Je me fais l'Olympe des dieux;
Là, dans la liberté suprême,   200
Semant de fleurs tous mes instants,
Dans l'empire de l'hiver même
Je trouve les jours du printemps.
Calme heureux! loisir solitaire!
Quand on jouit de ta douceur,   205
Quel antre n'a pas de quoi plaire?
Quelle caverne est étrangère
Lorsqu'on y trouve le bonheur?
Lorsqu'on y vit sans spectateur
Dans le silence littéraire,   210
Loin de tout importun jaseur,
Loin des froids discours du vulgaire,
Et des hauts tons de la grandeur;
Loin de ces troupes doucereuses
Où d'insipides précieuses,   215
Et de petits fats ignorants,
Viennent, conduits par la Folie,
S'ennuyer en cérémonie,
Et s'endormir en compliments;
Loin de ces plates coteries   220
Où l'on voit souvent réunies
L'ignorance en petit manteau,
La bigoterie en lunettes,
La minauderie en cornettes,
Et la réforme en grand chapeau;   225
Loin de ce médisant infâme
Qui de l'imposture et du blâme
Est l'impur et bruyant écho;
Loin de ces sots atrabilaires
Qui, cousus de petits mystères,   230
Ne nous parlent qu'*incognito*;
Loin de ces ignobles Zoïles,
De ces enfileurs de dactyles,
Coiffés de phrases imbéciles

Et de classiques préjugés,   235
Et qui, de l'enveloppe épaisse
Des pédants de Rome et de Grèce
N'étant point encore dégagés,
Portent leur petite sentence
Sur la rime et sur les auteurs   240
Avec autant de connaissance
Qu'un aveugle en a des couleurs;
Loin de ces voix acariâtres
Qui, dogmatisant sur des riens,
Apportent dans les entretiens   245
Le bruit des bancs opiniâtres,
Et la profonde déraison
De ces disputes soldatesques
Où l'on s'insulte à l'unisson
Pour des misères pédantesques,   250
Qui sont bien moins la vérité
Que les rêves creux et burlesques
De la crédule antiquité;
Loin de la gravité chinoise
De ce vieux druïde empesé   255
Qui, sous un air symétrisé,
Parle à trois temps, rit à la toise,
Regarde d'un œil apprêté,
Et m'ennuie avec dignité;
Loin de tous ces faux cénobites   260
Qui, voués encor tout entiers
Aux vanités qu'ils ont proscrites,
Errant de quartiers en quartiers,
Vont, dans d'équivoques visites,
Porter leurs faces parasites,   265
Et le dégoût de leurs moutiers;
Loin de ces faussets du Parnasse,
Qui, pour avoir glapi parfois
Quelque épithalame à la glace
Dans un petit monde bourgeois,   270
Ne causent plus qu'en folles rimes,
Ne vous parlent que d'Apollon,
De Pégase, et de Cupidon,
Et telles fadeurs synonymes,
Ignorant que ce vieux jargon,   275
Relégué dans l'ombre des classes,
N'est plus aujourd'hui de saison

Chez la brillante fiction,
Que les tendres lyres des Grâces
Se montent sur un autre ton,   280
Et qu'enfin, de la foule obscure
Qui rampe au marais d'Hélicon,
Pour sauver ses vers et son nom,
Il faut être sans imposture
L'interprète de la nature,   285
Et le peintre de la raison;
Loin enfin, loin de la présence
De ces timides discoureurs
Qui, non guéris de l'ignorance
Dont on a pétri leur enfance,   290
Restent noyés dans mille erreurs,
Et damnent toute âme sensée
Qui, loin de la route tracée
Cherchant la persuasion,
Ose soustraire sa pensée   295
A l'aveugle prévention.
   A ces traits je pourrais, Aminte,
Ajouter encor d'autres mœurs;
Mais sur cette légère empreinte
D'un peuple d'ennuyeux causeurs,   300
Dont j'ai nuancé les couleurs,
Jugez si toute solitude
Qui nous sauve de leurs vains bruits
N'est point l'asile et le pourpris
De l'entière béatitude?   305
Que dis-je! est-on seul, après tout
Lorsque, touché des plaisirs sages,
On s'entretient dans les ouvrages
Des dieux de la lyre et du goût?
Par une illusion charmante,   310
Que produit la verve brillante
De ces chantres ingénieux,
Eux-mêmes s'offrent à mes yeux,
Non sous ces vêtements funèbres,
Non sous ces dehors odieux   315
Qu'apportent du sein des ténèbres
Les fantômes des malheureux,
Quand, vengeurs des crimes célèbres,
Ils montent aux terrestres lieux;

Mais sous cette parure aisée, 320
Sous ces lauriers vainqueurs du sort,
Que les citoyens d'Elysée
Sauvent du souffle de la mort.
  Tantôt de l'azur d'un nuage,
Plus brillant que les plus beaux jours, 325
Je vois sortir l'ombre volage
D'Anacréon, ce tendre sage,
Le Nestor du galant rivage,
Le patriarche des Amours.
Epris de son doux badinage, 330
Horace accourt à ses accents,
Horace, l'ami du bon sens,
Philosophe sans verbiage,
Et poëte sans fade encens.
Autour de ces ombres aimables, 335
Couronnés de roses durables,
Chapelle, Chaulieu, Pavillon,
Et la naïve Deshoulières,
Viennent unir leurs voix légères,
Et font badiner la raison; 340
Tandis que le Tasse et Milton,
Pour eux des trompettes guerrières
Adoucissent le double ton.
Tantôt à ce folâtre groupe
Je vois succéder une troupe 345
De morts un peu plus sérieux,
Mais non moins charmants à mes yeux:
Je vois Saint-Réal et Montagne
Entre Sénèque et Lucien:
Saint-Evremond les accompagne; 350
Sur la recherche du vrai bien
Je le vois porter la lumière;
La Rochefoucauld, La Bruyère,
Viennent embellir l'entretien.
Bornant au doux fruit de leurs plumes 355
Ma bibliothèque et mes vœux,
Je laisse aux savantas poudreux
Ce vaste chaos de volumes
Dont l'erreur et les sots divers
Ont infatué l'univers, 360
Et qui, sous le nom de science,

Semés et reproduits partout
Immortalisent l'ignorance,
Les mensonges, et le faux goût.
  C'est ainsi que, par la présence   365
De ces morts vainqueurs des destins,
On se console de l'absence,
De l'oubli même des humains.
A l'abri de leurs noirs orages,
Sur la cime de mon rocher,   370
Je vois à mes pieds les naufrages
Qu'ils vont imprudemment chercher.
Pourquoi dans leur foule importune
Voudriez-vous me rétablir?
Leur estime ni leur fortune   375
Ne me causent point un désir.
Pourrais-je, en proie aux soins vulgaires,
Dans la commune illusion,
Offusquer mes propres lumières
Du bandeau de l'opinion?   380
Irais-je, adulateur sordide,
Encenser un sot dans l'éclat,
Amuser un Crésus stupide,
Et monseigneuriser un fat;
Sur des espérances frivoles   385
Adorer avec lâcheté
Ces chimériques fariboles
De grandeur et de dignité;
Et, vil client de la fierté,
A de méprisables idoles   390
Prostituer la vérité?
Irais-je, par d'indignes brigues,
M'ouvrir des palais fastueux,
Languir dans de folles fatigues,
Ramper à replis tortueux   395
Dans de puériles intrigues,
Sans oser être vertueux?
De la sublime poésie
Profanant l'aimable harmonie,
Irais-je, par de vains accents,   400
Chatouiller l'oreille engourdie
De cent ignares importants,
Dont l'âme massive, assoupie
Dans des organes impuissants,

Ou livrée aux fougues des sens, 405
Ignore les dons du génie,
Et les plaisirs des sentiments?
Irais-je pâlir sur la rime
Dans un siècle insensible aux arts,
Et de ce rien qu'on nomme estime 410
Affronter les nombreux hasards?
Et d'ailleurs, quand la poésie,
Sortant de la nuit du tombeau,
Reprendrait le sceptre et la vie
Sous quelque Richelieu nouveau, 415
Pourrais-je au char de l'immortelle
M'enchaîner encor plus longtemps?
Quand j'aurai passé mon printemps
Pourrai-je vivre encor pour elle?
Car enfin au lyrique essor, 420
Fait pour nos bouillantes années,
Dans de plus solides journées
Voudrais-je me livrer encor?
Persuadé que l'harmonie
Ne verse ses heureux présents 425
Que sur le matin de la vie,
Et que, sans un peu de folie,
On ne rime plus à trente ans,
Suivrais-je un jour à pas pesants
Ces vieilles muses douairières, 430
Ces mères septuagénaires
Du madrigal et des sonnets,
Qui, n'ayant été que poètes,
Rimaillent encore en lunettes,
Et meurent au bruit des sifflets? 435
Egaré dans le noir dédale
Où le fantôme de Thémis,
Couché sur la pourpre et les lis,
Penche la balance inégale,
Et tire d'une urne vénale 440
Des arrêts dictés par Cypris,
Irais-je, orateur mercenaire
Du faux et de la vérité,
Chargé d'une haine étrangère,
Vendre aux querelles du vulgaire 445
Ma voix et ma tranquillité,
Et dans l'antre de la chicane,

Aux lois d'un tribunal profane
Pliant la loi de l'Immortel,
Par une éloquence anglicane 450
Saper et le trône et l'autel?
Aux sentiments de la nature,
Aux plaisirs de la vérité,
Préférant le goût frelaté
Des plaisirs que fait l'imposture, 455
Ou qu'invente la vanité,
Voudrais-je partager ma vie
Entre les jeux de la folie
Et l'ennui de l'oisiveté,
Et trouver la mélancolie 460
Dans le sein de la volupté?
Non, non; avant que je m'enchaîne
Dans aucun de ces vils partis
Vos rivages verront la Seine
Revenir aux lieux d'où j'écris. 465
    Des mortels j'ai vu les chimères;
Sur leurs fortunes mensongères
J'ai vu régner la folle erreur;
J'ai vu mille peines cruelles
Sous un vain masque de bonheur, 470
Mille petitesses réelles
Sous une écorce de grandeur,
Mille lâchetés infidèles
Sous un coloris de candeur;
Et j'ai dit au fond de mon cœur: 475
Heureux qui dans la paix secrète
D'une libre et sûre retraite
Vit ignoré, content de peu,
Et qui ne se voit point sans cesse
Jouet de l'aveugle déesse, 480
Ou dupe de l'aveugle dieu!
    A la sombre misanthropie
Je ne dois point ces sentiments:
D'une fausse philosophie
Je hais les vains raisonnements; 485
Et jamais la bigoterie
Ne décida mes jugements.
Une indifférence suprême,
Voilà mon principe et ma loi;
Tout lieu, tout destin, tout système, 490

Par là devient égal pour moi.
Où je vois naître la journée,
Là, content, j'en attends la fin,
Prêt à partir le lendemain,
Si l'ordre de la destinée   495
Vient m'ouvrir un nouveau chemin.
   Sans opposer un goût rebelle
A ce domaine souverain,
Je me suis fait du sort humain
Une peinture trop fidèle;   500
Souvent dans les champêtres lieux
Ce portrait frappera vos yeux.
En promenant vos rêveries
Dans le silence des prairies,
Vous voyez un faible rameau   505
Qui, par les jeux du vague Eole
Enlevé de quelque arbrisseau,
Quitte sa tige, tombe, vole
Sur la surface d'un ruisseau;
Là, par une invincible pente,   510
Forcé d'errer et de changer,
Il flotte au gré de l'onde errante
Et d'un mouvement étranger;
Souvent il paraît, il surnage,
Souvent il est au fond des eaux;   515
Il rencontre sur son passage
Tous les jours des pays nouveaux,
Tantôt un fertile rivage
Bordé de coteaux fortunés,
Tantôt une rive sauvage,   520
Et des déserts abandonnés:
Parmi ces erreurs continues
Il fuit, il vogue jusqu'au jour
Qui l'ensevelit à son tour
Au sein de ces mers inconnues   525
Où tout s'abime sans retour.
   Mais, qu'ai-je fait? Pardon, Aminte,
Si je viens de moraliser;
Dans une lettre sans contrainte
Je ne prétendais que causer.   530
Où sont, hélas! ces douces heures
Où, dans vos aimables demeures,
Partageant vos discours charmants,

Je partageais vos sentiments?
Dans ces solitudes riantes   535
Quand me verrai-je de retour?
Courez, volez, heures trop lentes
Qui retardez cet heureux jour!
Oui, dès que les désirs aimables,
Joints aux souvenirs délectables,   540
M'emportent vers ce doux séjour
Paris n'a plus rien qui me pique.
Dans ce jardin si magnifique,
Embelli par la main des rois,
Je regrette ce bois rustique   545
Où l'écho répétait nos voix;
Sur ces rives tumultueuses
Où les passions fastueuses
Font régner le luxe et le bruit
Jusque dans l'ombre de la nuit,   550
Je regrette ce tendre asile
Où sous des feuillages secrets
Le Sommeil repose tranquille
Dans les bras de l'aimable Paix;
A l'aspect de ces eaux captives   555
Qu'en mille formes fugitives
L'art sait enchaîner dans les airs,
Je regrette cette onde pure
Qui, libre dans les antres verts,
Suit la pente de la nature,   560
Et ne connaît point d'autres fers;
En admirant la mélodie
De ces voix, de ces sons parfaits,
Où le goût brillant d'Ausonie
Se mêle aux agréments français,   565
Je regrette les chansonnettes
Et le son des simples musettes
Dont retentissent les côteaux,
Quand vos bergères fortunées,
Sur les soirs des belles journées,   570
Ramènent gaiement leurs troupeaux;
Dans ces palais où la mollesse,
Peinte par les mains de l'Amour
Sur une toile enchanteresse,
Offre les fastes de sa cour,   575
Je regrette ces jeunes hêtres

Où ma muse plus d'une fois
Grava les louanges champêtres
Des divinités de vos bois;
Parmi la foule trop habile   580
Des beaux diseurs du nouveau style,
Qui, par de bizarres détours,
Quittant le ton de la nature,
Répandent sur tous leurs discours
L'académique enluminure   585
Et le vernis des nouveaux tours,
Je regrette la bonhomie,
L'air loyal, l'esprit non pointu,
Et le patois tout ingénu
Du curé de la seigneurie,   590
Qui, n'usant point sa belle vie
Sur des écrits laborieux,
Parle comme nos bons aïeux,
Et donnerait, je le parie,
L'histoire, les héros, les dieux,   595
Et toute la mythologie,
Pour un quartaut de Condrieux.
    Ainsi de mes plaisirs d'automne
Je me remets l'enchantement;
Et, de la tardive Pomone   600
Rappelant le règne charmant,
Je me redis incessamment:
Dans ces solitudes riantes
Quand me verrai-je de retour?
Courez, volez, heures trop lentes   605
Qui retardez cet heureux jour!
Claire fontaine, aimable Isore,
Rive où les Grâces font éclore
Des fleurs et des jeux éternels,
Près de ta source, avant l'aurore,   610
Quand reviendrai-je boire encore
L'oubli des soins et des mortels?
Dans cette gracieuse attente,
Aminte, l'amitié constante
Entretenant mon souvenir,   615
Elle endort ma peine présente
Dans les songes de l'avenir.
Lorsque le dieu de la lumière,
Echappé des feux du lion,

Du dieu que couronne le lierre 620
Ouvrira l'aimable saison,
J'en jure le pèlerinage:
Envolé de mon hermitage,
Je vous apparaîtrai soudain
Dans ce parc d'éternel ombrage, 625
Où souvent vous rêvez en sage,
Les lettres d'Usbek à la main;
Ou bien dans ce vallon fertile
Où, cherchant un secret asile,
Et trouvant des périls nouveaux, 630
La perdrix, en vain fugitive,
Rappelle sa troupe craintive
Que nous chassons sur les coteaux.
Vous me verrez toujours le même,
Mortel sans soin, ami sans fard, 635
Pensant par goût, rimant sans art,
Et vivant dans un calme extrême
Au gré du temps et du hasard.
Là, dans de charmantes parties,
D'humeurs liantes assorties, 640
Portant des esprits dégagés
De soucis et de préjugés,
Et retranchant de notre vie
Les façons, la cérémonie,
Et tout populaire fardeau, 645
Loin de l'humaine comédie,
Et comme en un monde nouveau,
Dans une charmante pratique
Nous réaliserons enfin
Cette petite république 650
Si longtemps projetée en vain.
    Une divinité commode,
L'Amitié, sans bruit, sans éclat,
Fondera ce nouvel état;
La Franchise en fera le code; 655
Les Jeux en seront le sénat;
Et sur un tribunal de roses,
Siège de notre consulat,
L'Enjouement jugera les causes.
On exclura de ce climat 660
Tout ce qui porte l'air d'étude:
La Raison, quittant son ton rude,

Prendra le ton du sentiment;
La Vertu n'y sera point prude;
L'Esprit n'y sera point pédant;   665
Le Savoir n'y sera mettable
Que sous les traits de l'Agrément:
Pourvu que l'on sache être aimable,
On y saura suffisamment:
On y proscrira l'étalage   670
Des phrasiers, des rhéteurs bouffis:
Rien n'y prendra le nom d'ouvrage;
Mais, sous le nom de badinage,
Il sera quelquefois permis
De rimer quelques chansonnettes,   675
Et d'embellir quelque sornettes
Du poétique coloris,
En répandant avec finesse
Une nuance de sagesse
Jusque sur Bacchus et les Ris.   680
Par un arrêt en vaudevilles
On bannira les faux plaisants,
Les cagots fades et rampants,
Les complimenteurs imbéciles,
Et le peuple de froids savants.   685
Enfin cet heureux coin du monde
N'aura pour but dans ses statuts
Que de nous soustraire aux abus
Dont ce bon univers abonde.
Toujours sur ces lieux enchanteurs   690
Le soleil, levé sans nuages,
Fournira son cours sans orages,
Et se couchera dans les fleurs.
    Pour prévenir la décadence
Du nouvel établissement,   695
Nul indiscret, nul inconstant,
N'entrera dans la confidence:
Ce canton veut être inconnu.
Ses charmes, sa béatitude,
Pour base ayant la solitude,   700
S'il devient peuple, il est perdu.
Les états de la république
Chaque automne s'assembleront;
Et là notre regret unique,
Nos uniques peines seront   705

De ne pouvoir toute l'année
Suivre cette loi fortunée
De philosophiques loisirs,
Jusqu'à ce moment où la Parque
Emporte dans la même barque   710
Nos jeux, nos cœurs, et nos plaisirs.

A request from a friend releases the poetic faculty whose control its possessor is attempting to elude. He intends to devote himself to organized study in a college (Gresset humorously calls it a *chartreuse*, a word then used for any quiet retreat). Response to the request points up conditions that will constitute the subject of the poem. The theme of poetry's essence arises, and is thenceforth interwoven with related themes. The value of this particular retreat lies in its isolation from a dozen types of human menace and in its access to choice authors, in the shape of their books. Having dealt with these themes, the poet introduces another connected theme: the profoundest meaning of a *chartreuse* – it is of course a refuge, but essentially an inner refuge, a state of self-detachment, which keeps him free to face and to follow whatever life may bring. Appropriately, the theme of life's vicissitudes is next developed. Then from minor the key becomes major as the theme of yet another retreat is introduced, one capable of transforming life, a retreat recently shared by the speaker with friends in the country home of the poem's requester. The ambiance of her *chartreuse* and that of the one the poet at present occupies are now intermingled in a final theme, the dream of founding a perpetually ideal *chartreuse* with room for all who accept the happy conditions of its republic.

    La Chartreuse and its companion-piece, *Les Ombres*, are two halves of a diptych, the heaven and hades of a student's existence. Both poems are the first modern attempt to give such themes subjective treatment, their outward verve and inner seriousness being those of the student himself.

    The scene of the poem is the Latin Quarter of Paris. See notes to ll.118–21 and 544. A M[onsieur] D.D.N. – the dedicatee remains unidentified. (See J. Wogue, J.-B.-L. Gresset, 1894, 54, n.1.)

1 Gresset uses such antithetical word-combinations to obtain a richer mixture, e.g., *douce négligence* (l.4), *délicieuses erreurs* (l.13), *céleste tombeau* (l.131), etc.

8 Not spoken pejoratively but with a touch of pique.

9 *Hélicon*: a mountain in Greece, seat of the Muses; here, the art of poetry.

10 An allusion to institutions of learning whither one withdraws from humans to humanities.

18 *imbécile*: unintelligent.

21 There is no trace of the poem in which Gresset's friend made her request for this one.

23 *Permesse*: a river flowing from Mt Helicon, sacred to the Muses – and to poets.

28 The use of the name of Tasso's shepherd hero suggests the pastoral outlook of Gresset's friend.

30 i.e., his attention divided between study and the writing of poetry.

32 *Pinde*: mountain-chain to which Helicon belongs: sacred to Apollo, god of poetry.

50 Compare these last three lines with Ezra Pound's principle: 'as regarding rhythm: to compose in the sequence of the musical phrase, not in sequence of a metronome' (E. Pound, *A Retrospect*, in *Modern Poetry, Essays in Criticism*, ed. J. Hollander, Oxford, 1968, 3).

58 *manoirs sauvages*: Pluto's dwelling was known as 'le sombre manoir.'

71 Gresset returns several times to this point. Cf. 'Je n'aime point le style d'élégie,' *Voyage à la Fléche, Œuvres*, 1811, II, 279.

77 See Finch, *The Sixth Sense*, 148, also notes 84, 85, 86 in ch. 10. Contrary to accepted

ideas on eighteenth-century literary taste, Gresset, like his fellow poets, discriminates with regard to classical writers.

91–103 By their manner of expressing the doctrine of imaginative poetry's transforming power, they illustrate the point they are making.

104 *montagne*: Montagne Sainte-Geneviève, one of the seven hills of Paris, centre of the student quarter.

110 *harangues*: rhetorical disputes.

111 *séjour des agréments*: a development of *vos rivages* (l.56) and a further anticipation of the ideal *chartreuse* (ll.530–end of poem).

118–21 In the rue Saint-Jacques, opposite the Sorbonne, the Collège de Clermont, founded in 1550, was renamed Collège Louis-le-Grand in 1682, and remained under Jesuit direction until 1792. Its students bore names such as Conti, Montmorency, Mortemart, and Rohan; *fils des dieux* refers to those who became celebrated writers, e.g. Molière. Gresset was a student there when he wrote this poem.

130 *guérite*: suggests both isolation and security.

131 As a student, he is, of course, dead to the world.

132 *Stylite*: one who like Simon Stylites spends his life on a column.

133–5 *noir flambeau*: an ill-burning tallow candle; *lit sans rideau*: even the bed is drafty; *déshabillé*: for contemporaries, the word would be associated with casual elegance; for the speaker, it denotes anything to keep warm with.

143 i.e., 'drone a continuous low accompaniment to the melody of my verse.'

159 A shaky rush-bottomed chair. This gives additional force to *délicats* and *décorée*, in the next two lines.

162 Familiar to eighteenth-century readers as Aquilo, Auster, Eurus, Favonius, Notus, Zephyrus, etc.

165 A subtle reference to *courants d'air*.

170 A tragi-comic antithetical contrast: a familiar term for head-colds and the poetic word for death.

172–4 prepare for the change of key that is soon to occur.

177 *Pythonisses*: witches having the gift of prophecy.

179 The two comparisons are used to establish finally the extreme darkness and draughtiness of this retreat.

180 A reference to the *rose des vents*, the circular figure on the face of a compass, marked with 32 divisions.

181 *Almanach de Liège*: a then popular almanac of astronomical and astrological prognostications.

185–99 exemplify Gresset's skilful way of modulating from minor key to major.

217 *polie*: mindlessness.

218 Their deadly *séances* are organized, involving, as the next line indicates, flowery presentations and interminable votes of thanks.

222–5 Untutored *abbés*: short-sighted bigots; simpering nuns; sanctimonious ecclesiastics (broad hats, variously coloured and tasselled to denote rank – from abbot to cardinal – were worn by the clergy).

232 envious critics.

234 i.e., mad about stereotyped slogans. This and the next 19 lines clearly state Gresset's attitude as a modern.

267–86 Gresset, a former teacher of literature, condemns poets who use the kind of dead language which is the stock-in-trade of pedants (*classique* first meant *enseigné dans les classes*).

301 The whole poem is a demonstration of the fact that Gresset favours nuance rather than colour, like all our eighteenth century individualist poets.

302 i.e., any *chartreuse*.

310–23 are another transitional passage to the new key that is then entered.

322 *Elysée*: the paradise of the Greeks and Romans (for its most celebrated description, see the extract from *Télémaque*, above).

328 *Nestor*: an allusion to the wisdom underlying Anacreon's deceptively light style.

338 All four poets go deep, with a light touch. *Naïve*: unaffected; Madame Deshoulières was anything but naïve.

343 i.e., even Tasso and Milton in harmonizing with the preceding poets do not drown out the latter's voices.

350 According to these five authors, reason alone cannot reach truth, a belief they express with verve, wit and serenity.

354 i.e., by providing vivid illustrations of the truths presented by the authors just named.

357 *savantas*: people who frequent libraries and affect learning.

364 Cf. 'D'une longue suite de thèses/Contemplez les vils monuments,/Archives de doctes fadaises,/Supplice éternel du bon sens.' (Gresset, *Les Ombres* [*Œuvres*, 1811, I, 73–4])

415–16 Richelieu: as founder of the Académie Française (l'immortelle).

428 However, Gresset continued to write poetry all his life.

433 For Gresset, it is important to be a man as well as a poet. Finch, *The Sixth Sense*, 136.

437 *Thémis*: goddess of justice.

441 *Cypris*: Venus; here, the influence of a mistress.

451 The treaty of Seville, 1729, marked the beginning of the collapse of Franco-British relations. At the time Gresset wrote his poem, England was thought of by the French people as rabidly protestant and raucously constitutional.

488 i.e., a state of complete self-detachment.

544 *jardin*: the gardens of the Luxembourg Palace, adjacent to the University of Paris and much frequented by students.

565 The fusion of Italian (Ausonic) and French musical styles began under Lully and continued until their separation in mid-eighteenth century. Gresset was not only exceedingly fond of music but an accomplished musician.

597 Wine conjures up everything named in ll.595–6, being the elements of earth, water, air, and fire (sunlight), the essence of which is captured in a quarter-cask of Rhone valley white wine.

607 *Isore*: name of a stream (unidentified).

619 One of the 12 signs of the zodiac, corresponding to a period of time extending, approximately, from 23 July to 24 August.

620 Bacchus is always shown wearing a crown of ivy.

627 Montesquieu's *Lettres persanes*.

635 A carefree person, a friend who tells you the truth.

671 People who talk but have nothing to say.

Lettre d'un homme retiré du monde à un de ses amis

Je vois régner sur ce rivage
L'innocence et la liberté.
Que d'objets dans ce paysage,
Malgré leur contrariété,
M'étonnent par leur assemblage!   5
Abondante frugalité,
Autorité sans esclavage,
Richesses sans libertinage,
Charges, noblesse sans fierté.
Mon choix est fait; ce voisinage   10
Détermine ma volonté;
Bienfaisante Divinité,

Ajoutez-y votre suffrage.
Discipline de l'adversité,
Je viens faire dans ce village   15
Le volontaire apprentissage
D'une tardive obscurité.
Aussi bien de mon plus bel âge
J'aperçois l'instabilité;
J'ai déjà, de compte arrêté,   20
Quarante fois vu le feuillage
Par le Zéphyr ressuscité;
Du printemps j'ai mal profité,
J'en ai regret; et de l'été
Je veux faire un meilleur usage.   25
J'apporte dans mon hermitage
Un cœur dès longtemps rebuté
Du prompt et funeste esclavage,
Fruit de la folle vanité.
Paysan sans rusticité,   30
Hermite sans patelinage,
Mon but est la tranquillité.
Je veux, pour unique partage,
La paix d'un cœur qui se dégage
Des filets de la volupté.   35
L'incorruptible probité,
De mes aïeux noble héritage,
A la cour ne m'a point quitté;
Libre et franc sans être sauvage,
Du courtisan fourbe et volage   40
L'exemple ne m'a point gâté,
L'infatigable activité,
Reste d'un utile naufrage;
Mes études, mon jardinage,
Un repas sans art apprêté,   45
D'une épouse économe et sage
La belle humeur, le bon ménage,
Vont faire ma félicité.
C'est dans ce port qu'en sûreté
Ma barque ne craint point l'orage.   50
Qu'un autre à son tour emporté
Au gré de sa cupidité,
Sur le sein de l'humide plage,
Des vents ose affronter la rage;
Je ris de sa témérité,   55

Et lui souhaite un bon voyage.
Je réserve ma fermeté
Pour un plus important passage,
Et je m'approche avec courage
Des portes de l'éternité.   60
Je sais que la mortalité
Du genre humain est l'apanage.
Pourquoi seul serais-je excepté?
La vie est un pèlerinage;
De son cours la rapidité,   65
Loin de m'alarmer, me soulage.
De sa fin, quand je l'envisage,
L'infaillible nécessité
Ne me saurait faire d'outrage.
Brûlez de l'or empaqueté,   70
Il n'en périt que l'emballage;
C'est tout: un si léger dommage
Devrait-il être regretté?

This poem shows Gresset's skill at ringing still further changes on his favourite theme: a happy, peaceful retreat. Here the *chartreuse* is that of retirement, in middle age, to country life. The *épître* springs from direct experience but to interpret it in factual terms would be to defeat the poem's aim.

Gresset is past master in the handling of unemphatic rhyme, even under the most difficult circumstances, as here. Only two rhymes are used but with great skill, one of them delicately echoing the idea of age, the other, especially in its participial forms, gently suggesting completion or termination. Of the 73 rhymes, 56 are nouns, and since the entire poem contains 99 nouns in all, the rhyming ones are thus doubly indispensable. Of the remaining 17, 3 are verbs, 11 are past participles, while only 3 are pure adjectives. Primarily all the rhyme-words are necessary parts of the text, and only secondarily members of its rhyme-scheme. This arrangement already reduces the importance of the rhyme, an importance which is again reduced by the subtle avoidance of monotony in its distribution.

The end (ll.60–73) expands the original theme to that of the ultimate retirement and thus appropriately contains the climactic figure of the poem (ll.70–7). 'Or' symbolizes not the *anima mundi* or *filius macrocosmi* of the alchemists but relates to 'Je l'éprouverai comme on éprouve l'or' (*Zacharie*, XIII, 9) and 'la ville était d'or pur' (*Apocalypse*, XXI, 18), the latter being the supreme *chartreuse*.

28 *esclavage*: here used positively, in contrast with its negative use in l.7.

31 *patelinage*: hypocrisy.

38 Gresset neither possessed, nor affected to have, what was necessary in order to succeed at Versailles.

Lefranc de Pompignan

Jean-Jacques Lefranc, marquis de Pompignan, was born at Montauban in 1709. He had a short yet remarkable period as a magistrate, but was of too independent a mind to remain a judge for long; he resigned his post in 1745, in order to pursue a new existence as playwright, poet, and patron of the arts. When his play, Zaraïde, which had an Oriental setting, was presented to the Théâtre Français, Voltaire, who saw in it a threat to Zaïre, was influential in having Lefranc's play set aside. As a result Lefranc stopped writing for the stage. However, his sacred and secular verse, and his translations from Greek and Latin, established him as one of the fine lyric poets of his age.

In 1760, he was elected to the Académie Française, but in his Discours de réception he saw fit to speak out against the Encyclopedists and was immediately attacked on all sides. Indeed, he appears to have been nauseated by the ferocity of the pamphlets written against him and soon retired to his property at Pompignan. It was there that he died, in 1784.

A fundamentally simple and direct personality, Lefranc was no match for the adroit maneuverers whose path he crossed. Literary history has chosen to ridicule his career as one of bad timing, disappointment, and disillusionment. But Lefranc looked upon it differently. His private life records deep joys and satisfactions. He was intensely interested in languages. He knew Hebrew, Greek, Latin, English, Italian, and Spanish. His library contained some 26,000 volumes and a music collection which is now one of the treasures of the Toulouse Ecole des Beaux-Arts. Devoted to the arts, especially poetry, he was fortunate in having a home in which these artistic pursuits could flower: his wife was the beloved inspirer of much of his work and his poetry offers deeply moving tributes to her influence. Added to this, Lefranc, who revelled in nature as the handiwork of God and for whom the highest function of lyricism was to communicate feeling, enjoyed all created things in a fresh, optimistic way and with a poet's artistic vision.

Lefranc's Poésies sacrées have a greater range than his secular verse, but throughout his work there is a shift of dynamic effect, a suppleness and musicality which may be partly due to his experiments in Tragédie lyrique, opéra, and opéra-ballet. Every one of his poems is distinct from the rest in its number of stanzas and in the length of the stanzas themselves. He makes use of 135 different, mostly irregular, stanza-forms, each of which, harmonizing with a change of mood, heightens the sense of the feeling it embodies.

As a magistrate accustomed to probing for the exact expression of an idea, as a linguist versed in the grammatical systems of languages, as a translator meticulous in retaining the exact flavour of his original text, he brings a special contribution to that alchemical process which is the *raison d'être* of the poet, whose aim, as Lefranc tells us, is not only to depict or express but also to weave a spell.

Lefranc not only knew Hebrew but undertook the composition of a Hebrew grammar and dictionary. (See Fr.-A. Duffo, J.-J. *Lefranc, Etude sur sa vie et ses œuvres*, 1913, 156). He regarded the psalms and hymns of the Bible as the supreme examples of poetry and was well aware that they were intended to be sung to a musical accompaniment. There is little doubt that Lefranc, himself a musician, hoped that his own transpositions of such poems might be set to music, for which purpose they are admirably suited. (See his preface to *Poésies sacrées, Œuvres*, 1784, I, lix–lx.)

TEXT *Œuvres de M. le Marquis de Pompignan*. A. Paris, chez Nyon l'aîné, 1784. 4 vol. 8°

Ode 5, tirée du Psaume 67: Exurgat Deus

Dieu se lève: tombez, roi, temple, autel, idole.
Au feu de ses regards, au son de sa parole
Les Philistins ont fui.
Tel le vent dans les airs chasse au loin la fumée;
Tel un brasier ardent voit la cire enflammée   5
Bouillonner devant lui.

Chantez vos saintes conquêtes,
Israël, dans vos festins;
Offrez d'innocentes fêtes
A l'auteur de vos destins.   10
Jonchez de fleurs son passage,
Votre gloire est son ouvrage,
Et le Seigneur est son nom.
Son bras venge vos alarmes
Dans le sang et dans les larmes   15
Des familles d'Ascalon.

Ils n'ont pu soutenir sa face étincelante;
Du timide orphelin, de la veuve tremblante

Il protège les droits.
Du fond du sanctuaire il nous parle à toute heure;   20
Il aime à rassembler dans la même demeure
Ceux qui suivent ses lois.

Touché du remords sincère,
Il rompt les fers redoutés
Qu'il forgea dans sa colère   25
Pour ses enfants révoltés.
Mais ses mains s'appesantissent
Sur les peuples qui l'aigrissent
Par des attentats nouveaux;
Et dans des déserts arides   30
Sur ces cœurs durs et perfides
Il épuise ses fléaux.

Souverain d'Israël, Dieu vengeur, Dieu suprême,
Loin des rives du Nil tu conduisais toi-même
Nos aïeux effrayés.   35
Parmi les eaux du ciel, les éclairs et la foudre,
Le mont de Sinaï, prêt à tomber en poudre,
Chancela sous tes pieds.

De l'humide sein des nues
Le pain que tu fis pleuvoir,   40
A nos tribus éperdues
Rendit la vie et l'espoir.
Tu veilles sur ma patrie,
Comme sur sa bergerie
Veille un pasteur diligent;   45
Et ta divine puissance
Répand avec abondance
Ses bienfaits sur l'indigent.

Sur l'abîme des flots, sur l'aile des tempêtes,
Tes ministres sacrés étendent leurs conquêtes   50
Aux lieux les plus lointains.
Ton peuple bien-aimé vaincra toute la terre,
Et le sceptre des rois, que détrône la guerre,
Passera dans ses mains.

Ses moindres efforts terrassent   55
Ses ennemis furieux;
Des périls qui le menacent
Il sort toujours glorieux.

Roi de la terre et de l'onde,
Il éblouira le monde   60
De sa nouvelle splendeur.
Ainsi du haut des montagnes,
La neige dans les campagnes
Répand sa vive blancheur.

O monts délicieux! O fertile héritage!   65
Lieux chéris du Seigneur, vous êtes l'heureux gage
De son fidèle amour.
Demeure des faux dieux, montagnes étrangères,
Vous n'êtes point l'asile où le Dieu de nos pères
A fixé son séjour.   70

Sion, quelle auguste fête!
Quels transports vont éclater!
Jusqu'à ton superbe faîte
Le char de Dieu va monter.
Il marche au milieu des anges   75
Qui célèbrent ses louanges,
Pénétrés d'un saint effroi.
Sa gloire fut moins brillante
Sur la montagne brûlante
Où sa main grava sa loi.   80

Seigneur, tu veux régner au sein de nos provinces;
Tu reviens entouré de peuples et de princes,
Chargés de fers pesants.
L'idolâtre a frémi quand il t'a vu paraître;
Et quoiqu'il n'ose encore t'avouer pour son Maître,   85
Il t'offre des présents.

Ce Dieu si grand, si terrible
A nos voix daigne accourir;
Sa bonté toujours visible
Se plaît à nous secourir.   90
Prodigue de récompenses,
Malgré toutes nos offenses
Il est lent dans sa fureur;
Mais les carreaux qu'il apprête,
Tôt ou tard brisent la tête   95
De l'impie et du pécheur.

Dieu m'a dit: de Bazan pourquoi crains-tu les pièges?
La mer engloutira ces tyrans sacrilèges

Dans son horrible flanc.
Tu fouleras aux pieds leurs veines déchirées;   100
Et les chiens tremperont leurs langues altérées
Dans les flots de leur sang.

Les ennemis de sa gloire
Sont vaincus de toutes parts:
La pompe de sa victoire   105
Frappe leurs derniers regards.
Nos chefs enflammés de zèle
Chantent la force immortelle
Du Dieu qui sauva leurs jours;
Et nos fille triomphantes   110
Mêlent leurs voix éclatantes
Au son bruyant des tambours.

Bénissez le Seigneur, bénissez votre maître,
Descendants de Jacob, ruisseaux que firent naître
Les sources d'Israël;   115
Vous, jeune Benjamin, vous l'espoir de nos pères,
Nephtali, Zabulon, Juda roi de vos frères,
Adorez l'Eternel.

Remplis, Seigneur, la promesse
Que tu fis à nos aïeux;   120
Que les rois viennent sans cesse
Te rendre hommage en ces lieux.
Dompte l'animal sauvage
Qui contre nous, plein de rage,
S'élance de ces marais;   125
Pour éviter ta poursuite,
Qu'il cherche en vain dans sa fuite
Les roseaux les plus épais.

Des nations de sang confonds la ligue impie.
Les envoyés d'Egypte et les rois d'Arabie   130
Reconnaîtront tes lois.
Chantez le Dieu vivant, royaumes de la terre;
Vous entendez ces bruits, ces éclats de tonnerre,
C'est le cri de sa voix.

O ciel, O vaste étendue,   135
Les attributs de ton Dieu,
Sur les astres, dans la nue
Sont écrits en traits de feu.

Les prophètes qu'il envoie,
Sont les héros qu'il emploie   140
Pour conquérir l'univers.
Sa clémence vous appelle,
Nations, que votre zèle
Serve le Dieu que je sers.

The virtuoso use, in this ode, of a succession of different rapid vigorous manners, is
fully justified by the disparate nature of the constituents of the original psalm. (NB It
was perhaps in order to allow readers unfamiliar with Hebrew to make comparisons
between the original psalms and Lefranc's transpositions of them that the poet gave
the latter the numeration of the Vulgate, which differs by one figure from that of the
Hebrew version. (See *The Jerusalem Bible*, Garden City, 1966, 779.)
16 *Ascalon*: Askelon, one of the five royal cities of the Philistines.
97 *Bazan*: Bashan, a broad, fertile plateau east of the Jordan.

Ode 8, tirée du Psaume 76: Voce mea ad Dominum clamavi

Le Seigneur écoute ma plainte,
Mes cris ont attiré ses regards paternels.
J'ai percé la majesté sainte
Dont l'éclat l'environne, et le cache aux mortels.

Mes regrets, mes clameurs funèbres,   5
Au lever de l'aurore, imploraient son appui;
Je l'invoquais dans les ténèbres,
Et mes tremblantes mains s'élevaient jusqu'à lui.

Dans les plus cruelles alarmes
Aux douleurs, aux remords, à la crainte immolé,   10
Je m'excitais moi-même aux larmes,
Mais Dieu se fit entendre, et je fus consolé.

Je suivais jusqu'aux premiers âges
Ses soins pour nos aïeux, son amour, ses bienfaits;
Partout s'offraient des témoignages   15
De ce qu'il fit pour eux, sans se lasser jamais.

Quoi! m'écriais-je, il fut leur père,
Leur chef, leur conducteur en tout temps, en tout lieu.
Oubliera-t-il dans sa colère
Que nous sommes son peuple, et qu'il est notre Dieu?   20

Non, l'espérance m'est rendue,
Je sens fuir loin de moi les périls que je crains.
Dieu soutient mon âme abattue,
Et ce prompt changement est l'œuvre de ses mains.

J'ai rappelé dans ma mémoire   25
Des bontés du Seigneur l'inaltérable cours.
Mon cœur méditera sa gloire,
Et ma bouche aux mortels l'annoncera toujours.

Eh! quel Dieu plus grand que le nôtre!
Quel Dieu peut égaler sa force et son pouvoir!   30
Israël n'en aura point d'autre,
Lui seul de nos tyrans a confondu l'espoir.

Dieu puissant, du sein de la nue
Ta main guidait Jacob par l'Egypte investi;
Les flots troublés l'ont reconnue,   35
Et du son de ta voix leur gouffre a retenti.

Tes cris, semblables au tonnerre,
Jusqu'au fond de l'abîme ont porté la terreur;
Et les fondements de la terre,
Par ta course ébranlés, ont tressailli d'horreur.   40

Le tourbillon qui t'environne,
Vomit des traits brûlants qui répandent l'effroi:
Les éclairs brillent, le ciel tonne,
La mer frémit, recule, et s'ouvre devant toi.

Ton char dans ces routes profondes   45
Ne laisse point de trace, et court à l'autre bord.
Pharaon te suit dans les ondes,
Il y cherche ton peuple, il y trouve la mort.

Israël après mille obstacles
Va remplir le désert de ses cris triomphants.   50
Seigneur, un seul de tes miracles
Anéantit l'Egypte et sauve tes enfants.

This ode is in Lefranc's intimate manner, the effect of each substantial stanza being heightened by expressive rhythmic effects.

Ode 12, tirée du Psaume 106: Confitemini Domino quoniam bonus

Rendez gloire au Seigneur, à sa bonté suprême,
Attribut éternel, divin comme lui-même,
Qu'Israël trop rebelle éprouva tant de fois.
Que ceux qu'il racheta, nous redisent encore,
Qu'errants et dispersés du couchant à l'aurore,   5
Leur Dieu les rassembla, les unit sous ses lois.

Des Hébreux égarés dans des sables funestes
La soif, la faim, la mort suivaient les tristes restes;
Il entendit leurs cris, il conduisit leurs pas.
L'héritage promis leur rendit l'abondance :   10
Célébrez du Seigneur l'ineffable clémence,
Annoncez aux mortels les œuvres de son bras.

Ils étaient accablés de besoins et de peines;
Courbés sous leur misère autant que sous leurs chaînes,
Les ténèbres, la mort les couvraient en tout lieu.   15
Trop digne châtiment de leurs lâches murmures,
Et des rébellions que ces peuples parjures
Opposaient si souvent aux conseils de leur Dieu.

Humiliés, proscrits, plongés dans la tristesse,
Point de secours humain qui soutînt leur faiblesse; 20
Il entendit leurs cris, les sauva du trépas.
De leurs maîtres cruels il brisa la puissance :
Célébrez du Seigneur l'ineffable clémence,
Annoncez aux mortels les œuvres de son bras.

Les barrières de fer par lui sont arrachées,   25
Et les portes d'airain de leurs gonds détachées,
Livrent à l'ennemi leurs gardes éperdus.
Ses peuples toutefois dans l'opprobre gémissent;
Mais s'ils sont malheureux, s'ils souffrent, s'ils périssent,
Ce n'est qu'à leurs forfaits que ces malheurs sont dûs. 30

Il n'est point d'aliment que leur bouche n'abhorre;
C'est la mort, le tombeau que leur douleur implore;
Mais il entend les cris de ces enfants ingrats.
Il vient du haut du ciel hâter leur délivrance :
Célébrez du Seigneur l'ineffable clémence,   35
Annoncez aux mortels les œuvres de son bras.

Qu'ils chantent avec nous le Créateur du monde,
Ces citoyens des mers qu'une ardeur vagabonde
Dès l'enfance enchaîna dans de frêles vaisseaux;
Partout de son passage ils trouvent des vestiges,   40
Et leurs yeux chaque jour sont témoins des prodiges
Que sa main redoutable opère sur les eaux.

Il dit : la mer se trouble, et l'esprit des tempêtes
De ses fers échappés vole et fond sur leurs têtes;

Dans les flots entr'ouverts je les vois engloutis: 45
Repoussés jusqu'aux cieux dans l'abîme ils retombent,
Et tels que dans l'ivresse, ils chancellent, succombent,
Sous l'orage accablés, par la crainte abrutis.

Dieu les entend alors qui l'appellent, qui prient;
Touché de leurs clameurs il accourt, les vents fuient, 50
La mer se tait, la foudre interrompt ses éclats.
Le nocher plein de joie adore sa présence:
Célébrez du Seigneur l'ineffable clémence,
Annoncez aux mortels les œuvres de son bras.

Que du peuple assemblé les cantiques l'implorent; 55
Dans leurs sages conseils que nos vieillards l'honorent;
Il punit les méchants par des fléaux divers.
Pour les perdre il tarit les ruisseaux, les fontaines,
Empoisonne des vents les brûlantes haleines,
Et change les moissons en herbages amers. 60

Mais quand il veut, les eaux de leurs sources renaissent;
La terre est humectée, et les fruits reparaissent.
Il place l'indigent et le pauvre en ces lieux.
Ils peuplent la campagne, ils construisent des villes;
Les vignes et les champs, redevenus fertiles, 65
Secondent à l'envi leurs soins laborieux.

Il bénit leurs travaux, il augmente leur race.
Bientôt ces cœurs trop durs encourent sa disgrâce,
Il les frappe, les livre à de nouveaux tyrans.
Les chefs sont méprisés, le peuple est indocile, 70
Leur nombre diminue; et n'a plus pour asile
Que les vastes déserts où leurs pas sont errants.

Mais il les sauve encor, les remet dans sa voie;
Le pauvre est soulagé, le juste est dans la joie,
Le méchant n'ose plus blasphémer ses bienfaits. 75
Quel homme observera ces traits de sa puissance,
Et quel autre assez sage, admirant sa clémence,
Des bontés du Seigneur concevra les effets?

The refrain of this poem, which occurs in certain stanzas only, is not a rhyming coup-
let, but rhymes with two previous lines in the stanza. The refrain-rhymes, appearing
earlier in the stanza, announce the refrain, and thus help increase the stirring, almost
breathless, pace, until at the end of the last stanza, the refrain, taking the form of a
question, shows the whole poem to be a vibrant anticipation of refrains to come.

Cantique de Judith

Que du bruit des tambours nos villes retentissent,
Que la trompette sonne, et que nos voix s'unissent,
Rendons au Dieu vivant un immortel honneur;
Il brise quand il veut le glaive de la guerre:
Des cieux et de la terre   5
C'est l'unique Seigneur.

Au milieu de son peuple il a dressé sa tente:
C'est de là qu'il répand sa lumière éclatante,
Que des Rois conjurés il repousse l'effort,
Et que son bras couvert de flamme et de fumée   10
Lance sur leur armée
Le tonnerre et la mort.

Assur environné de nations altières
Vers les rochers du nord a percé nos frontières,
Il a brûlé nos bois, dévoré nos sillons,   15
Et ce peuple innombrable épuisait dans ses courses
Les torrents et les sources
Qui baignent nos vallons.

Les cruels s'avançaient, et de la Palestine
Dans leurs vastes desseins achevaient la ruine,   20
Les fers étaient forgés, le glaive était tout prêt.
Mais Dieu livre à la mort leur conducteur infâme
Et la main d'une femme
Exécute l'arrêt.

Ce n'est point la brillante élite   25
De nos combattants généreux,
Qui de la race Israëlite
Détruit l'ennemi dangereux,
Ce n'est point un géant horrible
Qui renverse d'un coup terrible   30
Ce chef dans les combats nourri:
Immolé de ses propres armes,
Il est mort vaincu par les charmes
De la fille de Mérari.

Elle a quitté l'habit funèbre,   35
Ce n'est plus une épouse en deuil,
C'est une héroïne célèbre
Qui nous arrache du cercueil.

Des parfums reprenant l'usage
Elle colore son visage 40
Pour exciter de tendres voeux,
Et sa main avec art déploie
Les diamants, l'or et la soie
Sur les boucles de ses cheveux.

Ses voiles flottants, sa chaussure 45
Du barbare ont séduit les yeux,
Il conçoit dans son âme impure
Les désirs les plus furieux.
La main qu'il adorait le frappe.
Il expire: Judith s'échappe 50
D'un camp qu'elle a rempli d'horreur.
Ninive tremble sur son trône;
D'Ecbatane et de Babylone
Les murs frémissent de terreur.

De hurlements épouvantables 55
Les camps d'Assur ont retenti.
Au bruit de ces voix lamentables
Israël en foule est sorti.
Dieu, qui nous couvrait de ses ailes,
Contre des peuples infidèles 60
A daigné combattre avec nous:
Sa présence a troublé leurs âmes,
Et les enfants des jeunes femmes
Les ont percés de mille coups.

Célébrons le Seigneur par de nouveaux cantiques: 65
Il a rempli pour nous ses promesses antiques.
Jehovah! Dieu des dieux! que ton pouvoir est grand!
A tes divins decrets qui fera résistance?
Tu détruis la puissance
Des plus superbes rois, du plus fier conquérant. 70

Que les cieux sous tes pieds, que la terre fléchissent,
Que les êtres divers à tes lois obéissent,
Ton esprit a crée l'onde, l'air et le feu;
Il tira du néant l'espace et la matière,
Et d'un peu de poussière 75
Son souffle enfanta l'homme, image de son Dieu.

Les monts épouvantés à ton aspect chancellent,
Ta voix émeut les eaux que leurs voûtes recèlent,

Sous ton char embrasé les rochers sont dissous:
La terre s'en ébranle, et les astres s'éteignent.   80
Mais, de ceux qui te craignent,
Que les destins sont beaux! que le bonheur est doux!

Car tu ne cherches pas l'odeur des sacrifices.
Que t'importent ces boucs, ces nombreuses génisses
Qui nagent dans le sang, au pied de tes autels?   85
Hommages fastueux des âmes les plus viles,
Dont les tributs serviles
Ne fixeront jamais tes regards immortels.

Malheur aux nations qui combattront la tienne:
Il n'est point contre toi d'appui qui les soutienne,   90
Ta sévère équité les condamne à périr,
Et leurs corps au milieu des serpents et du soufre,
Plongés au fond du gouffre
Se sentiront sans cesse et renaître et mourir.

This poem, full of movement, preserves its dramatic vividness from resounding start
to reverberating finish.
53 capital cities of Media and Babylonia.
56 *Assur*: Assyria.

Cantique d'Ezéchiel

O Tyr, seras-tu satisfaite,
Toi qui disais à l'univers:
Je suis d'une beauté parfaite,
Mon trône est bâti dans les mers?
Tes citoyens pour te construire,   5
Dans ta demeure ont su conduire
Les plus hauts cèdres du Liban,
Les sapins qu'Hermon nous présente,
Tout l'ivoire que l'Inde enfante,
Et les vieux chênes de Bazan.   10

Tu vis l'Italie et la Grèce
T'offrir dans un tribut nouveau,
Leur industrie et leur richesse
Pour l'ornement de ton vaisseau.
L'Egypte de ses mains habiles   15
A tissu tes voiles mobiles
Du lin cueilli dans ses sillons;
Et l'Elide à tes pieds tremblante,
A de sa pourpre étincelante
Formé tes riches pavillons.   20

Tes besoins seuls et tes usages
De tes voisins fixaient les mœurs.
Arad défendait tes rivages,
Sidon t'envoyait des rameurs.
Pour conducteurs de tes navires,   25
Tu ne prenais dans les empires
Que des sages et des vieillards.
Ton commerce, tyran du monde,
T'amenait au travers de l'onde
Tous les hommes et tous les arts.   30

De tes phalanges renommées
Les Perses étaient les soldats.
Dans tes camps et dans tes armées
Les Lydiens suivaient tes pas.
Aux tours qui bordaient ton enceinte,   35
Ils attachaient, exempts de crainte,
Leurs carquois et leurs boucliers.
Ils en décoraient tes murailles,
Et ces instruments des batailles
Relevaient tes appas guerriers.   40

De Carthage à tes vœux unie
Les métaux remplissaient ta main,
Tu rassemblais dans l'Ionie
Des esclaves et de l'airain.
Fiers de te consacrer ses peines,   45
Le Scythe exerçait dans ses plaines,
De jeunes coursiers pour tes chars;
Et les Syriens avec joie
Cédaient les perles et la soie
Qu'ils étalaient à tes regards.   50

Damas par d'utiles échanges
Payait tes soins industrieux.
Saba t'apportait les mélanges
De ses parfums délicieux.
Tu n'étais pas moins secondée   55
Des habitants de la Judée,
Ces peuples favoris du ciel,
Qui, pour remplir tes espérances,
Joignaient à des moissons immenses,
Du baume, de l'huile et du miel.   60

Cédar, Assur et l'Arabie
S'associaient à tes efforts.

Les déserts de l'Ethiopie
Pour toi seule avaient des trésors.
Sur le continent, dans les îles 65
Tu voyais les mortels dociles
Ne commercer que sous tes lois;
Et des campagnes du Sarmate
Jusqu'aux rivages de l'Euphrate
Ta puissance étendait ses droits. 70

O Tyr, O trop superbe reine,
Tes richesses t'enflaient d'orgueil.
Des mers unique souveraine,
Tu ne redoutais point d'écueil.
En vain l'orage te menace, 75
Tes rameurs pleins de ton audace
Te mènent sur les grandes eaux.
Mais, O confiance funeste!
Ministres du courroux céleste
Les vents te brisent sur les flots. 80

Tes riches magasins, tes temples, tes portiques,
Tes vastes arsenaux, tes palais magnifiques,
Tes prêtres, tes soldats, les docteurs de ta loi,
Tes trésors, tes projets, et tes grandeurs si vaines,
Et tes femmes hautaines, 85
Dans les profondes mers tomberont avec toi.

Les îles et la terre en seront consternées.
Au bruit de ce revers les flottes éloignées
Interrompront leur course et craindront même sort.
Les matelots troublés chercheront le rivage, 90
Et pour fuir le naufrage
Ils quitteront la rame, et resteront au port.

Un déluge de pleurs couvrira tes ruines;
Des royaumes lointains, des régions voisines
Le cri retentira sur l'onde et dans les airs. 95
Les cheveux arrachés, la cendre et les cilices,
Volontaires supplices,
Annonceront partout le deuil de l'univers.

Les mortels accouraient pour admirer tes fêtes.
Que verront-ils? des flots émus par les tempêtes, 100
Tes courtisans plongés dans le sein des douleurs.
Ils se rappelleront ton antique fortune,
Et d'une voix commune
Dans de lugubres chants ils plaindront tes malheurs.

Dans ce trouble épouvantable 105
Avec eux nous redirons :
Quelle cité fut semblable
A celle que nous pleurons!
Elle garde le silence ;
Les flots avec violence 110
Ont englouti ses remparts.
O Tyr, O ville célèbre,
Quel voile obscur et funèbre
Te dérobe à nos regards?

O Tyr, les maîtres du monde 115
S'enrichissaient de tes biens,
En peuple, en trésors féconde,
Et puissante en citoyens :
L'univers ton tributaire,
De ta beauté mercenaire 120
Fut trop longtemps ébloui.
Que te reste-t-il? tes crimes.
Des mers les profonds abîmes,
Voilà ton trône aujourd'hui.

Les rois changent de visage, 125
Leurs sujets tremblent comme eux.
Tu ne fixais leur hommage
Que par ton éclat pompeux.
Ces enfants de l'avarice,
Ces adorateurs du vice 130
Poussent des cris superflus.
Adieu, ville infortunée ;
Pour jamais exterminée
Nos yeux ne te verront plus.

The first eight rapid octosyllabic stanzas reconstruct Tyre's proud massiveness. No sooner has the city grown to its full splendour than the rhythm lengthens out into four stanzas of sustained and sombre prediction. For the lament over the fallen city, which follows, the original *dizain* is again used, but now in heptasyllabics which suggest the brokenness they mourn. The three movements of the poem are thus fully ochestrated.
8 *Hermon*: a mountain between Syria and Lebanon.
10 *Bazan*: See note, Ode 5, l.97.
18 *Elide*: Elis, a district in the Peloponnesus.
23 *Arad*: a plain in southern Tunisia.
34 *Lydiens*: Lydian money-changers.
53 *Saba*: Sheba.
61 *Cédar*: see note to *Ode contre les calomniateurs* (Rousseau), p.139.
68 *Sarmate*: Sarmatians, ancient people in what is now part of modern Russia, from the Vistula and the Danube to the Volga and the Caucasus.

Cantique de Siméon

Tu remplis enfin ta promesse,
Seigneur, tu me donnes la paix.
Je termine avec allégresse,
Les derniers jours d'une vieillesse
Que tu combles de tes bienfaits.   5

Quel spectacle! quel nouvel âge
Nous est préparé par tes mains!
Je tiens dans mes bras, j'envisage
L'auguste Enfant qui nous présage
La délivrance des humains.   10

Oui, de ta sagesse profonde
J'ai reçu le gage éternel;
Et j'ai vu la clarté féconde
Qui luit pour le salut du monde,
Et pour la gloire d'Israël.   15

The strong lever of each stanza turns freely on the steady fulcrum of its middle line.

Prophétie d'Isaïe

Voici le Serviteur, le Ministre que j'aime,
Rempli de mon esprit, de mon pouvoir suprême,
Arbitre souverain du sort des nations,
Qui dans son tribunal, sans arrogance vaine,
Sans faveur et sans haine,   5
Jugera seulement l'âme et les actions.

Il n'accablera point d'une main meurtrière
Le lin qui rend encore une faible lumière,
Ni le roseau brisé qui réclame un appui.
Toujours calme et serein, aux innocents propice,   10
La paix et la justice
Etabliront les lois qu'il prépare aujourd'hui.

Moi qui créai des cieux la voûte étincelante,
Les animaux, la terre et les fruits qu'elle enfante,
Qui fais respirer l'homme et qui soutiens ses pas: 15
C'est moi dont tu remplis la parole éternelle,
Et c'est moi qui t'appelle
Pour éclairer le monde et finir ses combats.

L'aveugle par tes soins ouvrira la paupière.
Tu rendras aux captifs leur liberté première;   20

Mon nom est le Seigneur, il n'appartient qu'à moi.
Je ne souffrirai point que le bronze et l'argile,
Dieux d'un peuple imbécile,
Partagent mes honneurs au mépris de ma loi.

De mes prédictions souvent multipliées,   25
Et par l'événement toujours justifiées,
Les fastes d'Israël gardent le souvenir.
Je n'ai pas tout prédit au peuple qui m'adore,
Et je prétends encore
Dévoiler à ses yeux un nouvel avenir.   30

Célébrez le Seigneur, et par reconnaissance
Jusqu'au bout de la terre exaltez sa puissance,
Vous qui marchez sur l'onde au bruit des aquilons;
Peuple oisif des cités, et vous, fiers insulaires,
De vos chants tributaires   35
Remplissez les déserts, les champs et les vallons.

Cédar en des palais transformera ses tentes,
L'Arabe interrompra ses courses inconstantes,
Du haut de leurs rochers ils jetteront des cris.
Et le Seigneur armé de son glaive invincible,   40
Tel qu'un guerrier terrible,
Foulera des vaincus les corps et les débris.

Je me suis tu longtemps, mais, je romps le silence:
Ma voix dans ses éclats se fera violence,
Une femme en travail crie avec moins d'effort.   45
Tout sera confondu, renversé par mes armes,
Et dans ce jour de larmes
Ma victoire sera le règne de la mort.

Je changerai les eaux en des veines de sable;
Des traits de mon courroux l'empreinte ineffaçable   50
Desséchera les fruits, les plantes et les fleurs.
Mais je dissiperai les épaisses ténèbres
Dont les voiles funèbres
De tant d'infortunés augmentaient les douleurs.

Dans des sentiers plus droits je saurai les conduire;   55
Prompt à les secourir, fidèle à les instruire,
Je sauverai leurs jours et du fer et du feu;
J'exterminerai ces cœurs opiniâtres,
Ces mortels idolâtres
Qui disaient au métal: coule et deviens un dieu.   60

Aveugles, regardez; sourds, prêtez-moi l'oreille.
Qui sont-ils les mortels qu'aucun bruit ne réveille,
Que nul éclat ne frappe, et que rien n'attendrit?
C'est Israël, mon peuple, à qui tant de Prophètes
Ont servi d'interprètes   65
Des divers monuments où mon culte est écrit.

Et ce peuple a choisi mes ennemis pour maîtres;
Voyez ce que j'ai fait pour lui, pour ses ancêtres;
J'ai mis entre leurs mains mon autel et mes lois.
Ils en sont dépouillés, ils sont chargés de chaînes,   70
Et n'ont plus dans leurs peines
D'amis ni d'alliés qui protègent leurs droits.

Opprimés dans la paix, écrasés dans la guerre,
Méprisables jouets du reste de la terre,
Partout vaincus, partout exemples du malheur: 75
Victimes tour à tour de leurs rois et d'eux-mêmes,
Vains, inconstants, extrêmes,
Et dans leur décadence insolents sans valeur.

Dans cet excès d'opprobre, enflés de leur doctrine,
Ils osent de ma loi conjurer la ruine,   80
Attaquer ma puissance et mes propres bienfaits;
Et pour surcroît enfin des maux qui les dévorent,
Aveugles ils ignorent
Que c'est Dieu qui les frappe et punit leurs forfaits.

This poem, a fine example of Lefranc's energetic mode, works up from the very begin-
ning to a strong climax at the end.
37 *Cédar*: see note to *Ode contre les calomniateurs* (Rousseau), p.139.

Les Tombeaux

L'autre jour sans inquiétude
Respirant la fraîcheur de l'air,
J'errais dans une solitude
Sur le rivage de la mer.

J'aperçus de loin des statues,   5
De vieux débris d'arcs triomphaux
Et des colonnes abattues;
J'approchai: je vis des tombeaux.

C'était d'abord le mausolée
D'un de ces conquérants vantés   10

Par qui la terre désolée
Vit détruire champs et cités.

On y voyait trente batailles,
Des rois, des peuples mis aux fers
Des triomphes, des funérailles,   15
Et les tributs de l'univers.

Au pied de deux cyprès antiques
Un monument plus gracieux,
Par ses ornements symboliques,
Attirait l'oeil du curieux.   20

C'était la tombe d'un poète
Admiré dans le monde entier.
Le luth, la lyre et la trompette
Pendaient aux branches d'un laurier.

Tout auprès en humble posture   25
Un pêcheur était enterré;
Un filet pour toute parure
Couvrait son cercueil délabré.

Ah! dis-je, quel sort déplorable!
Cet objet aux passants offert,   30
Leur apprend que ce misérable
A moins vécu qu'il n'a souffert.

Et pourquoi? reprit en colère
Un voyageur qui m'entendit,
La pêche avait l'art de lui plaire: 35
C'était son métier, il le fit.

Tu vois par là ce que nous sommes;
Le poète fait des chansons,
Le guerrier massacre des hommes,
Et le pêcheur prend des poissons.   40

Mirabeau, 1743

According to Lefranc (see *Œuvres*, 1784, II, 106), the subject of *Les Tombeaux* was suggested by two lines, then thought to be by Sappho, which have been translated into English as follows:

To Pelagon, the fisher, on the shore
A tomb his sire Meniscus made,
Set there his trawler's basket and his oar,
To mark the hard toil of his trade.

(See C.R. Haines: *Sappho, Poems and Fragments*, London, 1927, 176.)

The picturesque variety characteristic of tombs in France was done away with by the decree of Saint-Cloud (1806) which brought them under the control of government regulations. A lover of nature, on a beach heretofore unknown to him, is shown in a mood of tranquil enjoyment, remote from civilization. But even here, beside the source of life, civilization intrudes (*statues*) in the form of what the speaker's aesthetic curiosity (see also l.20) at first takes for works of art. They are indeed such (*tombeaux*) but, being functionally associated with death, change the promenader's mood to one of observation and reflection, in the course of which each tomb suggesting the character of its occupants is described in terms of its symbolic ornaments.

17 *deux cyprès*: doubtless representing the twin symbolic values of the cypress: death and eternal life (see Guy de Tervarent, *Attributs et symboles dans l'art profane*, Droz, 1958, 141–2).

23–4 Since in every field of poetry he won honours, his instruments are appropriately suspended from a laurel.

28 *filet*: in contrast with sculptured *fers* (l.14) and musical instruments (l.23), the net is real.

32 By introducing dramatic dialogue, the poet is able to present the two possible reactions: condescending pity, in this stanza and, in the two closing ones, admiring approbation.

35 The fisherman finds the acme of happiness in his job alone. A rewarding comparison may be made between *Les Tombeaux* and Valéry's sonnet, *César* (*Œuvres*, 1, Pléiade, 1962, 79) which contrasts thinker, warrior, and fisherman.

Ode 9

Les derniers jours de l'automne
Ont fini dans nos vallons;
Vertumne emmène Pomone,
Des vergers qu'il abandonne
Au souffle des aquilons.   5

Voyez ces monts dont le faîte
Par les frimas est blanchi,
Cette source qui s'arrête,
Et ces arbres dont la tête
Sous les glaçons a fléchi.   10

Le berger laisse au village
Sa musette et son hautbois;
Et des oiseaux de passage
Le cri perçant et sauvage
Retentit au fond des bois.   15

De ces jours mélancoliques
Bravons la froide pâleur;
Et de ces foyers antiques,
Qu'un tas de faisceaux rustiques
Entretienne la chaleur.   20

Près de ce feu secourable,
Dans ces fragiles cristaux,
Versons le nectar aimable,

Qui pour égayer ma table
A vieilli dans mes tonneaux.   25

Contre la rive prochaine
Laissons les eaux se briser,
Les vents ravager la plaine;
Le pouvoir qui les déchaine,
Saura bien les apaiser.   30

Chaque jour donne ou prépare
Ce qu'exigent nos besoins.
Je plains un cœur qui s'égare
Dans un tourbillon bizarre
De vains désirs et de soins.   35

A l'auteur de la nature,
Dans ses lois juste et constant
Demandons une âme pure,
Le bonheur avec mesure,
Un esprit calme et content.   40

Mais quand son amour signale
Sa puissance et ses bienfaits,
Qu'une sauvage morale
De sa bonté libérale
N'altère point les effets.   45

Dans le rapide voyage
Que nous faisons ici-bas,
Pourquoi fuirions-nous l'usage
Du plaisir honnête et sage,
Qui suit quelquefois nos pas?   50

La terre avec abondance
Offre à l'homme ses tributs.
L'équitable providence
En permet la jouissance,
Et n'en défend que l'abus.   55

Caïx, novembre, 1750

The poem has eleven stanzas; in the central one, the November atmosphere of the first half of the ode begins to induce the thoughtful reflections that make up the second. In harmony with the elusive character of the between-season period and the quiet reverie that ensues, a fluid *vers impair* is used in five-line groups, with frequent *rejets*.
3 *Vertumnus, Pomona*: god and goddess of orchard and garden. Here they represent

222 LEFRANC DE POMPIGNAN

robust young fruit-gatherers.
6–10 Note the three nuances of whiteness: snow-capped mountains, a frozen stream, ice-laden branches.
11–12 The shepherds are busy preparing winter quarters for their flocks; *musette*: a kind of bagpipe.
19 *Faisceaux rustiques*: neat bundles of sticks, made from fallen branches, which to this day are frugally gathered in the woods of France.
21–5 To the benefit of outer fire from the owner's woods is added that of inner fire from his vineyards. The word *nectar* is no mere convention for Lefranc. See his *Sur le Nectar et sur l'ambroisie* (*Œuvres*, II, 392–448).
26–30 This central stanza, by juxtaposing a tempest and the confidence with which it is faced, concludes the descriptive and introduces the contemplative half of the ode.
31–5 The tempest (stanza 6), which cannot disquiet the speaker, suggests to him that inner tempest (*tourbillon bizarre*) by which others are perturbed. Lefranc constantly makes such poetic linkings.
36–55 The concluding four stanzas constitute, as it were, a modern and personal restatement of I *Timothy*, VI, 6–11.

Ode 12

Croissez, bosquets, trésor champêtre,
Dont je me hâte de jouir;
Croissez autour de votre maître;
Mais que vous êtes lents à naître,
Et que mes jours sont prompts à fuir!　　　　　　5

Vous rampez encor dans l'enfance,
Mes ans ont atteint leur midi.
Le temps de votre adolescence
M'annoncera la décadence
De mon âge alors refroidi.　　　　　　10

Et toutefois de mes journées
Prodigue en des voeux superflus,
Pour voir vos têtes couronnées,
J'appelle et je perds des années
Qui pour moi ne reviendront plus.　　　　　　15

Ainsi, dissipateurs peu sages
Des rapides bienfaits du temps,
Etres fragiles et volages,
Nos désirs embrassent des âges,
Et nous n'avons que des instants.　　　　　　20

Heureux du moins dans mon asile
D'être exempt de souhaits trompeurs;
Et content de mon sort tranquille,

De n'implorer du ciel facile
Que des feuillages et des fleurs.   25

Loin de moi tout espoir perfide
Que jamais le sort n'accomplit;
Je l'abandonne au cœur avide,
Qui sans cesse augmente son vide
Du frivole qui le remplit.   30

Des bois, des eaux, de la verdure
Tour à tour fixent mes regards.
J'aime leur naïve parure,
Et j'y trouve au moins la nature,
Que l'art bannit de tous nos arts.   35

Tout l'arrache, hélas! tout l'efface
De nos cœurs et de nos esprits;
Et sous le nom d'heureuse audace,
Un goût bizarre la remplace
Dans nos mœurs et dans nos écrits.   40

O des grâces mère ingénue,
Nature, quel charme imposteur
Dans la France ainsi prévenue,
De ta beauté trop méconnue
Combat le pouvoir enchanteur?   45

Oublie en ces lieux les outrages
Que te font tant d'humains pervers.
Aux champs il est encor des sages;
Viens avec eux sur ces rivages,
Orner mes jardins et mes vers.   50

Ici, malgré nos temps serviles,
La liberté fait son séjour;
Et dans mes études tranquilles,
J'y fuis la contrainte des villes,
Et l'esclavage de la cour.   55

Ici de Virgile et d'Horace
La muse à mes travaux sourit.
D'un beau ciel je parcours l'espace,
Et je recule avec audace
Les limites de mon esprit.   60

Mille routes me sont tracées,
Où je fais d'utiles écarts.
Que de merveilles dispersées,
Qui se partagent mes pensées,
Et se disputent mes regards!   65

J'aime à voir ces monts où nos pères
Ont essuyé tant de malheurs;
Et je dis: Puissent les Ibères
Des Français devenus leurs frères,
Prendre des rois, et non des mœurs.   70

Quelquefois mon œil se promène
Parmi ces sommets inégaux;
Et plus souvent je le ramène
Dans la riche et superbe plaine
Où la Garonne épand ses eaux.   75

Je la vois augmentant ses ondes
Des torrents par elle engloutis,
Pour le bien commun des deux mondes,
Unir sur ses rives fécondes
Le double empire de Thétis.   80

Coulez, fleuve, suivez la pente
Que vous traça le Dieu des dieux.
Monts, que votre grandeur frappante
Rappelle à notre âme rampante
Le sublime chemin des cieux.   85

Que vous m'offrez un beau spectacle,
Fontaines, fleurs, arbres, moissons!
Tout en vous est prodige, oracle,
Tout est preuve, tout est miracle
Pour qui médite vos leçons.   90

Ce Dieu que l'incrédule ignore,
Je l'entends, le vois qui m'instruit,
Dans ces gazons frais qu'il colore,
Dans les doux rayons de l'aurore,
Et dans les voiles de la nuit.   95

Partout de ses lois paternelles
J'aperçois d'éclatants miroirs;
Et dans ces images fidèles,
Je lis en lettres immortelles
Sa providence et mes devoirs.   100

La folle joie et le murmure,
Par eux sont bannis de mon cœur.
Il ne faut pour une âme pure,
Que les présents de la nature,
Et les bienfaits de son Auteur.   105

Pompignan, 1754

Under the natural, easy style of this ode is the firm, balanced structure typical of all Lefranc's poems. The theme is the benefits of time, as the speaker variously views them in

distant perspective: the poet faces nature   (stanzas 1–5)
divided perspective: the poet faces society   (stanzas 6–10)
close perspective: the poet faces himself   (stanzas 11–16)
complete perspective: the poet faces God   (stanzas 17–21)

The octosyllabic lines may here suggest the steady beat of clock-time, the five-line stanzas the irregular beat of the poet's inner tempo.

1 bosquets: groups of trees, planted and arranged for the purpose of furnishing shade and embellishing a view.

6–10 The childless poet, then 45, seems to look upon his saplings almost as children (l.4: *lents à naître*; ll.6–8: *rampez ... l'enfance ... adolescence*). Cf. 'Tes fils sont comme des plants d'olivier ...' *Psalm* 128, v.3.

12 *vœux superflus*: nature will not be hurried.

13–15 A vivid expression both of the tree-grower's impatience and the imperceptibly swift passage of time.

16–20 Illusion and reality are strikingly compared.

22 *souhaits trompeurs*: an ellipsis: though he may not live to see them, his trees will one day be full-grown.

24 *facile*: indulgent.

33 *naïve*: i.e., spontaneous; they are their own adornment.

40 *audace*: not in itself undesirable; all depends on the use made of it (see l.59). *Un goût bizarre ... écrits*: Lefranc treats this subject in detail in two *épitres*: *Sur l'Esprit du Siècle* (II, 245–6) and *Sur la Retraite* (II, 258–9).

43 *prévenue*: biased.

48 *des sages*: e.g., the economist, Victor Riqueti, marquis de Mirabeau (1715–89), who inspired *Épîtres* VIII and IX (Book I). His reforms were imitated by Lefranc, who did as much to improve conditions in his local district as Voltaire in his. (See Duffo, J.-J. *Lefranc*, 1913, 424–7.)

60 Lefranc says: 'il faut ... être souvent à la campagne pour la bien connaître, pour suivre dans toute sa diversité le spectacle du ciel, de la terre, des saisons ...' (*Œuvres*, IV, 318).

66–7 The Pyrenees. Lefranc makes frequent enthusiastic mention of his beloved mountains, e.g.

Ces murs pourprés, ces jardins gracieux,
D'où j'aperçois les rochers spacieux
Que Pyréné porte au sein de la nue,

C'est l'hermitage où je fuis la cohue,
C'est le Parnasse où je chante les dieux ...   (*Epître* XI, *Œuvres*, II, 290)

70 Philippe d'Anjou, a grandson of Louis XIV, became Philip V of Spain, in 1700.
81 *Thétis*, goddess of land and sea waters (*deux mondes* 78)
90 In two senses, river and mountains are divine exemplars of controlled depth and aspiring height. The following stanza not only adds those parts of creation for which man is directly responsible but, by its two quartets of substantives, sets in vibration a rich series of contrapuntal correspondances, though only, as the last line warns, for one who meditates upon their significance.
101 escapism and fault-finding.
81–105 The complete perspective of stanzas 17–21 reveals the ideal interrelationship, in time, of Creator, creation, and creature.

[A Day at the Château d'If]

Après le dîner, M. d'Héricourt, dont on ne peut trop louer l'esprit, le goût et la politesse, nous prêta sa chaloupe pour aller au château d'If, qui est à une lieue en mer. Les voyageurs veulent tout voir.

Nous fûmes donc au château d'If.
C'est un lieu peu récréatif,
Défendu par le fer oisif
De plus d'un soldat maladif,
Qui, de guerrier jadis actif,   5
Est devenu garde passif.
Sur ce roc taillé dans le vif,
Par bon ordre on retient captif,
Dans l'enceinte d'un mur massif,
Esprit libertin, cœur rétif   10
Au salutaire correctif
D'un parent peu persuasif.
Le pauvre prisonnier pensif,
A la triste lueur du suif,
Jouit, pour seul soporatif,   15
Du murmure non lénitif
Dont l'élément rébarbatif
Frappe son organe attentif.
Or, pour être mémoratif
De ce domicile afflictif,   20
Je jurai, d'un ton expressif,
De vous le peindre en rime en if.
Ce fait, du roc désolatif,
Nous sortîmes d'un pas hâtif,
Et rentrâmes dans notre esquif,   25
En répétant d'un ton plaintif,
Dieu nous garde du château d'If.

Nous regagnâmes le port à l'entrée de la nuit, fort satisfaits, si ce n'était du château d'If, au moins de notre promenade sur la mer.

This is an extract from *Suite du Voyage de Languedoc et de Provence* (*Œuvres*, 1784, II, 381–2). The delightful single rhyme is all the more humourous in that it emphasizes the characteristic tree of the island, as well as the latter's monotonous atmosphere. Others have taken the poem seriously: 'pour rappeler ce qu'étaient devenus le sentiment de la nature et la poésie libre, nous publions le petit jeu du *Château d'If* ... : un modèle d'inconscience poétique' (*Anthologie des poètes français* (XVIIIe siècle), choix et annotation de Ferdinand Duviard, 1948, 77). *Château d'If*: a limestone island in the Mediterranean, near Marseilles, with a fortress built in the sixteenth century and successively used as a veterans' hospital and a prison, the latter made famous by A. Dumas in *Le Comte de Monte Cristo*. D'Héricourt, according to Lefranc, was the *Intendant des galères*.

Bernis

Few poets have achieved a place in the political history of their country. François Joachim de Pierres de Bernis is an exception. This penniless young man of impeccable ancestry no sooner arrived in Paris from the Midi than he made a secure place for himself in society, which appreciated his 'petits vers.' His association with Madame de Pompadour before her 'reign' proved the initial step toward his becoming a member of the Académie Française, ambassador to Venice, negotiator of treaties and minister for foreign affairs. He was one of those who were indirectly responsible for the disastrous turn of events in the decisive years immediately preceding the Seven Years' war. However, he fell from grace in 1758 – a few days after being made cardinal – and was banished from court. In his château at Vic, he consoled himself by dictating his *Mémoires*. These remained unknown until their publication in 1878, but were a revelation, for they finally gave the explanation of Bernis' meteoric rise: this author of deceptively light verse had in fact a certain breadth of vision and a consistency of character that a number of his close associates had not suspected. In a time of base intrigue, he had been a man of honour and a true friend.

Received back at court in 1764, he was some time later named Archbishop of Albi, the third richest see in France. As one of the two French cardinals at the Conclave which elected Clement xiv as Pope, Bernis played an astute part and was rewarded by being made Ambassador to Rome, with princely appointments and 'fringe benefits.' The size of his household, the imposing list of his guests – from emperors on down – the fantastically lavish scale on which he lived (while being personally very sober in his tastes) earned him the nickname 'King of Rome.'

His life had begun with a new era at the death of Louis xiv (1715); its end coincided with the advent of the French Revolution: in the space of a year, stripped of almost all his revenues by the National Assembly, he was finally relieved of ambassadorial duties in March 1791. Meanwhile, his estates at Albi and elsewhere were pillaged by the revolutionaries. He lived just long enough to witness anti-French demonstrations in Rome, and died on 3 November 1794.

Though rarely allowed, by the nature of the life he led, to consider in depth the vocation of poetry and the role of the poet, Bernis nevertheless wrote two essays and a poem in which the poetic temperament is examined: *Discours sur la poésie, Réflexions sur la métromanie,* and *Le Monde poétique.* His poetry has been condemned or dismissed by inattentive readers as belonging to the idyllic, beribboned, heartless sentimentality of the Pompadour period, that *élégance maniérée* of which Gentil-Bernard's clever but cold verse is the model. Yet, paradoxically, it is Bernis' poetry which proves itself to be nothing of the kind.

TEXT *La Religion vengée, en dix chants.* A Parme, dans le Palais Royal, 1795. 4º (dedicated to the Pope, by the editors, Jos. Nicolas d'Azara and Cardinal Gerdil. The MS used by Azara had, in a number of places, handwritten corrections by Bernis himself). *Œuvres du cardinal de Bernis ... collationnées sur les textes des premières éditions et classées dans un ordre plus méthodique.* Paris, N. Delangle, 1825. 8º

L'Amour de la patrie

Je vous salue, O terre où le ciel m'a fait naître,
Lieux où le jour pour moi commença de paraître,
Quand l'astre du berger, brillant d'un feu nouveau,
De ses premiers rayons éclaira mon berceau!
Je revois cette plaine où des arbres antiques   5
Couronnent les dehors de nos maisons rustiques,
Arbres, témoins vivants de la faveur des cieux,
Dont la feuille nourrit ces vers industrieux
Qui tirent de leur sein notre espoir, notre joie,
Et pour nous enrichir s'enferment dans leur soie.   10
Trésor du laboureur, ornement du berger,
L'olive sous mes yeux s'unit à l'oranger.
Que j'aime à contempler ces montagnes bleuâtres
Qui forment devant moi de longs amphithéâtres,
Où l'hiver règne encor quand la blonde Cérès   15
De l'or de ses cheveux a couvert nos guérets!
Qu'il m'est doux de revoir sur des rives fertiles
Le Rhône ouvrir ses bras pour séparer nos îles,
Et, ramassant enfin ses trésors dispersés,
Blanchir un pont bâti sur ses flots courroucés!   20
D'admirer au couchant ces vignes renommées
Qui courbent en festons leurs grappes parfumées;
Tandis que vers le nord des chênes toujours verts
Affrontent le tonnerre, et bravent les hivers!
Je te salue encore, O ma chère patrie!   25
Mes esprits sont émus, et mon âme attendrie

Echappe avec transport au trouble des palais,
Pour chercher dans ton sein l'innocence et la paix.
C'est donc sous ces lambris qu'ont vécu mes ancêtres!
Justes pour leurs voisins, fidèles à leurs maîtres,   30
Ils venaient décorer ces balcons abattus,
Embellir ces jardins, asiles des vertus,
Où sur des bancs de fleurs, sous une treille inculte,
Ils oubliaient la cour, et bravaient son tumulte.
Chaque objet frappe, éveille, et satisfait mes sens;   35
Je reconnais les dieux au plaisir que je sens.
Non, l'air n'est point ailleurs si pur, l'onde si claire;
Le saphir brille moins que le ciel qui m'éclaire;
Et l'on ne voit qu'ici, dans tout son appareil,
Lever, luire, monter, et tomber, le soleil.   40

Only the first 40 of the poem's 120 lines are given.
1 near Pont-Saint-Esprit in Languedoc, where the poem was begun.
3 the morning (or evening) star which fixes a shepherd's working day.
7 the white mulberry tree, source of the silk industry.
8 A single silk-worm spins a thread anywhere from 100 to 1500 yards long.
10 The luxury of silk is inherent even in its primary state.
11 Local shepherds commonly carved their decorated crooks from olive-wood.
12 Mulberry, olive, and orange trees convey the three characteristic greens of the Midi.
13 Bernis shares Lefranc's enthusiasm for the beauty of mountains. (See Lefranc, *Ode douzième*, n.14).
14 *longs amphithéâtres*: an ellipsis which covers the many-tiered, horizon-wide embrace of the Massif Central, as viewed from the plain (see l.5).
17 Immense vineyards still constitute the Rhone valley's principal wealth.
20 At Pont-Saint-Esprit a noted thirteenth-century bridge spans the Rhone. Ll.17–20 evoke the river's turbulence. *Festons*: the word conjures up with precision the vine's trained, yet free, garlands.
24 Thus far, vegetation has suggested the land's physical qualities. Now, the oaks foreshadow the moral attitude of the region's inhabitants (cf. l.24, *braveant les hivers*; l.34, *bravaient son tumulte*).
26 *mes esprits*: my whole being.
29 *lambris*: country homes
31 *abattus*: chamfered (from the expression *abattre un chanfrein*: to chamfer).
33 *inculte*: allowed to grow wild on its trellis. Bernis states a poetic truth. The people of Languedoc literally live in their gardens.
36 *les dieux*: the re-creative forces of nature.
40 In this series of interactive luminosities, the poet's understandable hyperbole re-creates the atmosphere of the Rhone valley.

Sur l'Indépendance

Un esprit libre et sage erre avec sûreté
Dans les cercles divers de la société: 60
Sévère sans aigreur, et fier sans insolence,
Vif sans emportement, calme sans indolence,

Exact observateur de l'usage inconstant,
Il s'abaisse à propos, se resserre, ou s'étend:
Pour la seule vertu toujours invariable, 65
Il souffre les méchants sans devenir coupable:
Tel l'astre bienfaisant qui règle les saisons
Eclaire un lac impur sans souiller ses rayons.

Prêtons-nous sagement aux misères humaines:
Plaignons l'homme captif sans partager ses chaînes: 70
Ami, n'achetons point aux dépens des vertus
L'inconstante faveur de l'aveugle Plutus.
Un dieu sage a pesé dans la même balance
Les différents états de l'humaine opulence.
Loin de l'aisance honnête il bannit les remords: 75
Il joint la peine aux rangs, et les soins aux trésors;
Et, pour nous conserver une âme non commune,
Son bras de nos foyers écarte la fortune.
Evitons les erreurs de l'indocilité,
Et les honteux excès de la crédulité. 80

Que je vous plains, O vous, dont l'esprit tributaire,
De qui veut l'asservir esclave volontaire,
Prêt à tout soutenir comme à tout renverser,
Attend avec respect un ordre pour penser!
Vous, intrigants obscurs, ambitieux reptiles, 85
Asservis dès l'enfance à des dehors utiles;
Qui marchez vers le trône à l'ombre des autels,
Et ne chantez les dieux que pour plaire aux mortels;
Et vous, froids complaisants, dont l'âme mercenaire
Epouse sans remords le vice qui peut plaire; 90
Flexibles instruments des passions d'autrui,
Vivez dans l'esclavage, et mourez dans l'ennui.
J'aime mieux un tilleul que la simple nature
Elève sur les bords d'une onde toujours pure,
Qu'un arbuste servile, un lierre tortueux, 95
Qui surmonte en rampant les chênes fastueux.

Only the last 38 lines are given.
69 'Let's take human frailties in our stride.' – There is no reference to the poor, who
find a place elsewhere in Bernis' poetry, e.g., in l'*Hiver*, but are not here pertinent to
the subject, as they are powerless to be independent. *l'homme captif*: i.e., *esclave volon-
taire* (l.82); *ses chaînes*, i.e., the self-imposed fetters of those who choose to depend on
others or will do anything to get money. See l.72: *Plutus*: god of wealth.
73–4 Each life's assets are balanced by liabilities; *un dieu sage*: Providence.
76 *aisance honnête*, i.e., modest means, the first stage at which independence becomes
possible, and *remords* at not having *rangs* and *trésors* (l.76) unnecessary.
77 *une âme non commune*: a contented heart

79 *indocilité*: discontent, cf. *prêt ... à tout renverser* (l.83); *crédulité*: cf. *prêt à tout soutenir* (l.83).
81 *esprit tributaire*: willingness to be a yes-man.
85 *reptiles*: toadies
6 *dehors utiles*: i.e., deferent, flattering or servile, from interested motives.
87 i.e., who advance toward power, under the protection of ecclesiastical respectability. Bernis saw much of this.

Sur les mœurs

[The Character of the French]

Une divinité volage
Nous anime et nous conduit tous;
C'est elle qui dans le même âge
Renouvelle cent fois nos goûts: 175
Ainsi, pour peindre l'origine
De nos caprices renaissants,
Regarde une troupe enfantine,
Qui, par des tuyaux différents,
Dans l'onde où le savon domine   180
Forme des globes transparents.
Un souffle à ces boules légères
Porte l'éclat brillant des fleurs;
De leurs nuances passagères
Un souffle nourrit les couleurs: 185
L'air, qui les enfle et les colore
En voltigeant sous nos lambris,
Leur donne ou la fraîcheur de Flore,
Ou le teint ambré de l'Aurore,
Ou le vert inconstant d'Iris.   190
Mais ce vain chef-d'œuvre d'Eole,
Qu'un souffle léger a produit,
Dans l'instant qu'il brille et qu'il vole,
Par un souffle s'évanouit.

Français, connaissez votre image: 195
Des modes vous êtes l'ouvrage,
Leur souffle incertain vous conduit.
Vous séduisez; l'on rend hommage
A l'illusion qui vous suit:
Mais ce triomphe de passage,   200
Effet rapide de l'usage,
Par un autre usage est détruit.

This extract forms the close of Bernis' *Sur les Mœurs*
172 *divinité volage*: fashion.

174 *dans le même âge*: during each period of life, from childhood to old age. The ensuing image is thus not only original but appropriate.

179 *tuyaux différents*: tubes of clay, straw or metal, symbolizing a diversity of means which, however, obtain only one result: transient novelty.

180 *le savon*: Bernis, like his fellow-poets, is ready to transform an everyday word by its place in the poetic texture.

183 *souffle*, used five times, is rich in associations. Breath, the most subtle of human creative forces, is related to the soul which God breathed into Adam.

187 *lambris*: here, carved, wooden ceilings.

188–90 Nothing could better represent evanescence, nor at the same time be in more amusingly ironical contrast with the cyclic recurrences of fashion, than spring, dawn, and rainbow but, to make them even more illusory, they are designated as *Flore*, *Aurore*, and *Iris*.

191 *Eole*: The wind god signifies, by extension, the changing wind of fashion.

Les Quatre Saisons

L'Hiver

Les vents ravagent nos prairies,
Tout meurt dans nos champs désolés,
Et de nos humbles bergeries
Les fondements sont ébranlés.
Déjà les grâces immortelles 5
Rentrent dans nos froides maisons;
L'Amour vient réchauffer ses ailes
Au feu mourant de nos tisons.
Content de régir nos villages
Et d'enchaîner nos libertés, 10
Il laisse à ses frères volages
L'empire bruyant des cités.
Faibles esclaves de Cythère,
Fuyez nos plaisirs innocents;
Dérobez-vous aux traits perçants 15
Que lance le noir sagittaire.
Le règne de l'art imposteur
Commence où la nature expire.
Volez dans ce monde enchanteur
Où le luxe tient son empire; 20
La nouvelle Persépolis
Vous ouvre ses portes dorées;
Chassez de vos cœurs amollis
Les vertus aux champs adorées,
Et changez en vices polis 25
Nos mœurs à la cour ignorées.
    Pour nous, que la paix et les ris
Enchaînent sous ces toits rustiques,
Autour de nos foyers gothiques

Nous allons oublier Paris   30
Et vos plaisirs asiatiques.
Croyez qu'au fond de nos châteaux
La joie invente aussi des fêtes;
Malgré les torrents du verseau,
Le souffle glacé des tempêtes   35
Epargne les myrtes nouveaux
Dont les plaisirs parent nos têtes.
Ce n'est pas à la cour des rois
Qu'habite la paisible Astrée:
Il faut que l'âme quelquefois,   40
Au sein du tumulte enivrée,
Revienne dans le fond des bois
Trouver sa raison égarée.
Malheureux qui craint de rentrer
Dans la retraite de son âme!   45
Le cœur qui cherche à s'ignorer
Redoute un censeur qui le blâme.
Peut-on se fuir et s'estimer?
On n'évite point ce qu'on aime:
Qui n'ose vivre avec soi-même   50
A perdu le droit de s'aimer.
Pourquoi déserter nos campagnes
Quand les sauvages aquilons
Chassent du sommet des montagnes
La pauvreté dans nos vallons?   55
L'aspect des misères humaines
Est plus touchant qu'il n'est affreux:
Craint-on de voir les malheureux
Quand on veut soulager leurs peines?
Le front du riche s'obscurcit,   60
Et l'aspect du malheur le blesse:
Dans le séjour de la mollesse
Le cœur se ferme et s'endurcit.
Trop fière de ses avantages,
La ville détourne les yeux   65
Du sombre tableau des villages,
Dont les toits couverts de feuillages
S'ouvrent aux injures des cieux.
Tranquille sous un dais superbe,
A la clarté de cent flambeaux,   70
On ne voit point dans nos hameaux
La pauvreté disputer l'herbe

Aux plus féroces animaux.
Auprès d'un foyer magnifique
On bénit le farouche hiver,   75
Qui, dans un salon pacifique,
Respecte la douceur de l'air.
On croit que la misanthropie
Aigrit les maux qu'on ne sent pas:
Ainsi le luxe dans ses bras   80
Engourdit notre âme assoupie.
Honteux d'aimer, fiers d'être ingrats,
Dans des intrigues puériles
Nous épuisons nos cœurs stériles:
Moins sensibles que délicats,   85
Le dégoût nous rend difficiles;
Impatients et bientôt las,
Nous traînons nos jours inutiles;
Nous rêvons, nous ne vivons pas.
Loin de moi le triste système   90
De censurer d'heureux loisirs:
C'est en faveur du plaisir même
Que je condamne nos plaisirs.
Il n'est point d'hiver pour le sage;
La terre qu'Eole ravage   95
Plaît encor dans sa nudité;
Les monts, entourés d'un nuage,
Imposent par leur majesté;
L'aspect de Neptune irrité
Frappant en fureur son rivage   100
Répand sur tout son paysage
L'âme, la vie et la fierté;
Et la campagne plus sauvage
Ne perd pas toute sa beauté.
Malgré l'effroyable peinture   105
Du désordre des éléments,
L'hiver lui-même a des moments;
Les ruines de la nature
Plaisent encore à ses amants.
Nos hameaux auraient plus de charmes   110
S'ils étaient moins inhabités,
Et s'ils n'arrosaient de leurs larmes
Les biens qu'absorbent les cités.
La terre, en esclave servile,
S'épuisera-t-elle à jamais   115

En faveur d'une ingrate ville
Qui change en tributs nos bienfaits ?
Enrichis des biens qu'ils moissonnent,
Si nos laboureurs, qui frissonnent
Sous leurs toits de chaume couverts,   120
Jouissaient, du moins les hivers,
De l'abondance qu'ils nous donnent :
Si le fleuve de nos trésors,
Longtemps égaré dans sa course,
Remontait enfin à sa source   125
Pour enrichir ses premiers bords ;
Alors la misère effrayante,
Dont la main faible et suppliante
Implore un secours refusé,
Bénirait l'image riante   130
De notre luxe humanisé.
Le cours de nos destins prospères,
En répandant notre bonheur
Sur l'héritage de nos pères,
Sauverait la vie et l'honneur   135
Aux esclaves involontaires
Que le fer sanglant du vainqueur
Ou que la bassesse du cœur
Rendit jadis nos tributaires.
Tout malheureux est avili :   140
Chassez l'indigence importune,
Et le village est ennobli ;
La gloire y suivra la fortune ;
J'y vois son culte rétabli.
    Ranimons les arts de Cybèle ;   145
Forçons la paresse rebelle
A surmonter la pauvreté ;
En rendant la terre plus belle
Augmentons sa fécondité.
Déjà sur la neige endurcie   150
L'hiver commence ses travaux ;
Déjà la tête des ormeaux
Tombe sous les dents de la scie.
Le bruit redoublé des marteaux
Retentit au pied des montagnes,   155
Et le plus grossier des métaux
Devient le trésor des campagnes.
Le fer recourbé de Cérès

S'aiguise sur la meule agile;
La chasse dispose ses rets;   160
La fournaise épure l'argile;
Vulcain change en verre fragile
La fougère de nos forêts.
Les jeux et les travaux s'allient:
Pour former nos simples tapis   165
La paille et le jonc se marient;
Nos vœux, nos besoins, qui varient,
Réveillent les arts assoupis.
L'ennui, ce tyran domestique,
Dans nos hameaux est ignoré: 170
Ici, le pasteur désœuvré
Façonne son sceptre rustique;
Ici, le chanvre préparé
Tourne autour du fuseau gothique,
Et, sur un banc mal assuré,   175
La bergère la plus antique
Chante la mort du Balafré
D'une voix plaintive et tragique.
Oh! que ces objets innocents
Ont de droits sur l'âme d'un sage!   180
La campagne la plus sauvage
Porte le calme dans nos sens.
    Les lois de la philosophie
Naissent du principe du goût;
Ce qu'on aime, on le déifie,   185
Et l'on peut être heureux partout.
Le charme seul de l'habitude
Me fait vanter la solitude.
Jadis l'hiver loin de Paris
Effrayait ma folle jeunesse;   190
Je croyais dans nos champs flétris
Voir les rides de la vieillesse.
Ces bois blanchis par les frimas
Où j'entretiens ma rêverie,
Ce fleuve dont l'onde chérie   195
Ranime nos sombres climats,
Qui, pour embrasser la prairie,
Ouvre, étend et courbe ses bras,
Ces lieux pour moi remplis d'appas
Etaient jadis la Sibérie.   200
Jusque dans l'ombre des déserts

Le bruit séduisant des théâtres
Venait étouffer les concerts
De nos villageoises folâtres.
Le luxe, environné des arts,   205
Roi d'une ville singulière,
Changeait le village en chaumière
Et présentait à mes regards
Nos bons et naïfs campagnards
Marqués au crayon de Molière.   210
Je regrettais la liberté
D'un spectacle aimable et fantasque,
Où l'on prodigue sous le masque
Le mensonge et la vérité;
L'asile élégant et champêtre   215
Où deux amants sont renfermés,
Moins par le plaisir d'être aimés
Que par l'orgueil de le paraître;
Ces longs soupers où l'on redit
Toute l'histoire de la veille;   220
Où l'enjouement se refroidit
Si la satire ne l'éveille;
Où le vaudeville fatal
Est modulé par les Orphées;
Où le vin, versé par les fées,   225
Coule dans l'or et le cristal;
Enfin le tumulte et l'orgie,
Vénus et ses temples ouverts,
L'image des arts réfléchie
Sur les glaces de nos desserts: 230
Tout, au séjour de la licence,
Appelait mon cœur égaré;
La ville avait défiguré
L'heureux séjour de l'innocence.
    Aujourd'hui que l'âge a mûri   235
Les conseils de l'expérience,
Que mon cœur enfin s'est guéri
Des fougues de l'impatience,
L'hiver n'est plus si rigoureux,
Le désert remplace la ville: 240
Où je crois vivre plus tranquille,
Là je m'estime plus heureux.
Nos donjons, nos tours délabrées,
Monuments antiques des Goths,

Sont moins affreux que les magots
Dont nos maisons sont décorées;
Sans aimer la grossièreté
De nos aïeux encor barbares,
Leur aimable naïveté
M'attache à leurs travaux bizarres.
Le chevalier, le paladin,
Viennent remplir mes rêveries,
Et je lis dans leurs armoiries
Les guerres du grand Saladin;
Leurs tournois, leurs galanteries,
Empreints sur un marbre grossier,
Revivent dans ces galeries
Où l'amour, tout couvert d'acier,
Au lieu de guirlandes fleuries,
Orne sa tête de laurier.
Un amas de lances rompues
Est le trésor de ce château;
Les haches-d'armes, les massues,
Les arcs s'élèvent en monceau.
Dans cette tour mal réparée,
Quel objet frappe mes regards?
De fer la muraille entourée,
Des pigeons perchés sur des dards;
La colombe de Cythérée
Y boit dans le casque de Mars.
    Partout le flambeau de l'histoire
Eclaire à mes yeux le passé.
J'apprends au livre de mémoire,
Livre utile et presque effacé,
Que l'homme a toujours mal placé
Le temple où préside la gloire.
Le tableau de l'antiquité
Séduit par sa douce imposture;
Mais aux yeux de la vérité
Le vieux temps n'est beau qu'en peinture;
Le chalumeau des troubadours,
Le luth du bon roi de Navarre,
N'égalaient pas l'humble guitare
Des moindres chantres de nos jours.
Ami de nos aïeux célèbres,
Je ne veux point ressusciter
Leurs siècles couverts de ténèbres

245

250

255

260

265

270

275

280

285

Qu'un jour plus pur vient d'écarter.
Quelle âme inhumaine et grossière
De notre ignorance première   290
Regrette les temps révolus?
L'erreur est un malheur de plus:
Moins notre esprit a de lumière,
Moins il éclaire nos vertus.
Dois-je imputer à la culture   295
Ces ronces, ces chardons épars
Qui dévorent la nourriture
Des blés naissant de toutes parts?
Loin de moi semblable imposture:
Les arts fécondent la nature,   300
Nos vices corrompent les arts.
    Telles sont les sages pensées
Dont j'aime à nourrir ma raison,
Tandis que les neiges pressées
Couvrent le toit de ma maison.   305
Seul, et souvent heureux de l'être,
Je me fais un utile jeu
De voir consumer par le feu
Le tronc vénérable d'un hêtre.
Cet arbre semblait, au printemps,   310
Régner sur tout le paysage;
La mousse et la rouille du temps
Décelaient seules son grand âge;
Ses rameaux, penchés alentour,
Formaient un temple pour les grâces;   315
A son pied l'on voyait les traces
Qu'imprimaient les pas de l'amour.
Cent ans il repoussa la guerre
Des aquilons impétueux;
Inébranlable et fastueux,   320
Il foulait le sein de la terre;
Son front brûlé par le tonnerre
En était plus majestueux.
Quels dieux ont causé sa ruine?
Un bûcheron faible et courbé   325
A frappé l'arbre en sa racine,
Le roi des forêts est tombé.
    Aidé d'une sombre lanterne,
Le soir je dirige mes pas
Vers l'antique et vaste caverne   330

Où le Nestor de ces climats
Rassemble, police et gouverne
Tous les bergers de ces états.
Dans cette grotte mal taillée
La soeur aimable de l'Amour 335
Appelle sur la fin du jour
Nos bergères à la veillée.
L'amant d'Io, débarrassé
Du soin de sillonner la plaine,
Y réchauffe de son haleine 340
Philémon que l'âge a glacé,
Lisette et le jeune Philène.
Des arbres en cercle arrondis
Forment le rustique théâtre
Où la villageoise et le pâtre 345
S'aiment comme on aimait jadis.
Une lampe à triple lumière,
Que l'air agite et fait pencher,
Découvre à l'assemblée entière
La profondeur de ce rocher. 350
C'est là que les longues soirées
S'écoulent comme des moments;
Nos fêtes, dans ces lieux charmants,
Naissent sans être préparées.
La romance, le fabliau 355
Nous content leurs douces sornettes:
Ici les fastes de Clio
Sont des recueils de chansonnettes;
Ici l'on tient la cour d'amour,
Si redoutable aux infidèles, 360
Où l'on couronne tour à tour
Les plus galants et les plus belles,
Où les ingrats et les cruelles
Sont condamnés le même jour.
Ici l'accusé doit répondre; 365
Le juge ordonne, on obéit;
Chaque amante a droit de confondre
Le perfide qui la trahit.
Un soir, dans ce sénat champêtre,
Eglé, bergère de vingt ans, 370
Nous dit qu'elle saurait peut-être
Une histoire de son printemps.
Alors toute la troupe émue

Se rapproche pour écouter;
Le seul Mysis baissait la vue: 375
Eglé commença de conter.
Une bergère assez jolie
Donna son chien à son vainqueur;
Quand elle eut fait cette folie,
Il fallut bien donner son cœur.   380
En aimant on se croit aimée;
Comment ne l'eût-elle pas cru?
Le pouvoir qui l'avait charmée
A chaque instant s'était accru;
Plus sa faiblesse était extrême,   385
Plus l'amant devint imposteur.
Hélas! comment croire menteur
Un berger qui dit: Je vous aime?
Un cœur sincère ne craint rien;
Mais cette assurance est fatale: 390
La bergère aperçut son chien
Sur les genoux de sa rivale.
Le voile alors se déchira,
Tout fut changé dans la nature:
L'amour, le temps, rien ne pourra   395
Guérir sa profonde blessure;
Je la connais, elle en mourra.
A ces mots Eglé fond en larmes,
Et Mysis tombe à ses genoux:
Quoi! dit-il, j'ai bravé vos charmes!   400
Mon cœur s'est éloigné de vous!
Le supplice est égal au crime;
J'étais aimé, je suit haï:
Je vivrai, je mourrai victime
De mon amour que j'ai trahi ...   405
Mon cher Mysis, Eglé t'adore;
Jamais tu ne fus condamné;
Si ma fierté t'accuse encore,
Mon cœur t'a déjà pardonné.
Elle dit: sa voix affaiblie   410
Expire; et Mysis à ses pieds,
Les yeux dans les larmes noyés,
Déteste un crime qu'elle oublie.
Alors un murmure flatteur
Célèbre ce retour si rare.   415

Les maux dont l'amour est l'auteur
Deviennent, quand il les répare,
La source de notre bonheur.
　　Ainsi la plus sombre journée
Peut s'écouler dans le plaisir;　　　　　　　　420
L'art d'adoucir sa destinée
Est l'art d'occuper son loisir.
Le sauvage de la Norvège,
Cet automate fainéant,
Voisin des montagnes de neige　　　　　　　　425
Qui le séparent du néant,
Dans nos plus tristes solitudes
Croirait voir l'île des Amours;
Les nuits que nous trouvons si rudes
Seraient pour lui les plus beaux jours.　　　　430
Jouissons de nos avantages;
Quittons en foule nos villages:
Le vent se lève à l'orient,
Et le ciel, vainqueur des orages,
Nous montre un visage riant.　　　　　　　　435
L'hiver, plus vif et moins à craindre,
A levé son voile odieux;
La terre cesse d'être à plaindre
Quand le soleil brille à ses yeux.
Déjà les neiges des montagnes　　　　　　　　440
Resplendissent de tous côtés,
La robe blanche des campagnes
Etale ses plis argentés;
La goutte d'eau que l'air épure
Se change en perle en se formant;　　　　　　445
L'hiver dans toute sa parure
Nous montre sa riche ceinture;
Et des chaînes de diamant
Semblent resserrer la nature.
Fleuve dont le cours inégal　　　　　　　　　450
Arrose nos plaines fécondes,
Sous une voûte de cristal
Borée emprisonne tes ondes;
Nos villageoises vagabondes
Osent parcourir ton canal.　　　　　　　　　455
Et toi, montagne infortunée,
Séjour éternel des hivers,

Où la nature abandonnée
Règne sur des tombeaux ouverts,
Dans tes cavernes effroyables,   460
Dans tes abîmes si profonds
Habités par d'affreux dragons
Que la faim rend impitoyables,
Courons, tandis que le jour luit,
Attaquer les monstres sauvages   465
Qui dans les ombres de la nuit
Exercent leurs cruels ravages.
Bravons ces lions dévorants,
Ces ours, destructeurs de la terre;
Que la chasse ainsi que la guerre   470
Nous arme contre nos tyrans:
Défendons nos hameaux tranquilles;
Sauvons nos bergers et nos biens,
Et que nos plaisirs soient utiles
Au repos de nos citoyens.   475
La santé, de fleurs couronnée,
Naîtra de ces légers travaux:
Et nous verrons avec l'année
Eclore des plaisirs nouveaux.
Bientôt cette chaleur puissante   480
Qui ressuscite l'univers
Bientôt la sève renaissante
Fondra la glace des hivers.
Ces esprits qui peuplent l'Averne,
Ces vents enfantés par le nord,   485
S'endormiront dans la caverne
Où règnent Borée et la mort;
La beauté, la force, la vie
Rendront à la terre ravie
Et ses trésors et ses couleurs;   490
La peine, du plaisir suivie,
Se reposera sur les fleurs.
'Délices de la double cime,
Toi, dont les vers mélodieux
Rendirent Euterpe sublime,   495
Et les hameaux dignes des dieux,
Virgile, reçois mon hommage.
Ma muse au pied de ton autel
Dépose en tremblant un ouvrage
Que ton nom peut rendre immortel.'   500

The first four lines of the poem may be instructively compared with the first six of l'*Hiver* in Alexis-Jean Le Bret's *Les Quatre Saisons* (1763):

> L'aquilon furieux frappe et fend les montagnes,
> Ravage les jardins, les bois et les campagnes,
> Il renverse et détruit l'image du bonheur,
> Porte et répand partout l'épouvante et l'horreur,
> Donne la mort aux fleurs, fait languir la verdure,
> Ornement précieux de la simple nature.

Le Bret's scheme is tiresome enumeration, Bernis' quartet of words on the other hand, is strong in composition: *ravagent* evokes the wreaking of universal havoc; *meurt*, a visual effect; *désolés*, an atmospheric one; while *ébranlés* combines cause and result, leaving the wind roaring, damage still being done, a continuing *ambiance* for all that follows.

1 The elements and/or their effects, in harmony with the general plan of *Les Quatre Saisons* occur, in this winter canto, as follows: air and fire, 16 times each; water, 37; earth, 74. (cf. Finch, *The Sixth Sense*, 219–28)

3 *humbles*: In Languedoc, sheep require only the simplest shelter.

6 Spring, summer, and autumn are harmonies; winter is contrasts, juxtapositions of opposites, as here. *Les grâces immortelles*: these, for Bernis, are women, flowers, and the arts, each combining the additional graces of attractiveness, appropriateness, and proportion. (See his *Epître aux Grâces, Œuvres*, 1797, 80). *Froides maisons*: The phrase is still eloquent for those who have wintered in such houses in France.

8–10 *mourant – content*: the second of these internal rhymes revives the unfinished flicker of the first; i.e., *content* strengthens the already established indoor atmosphere of happy moderation (the antithesis of winter's starkness) by rekindling, so to speak, the embers of last night's fire into the blaze of today's routine. It is essential here, as everywhere in Bernis' work, to remember the importance its author attaches to 'Cet ordre prompt ou lent dans les nuances / Qui semble unir ou lier les distances' (*Epître* I, *Sur le Goût*, 18), which applies to all his poetic vistas, whether pictural, affective or mental. *Régir* suggests love's assigning of a role to each villager, *enchaîner* links those roles in a round of affectionate communal co-operation.

12 *frères volages* (of l'*Amour*, l.7): *Adultère* and *Libertinage*. L'*empire bruyant des cités*: the exact opposite of the tranquil republic of the countryside. An empire is independent of every other realm; farms are interdependent.

13–18 *Cythère* is, as it were, the prolonged echo of *cités*. City-lovers steal off the minute bad weather threatens, unaware of the poetry of the constellation Sagittarius whose archer shoots arrows of rain and snow down the dark sky from the summit of winter. They prefer *le règne de l'art imposteur*, i.e., the various artificial paradises of the city. Ll.17–18 are in curious opposition to the Baudelairean programme.

19–26 City-lovers hasten to a place where nothing is what it appears to be, the *monde enchanteur*. Le *luxe*: ruler of an empire within an empire (cf. l.12). Ancient Persepolis, which esteemed itself superior to all capitals, has been replaced by Paris. The five restless verbs, *fuyez, dérobez-vous, volez, chassez, changez*, are used less imperatively than confirmatively. This annual flitting of holiday-makers introduces the poetic contrast about to be made between summer visitors and country-folk.

27–31 *gothiques*: a word used affectionately by the speaker, pejoratively by Parisian visitors. *Nous allons oublier Paris*: Paris, having recently supplanted Versailles as the centre of society and culture, was receiving a crescendo of praise. *Asiatiques*: luxurious.

32–7 *joie*: joy is capable of making something out of nothing. *Verseau*: this constellation, associated with stormy weather and now called Aquarius the water-bearer, was then represented as an amphora pouring out rain. *Myrtes*: evergreen shrubs, used in the eighteenth century for making bucolic wreaths (*nouveaux* to establish a contrast with the ancients' use of this plant.)

38–9 Astraea, the star maiden, daughter of Astraeus and Eos (the dawn), during the golden age distributed blessings among men but, when the iron age began, left earth in disgust and was set among the stars as the constellation Virgo.

40–51 A poetic condensation of any *examen de soi-même*. *Dans le Fond des bois*: Bernis often introduces this theme, e.g., 'un bois fait pour la rêverie' (*Le Printemps*, 1.155; see also *Le Spinosisme*, ll.1–6).

46–51 This examination of the man who is too unhappy to put up with his own society leads naturally to that of the man who is too self-absorbed to take an interest in those less happy than he (l.52, seq.).

52–5 The question dramatically confronts the summer visitor with villagers (charcoal burners, woodmen, slate-cutters, shepherds with their flocks, driven home from work in the mountains by winter's blasts).

60–3 *dans le séjour ... s'endurcit*: the seldom expressed paradox of luxury: Softness hardens the heart.

67 *feuillages*: the least resistant form of thatch, cut branches, criss-crossed.

69–73 *dais*: canopy, in ironical contrast with the aforementioned thatch. Forced to eat grass, peasants thereby deprive their livestock of fodder. *Féroces*: probably a latinisme, *ferox*: *fougueux, fiers*.

74–7 *foyer magnifique*: marble fire-place topped by the great one-piece mirrors, made according to a process discovered by Bernard Perrot, and first used in 1711. *On bénit ... de l'air*: even more poetically ironical if the salon's four walls, as then often the case, were adorned with pictures or murals of the seasons.

80 *ses bras*: a probable allusion to the comfortable new Louis xv armchairs.

82–9 An elliptical, pre-Baudelairean development of l.81.

90–3 Interestingly, the physiocratic 'système' of François Quesnay, much discussed some six years later, would frown on holidays, and especially on winter's enforced 'holiday,' as unproductive. Ironically, eighteenth-century wages were so low that leisure for any purpose other than sleeping or eating was a luxury workers could not afford.

94 The line has threefold value: 1/The thinking man does not share the opinion of the physiocrats. 2/Contemplative reverie knows no season. 3/There is no absolute winter for those who reflect, since *a* winter is beautiful in its own way (ll.95–109) and *b* has the possibility of being made still more so by humans for humans (ll.110–49).

95–102 *Eole, Neptune*: wind and water, appropriately personified, are the two painters that constantly transpose aspects of winter.

110–11 The 'ruines de la nature' (l.108) now bring to mind less picturesque defects. *Moins inhabités*: *a* three-quarters of the year, many villagers are away from home, working in the mountains; *b* the peasant population is required to provide soldiers; *c* many young people desert the country for the city.

113 The pittance they receive for their hard work makes for a depressing atmosphere.

114–17 A much-discussed question at the time. Quesnay, for example, will lay extreme emphasis on agriculture as the sole economically productive activity yielding a *produit net*, as contrasted with the 'sterility' of industry and commerce. *Tributs*: punitive taxes.

118–22 In order to pay their taxes they are forced to sell everything they produce. *Chaume*: even under this best of thatches, peasants are still cold.

124 The allusion is to middlemen.

126 *ses premiers bords*: place of its origin.

131 The physiocrats held excessive spending on luxury goods to be contrary to the best interests of society and a crime against the state. For Bernis, one way to 'humanize' *le luxe* would be so to re-distribute wealth as to give the peasant economic security.

140–4 *ennobli*: restored to its rightful dignity. *La gloire ... fortune*: pride in achievement will be the natural result of prosperous conditions. *Culte*: respect for accomplishment.

145 *Cybèle*: goddess of agricultural skills.

146–7 Many French peasants rebelled against working their land more than just enough to keep themselves from destitution; any evidence of prosperity would automatically make them liable to be taxed even more.

148–9 This hope of increased activity during the first three seasons of the year is encouraged by the sight of winter activities actually in progress, which now evoke a succession of impressionistic scenes.

156 Coal is the most important mineral produced in the Massif Central. It is called a metal because mined (Gk. *metallon*: mine).

160 Land nets.

161 *argile*: The Rhone valley is well-known for its clays, used in the making of china, pottery, tile, and brick.

162 *Vulcain*: the village smith, personified as the god of fire. *Fougère*: see below, note to Panard, *Le Verre*.

165–8 Local materials, transformed by natural taste and ingenuity, revive moribund handicrafts.

172 See above, l'*Amour de la patrie*, l.11.

173–8 *Gothique*: old-fashioned. *Balafré*: nickname of Henri de Guise, assassinated at Blois by order of Henri III (1588). The lament was probably the *Convoi du duc de Guise*, reproduced below from Pierre Barbier et France Vernillat, *Histoire de France par les chansons*, Gallimard, 1956, t.I, 87.

Qui veut ou-ïr chan son qui veut ou-ïr chan- -son C'est le grand duc de Gui - se et bon bon bon bon Di dan di dan bon Qu'est mort et en-ter - ré.

179–82 A transitional passage. **179–80**: two backward-looking lines: these simple sights contain all the elements of true civilisation. **181–2**: two forward-looking lines: where there is no superfluity, one is as far from *le luxe* as possible. Under such conditions the laws of ultimate reality (*philosophie*, l.183) can be pondered.

184 The chief principle of taste, according to Bernis, is simplicity. (See *Discours sur la poésie*, 14–15; also *Epître sur le Goût*, 19–24.)

189–234 are a witty retrospective glance at the poet's youthful attitude toward winter.

195–200 For similar affectionate references to the Rhone, see l'*Amour de la patrie*. *Sibérie*: i.e., exile (anywhere away from *le beau monde*).

201–04 *jusque dans ... déserts*: even as far as our benighted countryplaces. *Le bruit séduisant*: alluring reports. *Etouffer*: spoil (for him).

205–10 To the youth's imagination *le luxe* is a beneficent monarch rather than a dominating emperor (see above, l.20). *Ville singulière*: cf. the oft-heard remark: 'Il n'y a que Paris.' *Changeait ... chaumière*: made the whole village seem a home for hayseeds. *Et présentait ... Molière*: in the naïve snobbishness of his youth Bernis had failed to appreciate Molière's true depth.

211–14 The make-believe world of high society is a show in which the actors being masked (literally and metaphorically) enjoy a fictitious freedom.

215 The garden of every Paris mansion furnished unconsciously ironical reference to country solitude in the form of its conventional 'sylvan retreat.'

219–24 *vaudeville fatal*: a malicious satirical song, deadly to someone's reputation. *Orphées*: professional male singers.

225–30 *l'image ... desserts*: in the eighteenth century, the dessert, fifth course and luxurious culmination of the meal, had, in a separate room, its ceremonial table, laid in accordance with an elaborate plan. Ll.229–30 probably call attention to reflections of the room's pictures and sculptures in the gold, silver, and glass surfaces, or in the glaze of the edible *pièces montées*. In either case, the point is clear: even before dessert begins, the identity of the arts is distorted. The anticipated orgy (l.227) will banish it altogether.

231–4 The youthful dream of ll.211–12 is here abruptly broken off as the mature finality of 'séjour de la licence' brings this reverie-within-a-reverie to an end. *Cœur égaré*: cf. *raison égarée* (l.43). For Bernis, *raison* and *cœur* are inseparable. One of his definitions of poetry is: 'Cet art de peindre à l'esprit et de rendre sensible au cœur' (*Réflexions sur la métromanie*, 265).

235–42 resume the reverie proper, which now, as contrast to the 'indoor-winter' of the city, will present that of the country (ll.243–327).

243–6 These sentiments recognize tendencies in the first half of the century to condemn Gothic art and to favour *chinoiseries*. These are depicted by Watteau in his arabesques and by Boucher in his Chinese tapestries.

247–50 *grossièreté*: lack of refinement. *Barbares*: uncivilized. *Aimable naïveté*: refreshing ingenuousness, because it springs from 'le principe du goût' (see l.184 and note).

251–70 A number of partial ellipses here give the poem wide expandibility. Dim vistas conjure up scene after scene in which an armoured lover is crowned with laurel, a symbol of martial victory. What remains of such exploits is the actual weapons used, the treasured trophies of ancestral prowess, not far from which, through a breach in the tower wall, the poet sees a purely decorative trophy, sculptured cuirass and helmet, backed by real crossed javelins. This part of the reverie reaches a poetic climax in the association of flight with what has ceased to fly (l.268) and in that of a live symbol of peace and love, deriving sustenance from a lifeless symbol of war (ll.269–70). L.265: *mal réparée*: the restoration of Gothic monuments was not scientifically undertaken until Viollet-le-Duc (1814–79). *De fer la muraille entourée*: the same metal now preserves what it formerly destroyed.

271–80 Visible witnesses, examples of which Bernis has just given, throw fitful light (*flambeau*) on the past; recorded history, from which a great deal is missing (*effacé*), teaches the lesson that man has always gloried in the wrong things. The picture of the past is attractive by virtue of the agreeable illusion it offers, but, if viewed in the light of factual evidence, the old days are beautiful only as seen through the poet's eye. (Cf. 'L'art de peindre est le vrai talent du poète.' *Discours sur la poésie*, 4.)

281–4 *Roi de Navarre*: allusion to the celebrated songs of Thibaud IV (1201–53). *Guitare*: the Spanish guitar, which appeared first in France in the second decade of the seventeenth century, became increasingly popular for over one hundred years.

285–301 The speaker is in sympathy with the idea of progress which depends on increased enlightenment (*jour plus pur*). Ll.300–1: *les arts* here sum up the agricultural arts (see l.145), applied arts (l.168), and fine arts (ll.205, 229).

306–9 *seul ... être*: this furnishes a contrast for the constant assertion that eighteenth-century people delighted solely in society. *Utile jeu*: a paradox developed in what becomes another reverie within this reverie (ll.310–27). *De voir consumer ... hêtre*: according to Bernis, any object, if poetically contemplated, reveals a new universe. See introduction, n.27.

310–27 The beech-tree reaches a height of 80–100 feet.

324–7 *dieux ... bûcheron*: a strong antithesis; as its roots lie near the surface and are often partly exposed, a giant beech is felled with comparative ease.

328 From here to the end of the poem, the revery once again takes place out-of-doors. Ll.328–68 are a large-scale genre painting, the subject being the important one of collective winter-evening *délassements*. L.330: *caverne*: such protective grottoes, frequent in a number of French river-valleys, are still in use. L.331: *Nestor*: According to Bernis, every rural community has a sage (see *Le Spinosisme*, ll.319–29). L.335: *la sœur ... Amour*: i.e., *l'Amitié*. L.338: *l'amant d'Io*: the periphrasis suggests the dignity of the ox. Ll.341–3: Philémon, Lisette, Philène: country types of noble hospitality, natural beauty, and dauntless courage. Philémon, a poor man, shared his all with the gods, whom the rich had turned away; Lisette, a figure established by poets of the first half of the century (e.g., see above, Chaulieu, *Les Louanges de la vie*

champêtre à Fontenay, ma maison de campagne); Philène, named after *les Philènes*, two humble Carthaginian brothers who gave their lives in order to establish the true boundaries of their country. Ll.347–50: pottery lamps with three fibre-wicked outlets were then common, producing a mobile pool of light among deep shadows. *Fastes de Clio ... chansonnettes*: many of these are given (words and music) in Barbier et Vernillat, see n. ll.173–8. Ll.359–68: this institution would seem to be a modest descendant of the ancient *cours d'amour* of Provence.

369–418 another genre picture, which psychological and humorous touches keep from becoming sentimental. *De son printemps*: of her youth; Eglé feels that she is old at twenty. *La troupe émue ... écouter*: that no one had suspected Eglé could have anything to recount says much about her character. *Son chien ... son cœur*: outward and inward pledges of fidelity. L.391: faithlessness can reverse symbolic meanings. L.394: *tout ... nature*: the presence or absence of a single human relationship may change the entire aspect of things. (Cf. Lamartine: *un seul être vous manque et tout est dépeuplé*, in l'*Isolement*; an analogous idea is at the centre of Bernis' *Le Monde poétique* (see below). L.395: *l'amour, le temps*: love has gone beyond recall and the time to which it gave a meaning is ended. Ll.398–9: Egle's burst of feeling produces a powerful effect precisely because it comes from one hitherto so reserved. The names of the couple, both possibly from the Greek, are suggestive: *Eglé*: *aiglé* or *aeglé*: ray or gleam; *Mysis*: meaning either closing of eyes or a type of mollusc, and hence, by extension, a slow-witted fellow. Ll.400–5: enlightened by Eglé, Mysis' eyes are opened, his wits stirred, his all-or-nothing tendency revealed. *Quoi ... charmes*: a delicate admission that she is more beautiful than her rival. L.405: the suspension points undoubtedly stand for the look in Mysis' formerly unseeing eyes, which more than bears out the genuineness of his remorse. Ll.405–11: Mysis' look produces as powerful an effect on Eglé as her outburst had on him (*Mon cher Mysis ... condamné*); then, however, her natural reserve asserts itself in the making of a nice distinction (*Si ma fierté ... pardonné*) before she consents to unite with Mysis in an understanding silence. Ll.416–18: a reminder in this winter poem that even winter in the heart can change to spring.

419 *journée*: it is noteworthy that, up to l.430, the revery surveys winter in terms of a sombre day and, from l.431 to the end, in terms of a radiant one. Ll.421–2: *l'art ... loisir*: this art completes the list of those already mentioned (see note, ll. 285–301).

431–79 *avantages*: those of the country as compared with those of the city (see ll.64–5). At l.433 begins a further closely linked series of impressionistic pictures (433–53: a sunny winter day; 454–71: winter sports and, 472–9: their outcome). Ll.433–53 emphasize the crystalline brightness of the day; ll.446–7: *ceinture ... chaînes* lead on through *resserrer* (l.449) to *Borée emprisonne* (l.453). This name appropriately suggests the appearance of the frozen waves in terms of the god's white locks, snowy beard, silver wings, and cloudy robe often associated with Boreas in the eighteenth century. L.455: *parcourir*: on skates. Ll.456–75: *dragons*, lions: imaginary but none the less terrifying beasts. L.474: *plaisirs ... utiles*: physical and mental enjoyment are equally conducive to health. (Cf. ll.307; 454–5; 475–7; also 'la santé, le plus grand des biens,' *Epître sur l'ambition*, 50.) L.477: *légers*: carefree.

480–92 The transition from winter to spring is foreseen. L.484: *esprits*: an amusing personification of noxious drafts; *Averne*: the effluvium from this lake in the Campania was said to be deadly; the term is here used to symbolize the mysterious source of all winter's ills. L.492: *fleurs*: this, the final word of the poem proper, is characteristic (cf. 'mes biens, mes trésors, sont les fleurs,' *Epître* ix, *A Forcalquier*, 70).

493–500 To have placed this *dédicace* to Virgil at the beginning of a poem entitled *Les Quatre Saisons, ou les géorgiques françaises*, would have been pretentious. Too self-critical to over-estimate his work's value, Bernis was nevertheless too intelligent not to realize, in view of its aim and spirit, at whose feet it might most suitably be laid. He too sought to reveal the music and meaning of the seasons, but believed that only insofar as worthy of being offered to Virgil was there hope for his poem's survival. L.493: *double cime*: Parnassus is sometimes thus referred to, as having two summits, one sacred to Apollo, the other to Dionysos.

La Religion vengée, 5

Le Spinosisme

Enfin je vous revois, bois antique et sauvage,
Lieu sombre, lieu désert, qui dérobez le sage
Au luxe des cités, à la pompe des cours;
Où, quand la raison parle, elle convainc toujours;
Où l'âme, reprenant l'autorité suprême, 5
Dans le sein de la paix s'envisage elle-même:
Esclave dans Paris, ici je deviens roi;
Cette grotte où je pense est un Louvre pour moi.
La sagesse est mon guide, et l'univers mon livre;
J'apprends à réfléchir pour commencer à vivre. 10
C'est ici que la saine et profonde raison
De mon esprit captif élargit la prison,
Quand, armé du flambeau de la philosophie,
Je démasquai l'erreur, que l'orgueil déifie,
Que toléra longtemps le Batave séduit, 15
Et que jusqu'en nos murs le mensonge a conduit.
  Vous donc qui me suivez dans cette solitude,
Qui par des noeuds de fleurs m'attachez à l'étude,
Muse, rappelez-moi le mémorable jour
Où la vérité même, éclairant ce séjour, 20
Du dieu de Spinosa m'offrit la vive image:
Elle était sans bandeau; peignons-la sans nuage.
  Loin du faste imposant et toujours onéreux,
En d'utiles plaisirs coulaient mes jours heureux;
Tout entier à l'étude, à mes vœux, à moi-même, 25
Du profond Spinosa je creusais le système,
Et de son athéisme éclairant les détours,
A Dieu qu'il outragea j'adressais ce discours:
Descends, grand Dieu, descends dans ma retraite obscure;
Pénètre mon esprit de cette clarté pure 30
Dont les sages, témoins de ta félicité,
Partagent avec toi l'heureuse immensité,
Contre tes ennemis viens armer ma jeunesse,
Enflamme mon esprit, et mûris ma sagesse;
Viens à moi, je t'implore ... Un feu pâle et soudain 35
De ma grotte à ces mots remplit le vaste sein.
Je crus être témoin de la chute du monde:
Les astres, égarés dans une nuit profonde,
Sous le grand arc du ciel vainement suspendus,
Roulèrent dans les airs, ensemble confondus. 40

Tout parut s'abîmer; moi seul, calme et tranquille
Je vis l'affreux chaos entourer mon asile.
Tu me donnais, grand Dieu, cette intrépidité.
Plongé dans le silence et dans l'obscurité,
Le jour me fut rendu par un coup de tonnerre: 45
Je vis sortir alors des débris de la terre
Un énorme géant; que dis-je? un monde entier,
Un colosse infini, mais pourtant régulier;
Sa tête est à mes yeux une montagne horrible,
Ses cheveux des forêts, son œil sombre et terrible   50
Une fournaise ardente, un abîme enflammé:
Je crus voir l'univers en un corps transformé;
Dans ses moindres vaisseaux serpentent les fontaines;
Le profond océan écume dans ses veines;
La robe qui le couvre est le voile des airs;   55
Sa tête touche aux cieux, et ses pieds aux enfers.
Il paraît: la frayeur de mon âme s'empare;
Mais, dans le trouble affreux où mon esprit s'égare,
Plus tremblant que soumis, moins saisi qu'agité,
Je cherche en lui les traits de la divinité,   60
Lorsqu'abaissant vers moi sa paupière effrayante,
Il m'adresse ces mots d'une voix foudroyante:
'Cesse de méditer dans ce sauvage lieu;
Homme, plante, animaux, esprit, corps, tout est Dieu:
Spinosa le premier prouva mon existence;   65
Je suis l'être complet, et l'unique substance;
La matière et l'esprit en sont les attributs;
Si je n'embrassais tout, je n'existerais plus.
Principe universel, je comprends tous les êtres;
Je suis le souverain de tous les autres maîtres.   70
Les membres différents de ce vaste univers
Ne composent qu'un tout, dont les modes divers
Dans les airs, dans les cieux, sur la terre, et sur l'onde,
Embellissent entre eux le théâtre du monde;
Et c'est l'accord heureux des êtres réunis   75
Qui comble mes trésors et les rend infinis
Cesse donc de borner ma puissance divine
Je suis tout; tout en moi puise son origine;
Ma grande âme circule, agit dans tous les corps,
Et selon leur structure anime leurs ressorts: 80
Mais le feu de l'esprit ne s'échappe et n'émane
Qu'à travers le bandeau que m'oppose l'organe;
Si le voile est épais, l'esprit éclate moins;

S'il est plus délié, libre alors de tous soins,
Il brise le tissu de ses liens rebelles,   85
Et jusques dans le ciel lance ses étincelles.
De cet être ignoré, de cet être puissant
Admire, reconnais le principe agissant.
Mon corps est le monceau de toute la matière;
L'union des esprits forme mon âme entière.'   90
Il dit; mais, de cent coups à l'instant foudroyé,
Comme un faible crystal le colosse est broyé.
L'obscurité s'enfuit; le jour enfin m'éclaire,
Et tout s'offre à mes yeux dans la forme ordinaire.
    Je vois, O vérité, dans ce hardi tableau,   95
Que l'erreur sur le trône est près de son tombeau;
Tu peux seule briller et plaire toute nue.
La fraude découverte est déjà confondue:
Elle doit son prestige à son obscurité;
Mais ton juste pouvoir dépend de ta clarté.   100
Que ta flamme en tout lieu me guide et m'accompagne.
De mes premiers travaux soit la digne compagne.
Le colosse est tombé, mais ses vastes débris
Dérobent les serpents que son sein a nourris.
Spinosa, si vanté, puisa son imposture   105
Dans les membres épars du monde d'Epicure.
Le maître séducteur est déjà terrassé,
Et je vois le disciple à demi renversé:
Qu'il convienne en ce jour qu'un énorme assemblage
Ne peut jamais d'un Dieu nous présenter l'image;   110
Que la religion règne au fond de nos cœurs,
Qu'elle maintient les lois, qu'elle sauve les mœurs;
Et qu'enfin la vertu, qu'il traite de chimère,
Est de nos vrais plaisirs la compagne et la mère.
    Tout est Dieu! m'a-t-on dit. L'ai-je bien entendu?   115
Le vice le plus bas, la plus noble vertu,
Auraient le même auteur et la même naissance!
Dieu pourrait réunir le crime et l'innocence,
Et poussant le contraste au degré le plus haut,
Remplir tout à la fois le trône et l'échafaud!   120
Tout est bien dans un siècle où la misère abonde,
Où l'orgueil, la folie, ont envahi le monde,
Où la chûte est toujours voisine du succès
Où l'excès est sans cesse à côté de l'excès!
Tout est Dieu! disons-nous. Eh! le siècle où nous sommes   125
A peine a-t-il produit, non des dieux, mais des hommes!

Quel étrange système et quel aveuglement
D'unir en un seul tout un long enchaînement
D'êtres qui, séparés par diverses essences,
Existent sans soutien, sont autant de substances!   130
Je veux que l'univers compose un même tout;
Mais ses membres distincts sont divisés partout:
Le cercle et le triangle ont diverse nature.
Grand Dieu, vous n'êtes plus cette substance pure
Que le souffle du temps ne pouvait altérer,   135
Mais un vaisseau léger qu'Eole fait errer!
Vous prenez en un jour mille formes nouvelles;
Vos biens sont passagers, vos peines éternelles;
Vous êtes impassible, et toujours vous souffrez;
Vous êtes immortel, et, grand Dieu, vous mourrez!   140
    Spinosa confondit et l'esclave et le maître.
Séparons Dieu de l'homme, et le néant de l'être;
Cessons de l'avilir en unissant à lui
Un monde dont il est le principe et l'appui:
Il serait moins puissant s'il avait nos richesses,   145
Et pour lui nos vertus ne sont que des faiblesses.
    Suivons de l'univers les ordres différents;
Parcourons les états, et mesurons les rangs.
    Le monde est une mer dont en tous temps les sages
Ont contemplé de loin le calme et les orages: 150
Du chaos de la cour sondons la profondeur;
Des dieux qu'on y révère observons la grandeur;
Démêlons la droiture, ou démasquons les vices
Des modernes Burrhus et des nouveaux Narcisse;
Au politique habile arrachons le bandeau;   150
Au fourbe ténébreux présentons le flambeau:
Et nous verrons alors si Dieu, si la sagesse
Unit tant de grandeur avec tant de bassesse.
    Heureux qui n'a point vu le dangereux séjour
Où la fortune éveille et la haine et l'amour;   160
Où la vertu, modeste, et toujours poursuivie,
Marche au milieu des cris qu'elle arrache à l'envie!
Tout présente en ces lieux l'étendard de la paix:
Où se forge la foudre il ne tonne jamais;
Les cœurs y sont émus, mais les fronts y son calmes,   165
Et toujours les cyprès s'y cachent sous les palmes;
Théâtre de la ruse et du déguisement,
Le poison de la haine y coule sourdement.
Il n'est point à la cour de pardon pour l'offense;

Hommes dans leurs arrêts, et dieux dans leur vengeance,   170
Les courtisans cruels restent toujours armés
Contre des ennemis que la haine a nommés.
Partout j'y vois errer la sombre jalousie,
Qui, cachant le poignard dont elle s'est saisie,
Imprime sur son front les traits de l'amitié,   175
Appelle sur ses pas l'amour et la pitié,
Redouble les serments, s'abandonne aux alarmes,
Et prépare son fiel en répandant des larmes;
La rage dans le cœur et la paix dans les yeux,
Même en les invoquant elle trahit les dieux;   180
Elle attaque à la fois le rang et la fortune;
La gloire l'éblouit, la grandeur l'importune.
Fuyez de ce dragon les yeux étincelants;
Il vous perdra, mortels, s'il connaît vos talents.

Spinoza's ideas still influence ways of thinking and writing to such a degree that Bernis' *Le Spinosisme* is not without interest today. The principal reason for its inclusion here (only the first 184 lines are given) is its poetic value. (For its historical value, see Paul Vernière, *Spinoza et la pensée française avant la Révolution*, 1954, I, 432–35.) That the poem held a special place in the poetry of Bernis is evident from the fact that he had always intended – if his collected works were ever printed – that *La Religion vengée* should be published separately. He was no doubt aware of his poem's originality: Azara, who was the first to publish it (in 1795) says in his introduction: 'On pouvait dire alors que c'était le premier ouvrage français dans lequel on eût hasardé de rendre en vers des idées métaphysiques. Le cercle borné de la poésie s'est beaucoup étendu depuis.' No doubt, even if kept separate, *La Religion vengée* might have been published soon after it was written. However, according to Azara, Bernis in 1742 was just about to see it through the press when Racine's *La Religion* came out, and Bernis modestly set aside his own poem.

   It exemplifies what its author called, in contrast to the Cephalian or *nuancé* style, the Herculean or linear style. Its peculiar raciness, like that of all Bernis' poetry, springs from a marked preference for substantives and verbs, and a sparing use of epithets (*Le Spinosisme's* 396 lines contain 833 nouns and 442 verbs, but only 278 adjectives, 59 of these being participial). The subject is difficult, yet it is treated with athletic elegance. In tone, it sometimes seems, like Racine's *La Religion*, to prefigure parts of Hugo's *Dieu*.

   We do not know how Bernis had become familiar with Spinoza's ideas. He was probably acquainted with the *Tractatus theologico-politicus*, which was published anonymously in 1670, and translated into French in 1675. *Le Spinosisme* gives evidence of some familiarity with certain of Spinoza's letters (notably those to and from Blyenbergh, no. 18–24, ed. A. Wolf), and with the *Ethics*, available since 1677 in the Latin edition.

1 Indirectly reminding the reader that a poem of this kind is not undertaken on the spur of the moment, Bernis' introduction establishes the fact that his earlier intensive intellectual and visionary experience of Spinoza's doctrines, which has had ample time to be thoroughly digested, is now ready for the final stage of creative activity, i.e. poetic transformation, which takes place as the poem develops. Incidentally, Bernis was always better able to write in the country; moreover, in view of the subject, a natural setting is dramatically apposite.

6 Cf. Paul Valéry: 'je me voyais me voir.'

8 *Louvre*: i.e., a palace; note that after 1678, and until it became a museum in 1793,

the Louvre was used to house academies and provide certain privileged persons with a haven for their creative activities.

14 *Orgueil*: Pride and Lust, fallen angels, are the principal protagonists of *La Religion vengée*, their plot being to bring about the continuous downfall of man. In *Le Spinosisme* pride is to the fore. In Bernis' opinion, Spinoza is guilty of pride in that he creates a god of his own.

15 Spinoza, born in 1632, a Jew of Amsterdam, whose ideas quickly had influence in Holland and elsewhere, was excommunicated by the Synagogue for his heresies. *Le Batave*: the Dutch.

22 Cf. La vérité, fille du temps
   Déchire le voile des fables. (*Les Quatres Saisons: l'Automne*, 187–8)

23 The theme of the court, so important later, is foreshadowed (cf. also l.3).

26 *le système*: this word is given poetic prominence by being used at three key points of *Le Spinosisme*.

27 Bernis considers Spinoza an atheist in that he does not believe in a personal God.

28 *à Dieu qu'il outragea*: according to Bernis, Spinoza insulted God by identifying Him with His creation, and by teaching that all things, good or evil, are integral parts of the divine being. For Bernis, the insult might also have stemmed from Spinoza's making God inaccessible, infinitely removed from man, conceivable but not imaginable, possessing none of the attributes that men have endowed him with (will, emotions, purposes, etc.).

33 Bernis was 22 when he wrote *Le Spinosisme*.

36 The vision that follows is a surrealist anamorphosis *avant la lettre*. The inspiration for Bernis' giant may have been found in the *Ethics* (II, 13), in which Spinoza, discussing the oneness of nature, supposes three kinds of individuals: *a* composed of the most simple bodies; *b* 'composed of many individuals of a different nature' (from one another); *c* 'a third class of individuals composed of these second ones ... and if thus still further we proceed to infinity, we can easily conceive that all nature is one individual whose parts, that is, all bodies, vary in infinite ways without any change of the individual as a whole' (see l.52: 'l'univers en un corps transformé').

63 According to Spinoza an individual mind is but a fragment of a fragment of the diffused consciousness of the world, and thus incapable of comprehending the latter.

64 Spinoza believes only in the existence of one unique Substance, which is God or Nature. We know God or Nature as expressed in two attributes, Thought and Extension. These two elements in their extent and in their details are all the universe that man can know.

65 Reflection alone brings out the ironical implications of this line.

68 'it would argue a great imperfection in God if something were to happen against His will, and if He were to desire something which He could not obtain, and if His nature were so determined that, like his creatures, he would have sympathy with some things and antipathy to others ...' Spinoza, letter 19 addressed to Blyenbergh, 5 January 1665 (ed. A. Wolf, 148).

90 According to Spinoza, God is the sum of all possible bodies and all possible thoughts and feelings, known and unknown.

99 It is noteworthy that this observation is made during the first half of the Age of Enlightenment. A book has yet to be written on the prestige conferred by obscurity. *Obscurité* is one of the key words of the poem: it is linked by Bernis to deceit and chaos, light and truth being synonymous. There is thus value in the contrast of light and darkness in the poem. Bernis admits to having been under the spell of Spinoza's system ('mon esprit captif,' l.12); however, his reason had not been enough to help him find a cogent refutation. He needed divine guidance, and inspiration finally came to him in a country retreat. A poetic recall (l.17) evokes a grotto, far from the distracting commerce of men; there, thanks to the semi-darkness, the hallucinatory vision he has of Spinoza's God assumes an apparent reality (error may convince to the extent that it is not perceived clearly and distinctly). However, the vision, shattering like glass, disappears when God sends '... cette clarté pure/Dont les sages témoins de la félicité/Partagent avec toi l'heureuse immensité.' (ll.31–3) For Bernis, of course, this is renewal

of belief in revealed truth, illumination rather than philosophic refutation, despite his statement: 'armé du flambeau de la philosophie/Je démasquai l'erreur' (ll.13–14).

101 *ta flamme*: God's truth (the fire of conviction).

103 Spinoza, says Bernis, had based his philosophy on the materialism of Epicurus (l.106); though the latter's system was now disproved ('le maître séducteur est ... terrassé,' l.107), his disciple Spinoza was only half vanquished (l.108): those he had influenced were still living, like snakes in the ruins of an overthrown colossus (l.104). The *colosse* of l.103 refers to Spinoza's philosophy, whereas the *colosse* of l.92 was a vision, that of Spinoza's God which, when annihilated by divine light, had been shown to be non-existent (error considered as non-being). The mention of Epicurus is a connecting link with Bernis' preceding canto of *La Religion vengée*: *Le Matérialisme d'Epicure*.

127 Beginning at this line, Bernis attacks Spinoza for identifying good with evil; in the absolute determinism of the latter's system, where God is the cause of all things, man would be a prisoner of his own nature, concepts of merit and demerit would disappear from the vocabulary of ethics. Like one of Spinoza's correspondents, William van Blyenbergh (see *Correspondence of Spinoza*, ed. A. Wolf, letters 18–24), Bernis thinks of Spinoza's God in terms of the personal God of the Bible. In fact, Spinoza himself had complained about the difficulty of establishing a dialogue if he were to speak philosophically while his critic used theological modes of expression: 'I perceive,' Spinoza says to Blyenbergh, 'that no proof, however sound according to the Laws of Proof, avails with you, unless it agrees with that explanation which you, or other Theologians known to you, give to Holy Scripture' (letter 31). He could have said the same to Bernis.

The latter could not accept the Spinozist view that the terms good and evil did not indicate something positive in things considered in themselves, and that they were solely modes of thought. Moreover, he could not conceive of God as God, that is, absolutely without thinking of Him in terms of human attributes. Especially was he unwilling to forego the concept of God as lawgiver and supreme judge, rewarding virtue and punishing vice and crime: 'Quoi donc! vous refusez à ce juge équitable/Le pouvoir de punir un esclave coupable!' Certainly, he could not have accepted the Spinozist notion of moral responsibility, which is responsibility towards one's own nature. According to Spinoza, an individual sins against himself when he acts in a way which diminishes his own essence and augments his dependence on external causes. Virtue is its own reward, whereas the punishment of the insensate is unreason itself. The wicked man, incapable of governing his desires, may be excused because of his weakness, but not being able to know beatitude, he inevitably perishes.

140 Spinoza's God being all of what man calls good and evil, life and death, is bound both to immortality and to extinction.

147 For Bernis, it is inconceivable that creator and creation should be confused, any more than master and slave. The court especially furnishes examples of good and evil (la droiture ... des modernes Burrhus, les vices ... des nouveaux Narcisse' – examples of the upright man and the Machiavellian in Racine's *Britannicus*).

151 The court is chosen to symbolize man, partly perhaps because it illustrates, with ideal irony, such a statement as: 'The law and ordinance of nature, under which all men are born, and for the most part live, forbids nothing but what no one wishes or is able to do) and is not opposed to strife, hatred, anger, treachery, or, in general, anything that appetite suggests.' (Spinoza *A Political Treatise*, ch. II, par. 8).

155 Let us, by tearing away his laurels, show the political intriguer for what he is; let us confound the dark schemer by exposing him to the light of truth.

[The Wonder of Night]

Quand j'observe ces nuits si pures, si tranquilles,
Où le ciel est semé d'escarboucles mobiles,

Où la lune, annonçant le calme et la fraîcheur,
Ranime l'univers par sa douce blancheur,   330
Je sens d'un saint respect mon âme pénétrée;
Mon œil embrasse l'arc de la voûte azurée;
Des astres de la nuit admire la splendeur,
De l'empire des airs mesure la grandeur,
Et, se perdant enfin dans cet espace immense,   335
S'arrête et se confond où l'infini commence.
Mais l'esprit, plus perçant, découvre au haut des cieux
Ce monarque éternel qui se voile à mes yeux.

(La Religion vengée, 7)

La Religion Vengée, chant vii, Le Pyrrhonisme, ll.327–38. These lines, written during
the first half of the century, are typical of the lyrical appreciation of natural beauty, so
often expressed by Bernis in the course of a poem whose title promises nothing of the
kind.
328 *escarboucles*: a term rich in associations: e.g., colour, effulgence, transparency.
330 *ranime*: a subtle suggestion of the power of moonlight to resurrect the world
from enshrouding night.

Le Monde poétique

Depuis que je vous ai quitté
Mon esprit a peu consulté
Et l'austère Thémis et la douce Uranie :
J'oublie également les lois et le génie,
Et je me meurs d'oisiveté.   5
Un levain de stoïcité
Mêle à mon sang tardif quelques humeurs chagrines ;
Et j'ai, comme Zénon, des vertus bien voisines
De l'orgueil et de l'âpreté.
Figurez-vous d'abord l'ennui philosophique,   10
Marchant les yeux distraits, et morne en son maintien ;
Et son cortège magnifique
De grands raisonnements qui ne mènent à rien,
Ou qui ne sont au plus que le vain spécifique
Des maux dont il nous entretient.   15
Joignez-y quelque peu de fougue poétique,
Mélangé de légèreté
Et de traits de férocité
Qui me donnent en gros certain air prophétique
Dont aux temps fabuleux j'aurais bien profité.   20
De cet inutile assemblage
Naît l'oubli de Thémis et l'oubli d'Apollon.
Je suis un champ aride, une terre sauvage,

Que d'une aile brûlante a couvert l'aquilon.
Mon esprit est tombé comme une fleur fanée;   25
Ma nudité s'étend sur tout ce que je vois;
Et la nature autour de moi
Est une masse décharnée.
Nos côteaux, nos vallons, sont des objets muets,
Ou n'offrent à mes yeux que traces de misère.   30
Je pense, au fond de nos forêts,
Que le jour à regret m'éclaire.
L'univers porte encore les marques du chaos.
Pourquoi ces plantes dispersées,
Sous l'aconit brûlant ces roses oppressées,   35
Et l'ivraie étouffant ces utiles rameaux?
...
Ce globe, cette mer de matiére fluide
Qui, se voûtant en arc, forme notre horizon,
Qu'est-ce en effet qu'une prison
Qu'à tout moment la mort parcourt d'un vol rapide,   40
Où la corruption sème un germe infecté,
Où par le temps qui fuit, qui consume, et qui mine,
Chaque être vers sa fin est sans cesse emporté,
Et se nourrit de sa ruine?
De désordre et de maux quelle variété!   45
Et combien différente était cette nature
Dont la docte Uranie enseigne la structure
Au sommet du Parnasse où je fus allaité!
Je me rappelle encore l'instant où ma paupière
Par son souffle imprévu s'ouvrit à la lumière.   50
C'était lorsque Vénus remonte vers les cieux,
Pour quelque amant chéri venue en ces bas lieux;
Au moment que l'Aurore avec des doigts de rose
Sépare en souriant la nuit d'avec le jour,
Et que la terre qui repose   55
Est des dieux regardée avec des yeux d'amour.
Dans une assez vaste distance
L'ombre et le jour traçaient deux zônes dans les airs;
L'univers au milieu se levait en silence,
Comme un vaisseau léger s'avance sur les mers;   60
L'orient au soleil préparait une voie
De perles, de rubis des plus vives couleurs:
Là le ciel en s'ouvrant semblait verser des pleurs
D'applaudissement et de joie,
Et les zéphyrs formaient les calices des fleurs   65

Avec des fils d'or et de soie.
Sous les arbres chargés de verdure et de fruits,
Les oiseaux célébraient l'astre prêt à paraître,
Et les beautés du jour, et la fraîcheur des nuits,
Ou le changement de leur être.   70
La nuit même admirait un spectacle si beau :
Ses dieux, comme des chars arrêtant leurs étoiles,
Osaient de la lumière attendre le flambeau,
Et regrettaient ces lieux échappés à leurs voiles.
Bientôt l'occident plus serein   75
Comme un gouffre profond les cacha dans son sein,
Tandis que de longs flots de matière argentée
Annoncèrent Phébus ; et la terre agitée,
Malgré l'immense poids qui forme son appui,
D'un léger tremblement s'inclina devant lui.   80
Tels furent les objets que m'offrit Uranie.
L'esprit plein de son feu, je prêtais même encor
De la grandeur et de la vie
A tout l'éclat de ce trésor.
Ce vide où je me trouve était encore à naître.   85
L'univers me parut comme un champ de plaisirs
Tributaire de mes désirs,
Et que je crus fécond quand je m'en crus le maître.
Ami, qui l'êtes des neuf sœurs,
Qui, dans le goût constant que vous avez pour elles,   90
De mon génie éteint tirez des étincelles
Dont l'éclat peut encore m'attirer leurs douceurs,
Des inspirations et des grâces nouvelles,
Excusez les traits inégaux
Dont mon esprit forma cette double peinture,   95
Libertin comme la nature,
Et peut-être unissant assez mal-à-propos
La lyre avec les chalumeaux :
C'est dans vos entretiens variés et pleins d'âme
Que je crois respirer l'air du sacré vallon.   100
Delphes et la vapeur du trépied d'Apollon
N'ont point cette vertu dont votre esprit m'enflamme.
Aussi, lorsque l'hiver sorti du fond du Nord
Répandra dans nos champs l'image de la mort,
J'irai chercher la vie et la solide gloire,   105
Et découvrir chez vous par quels heureux sentiers
Nos auteurs parviendraient au temple de mémoire,
S'ils aimaient le travail autant que les lauriers.

The significance of *Le Monde poétique* is brought out more clearly if the form of the work is considered as that of a poem within a poem. The outer poem has two parts of almost equal length (ll.1–22, 89–108) which, respectively, precede and follow the inner poem. In ll.1–22, the speaker explains to a friend his prolonged inactivity as a poet. In the inner poem, which follows without a break (ll.23–88), he surveys the barrenness of his interior world and its effect on the exterior one (ll.23–36); this change in turn transforms the world of his imagination (ll.37–45); alongside this new vision of nature he then sets an earlier one (ll.46–88). The inner poem is thus seen to be a lyrical implication of the basis of Bernis' poetics. The concluding part of the outer poem now begins. Poetry of any kind, being communication, cannot exist in a void. It is called forth, not by conventional abstractions (l.101) but by the living human audience it seeks, in this case, the friend, who, even in absence, is both ideal stimulator and auditor. Any *monde poétique* must be shared, in order fully to exist. The poem incidentally illustrates how even the confession of poetic sterility can result in a poem.

3 *Thémis*: goddess of law, invariably represented as a beautiful girl with a somewhat severe expression, has many attributes, the one emphasized here being the power of the mind to bring a balanced order into things. The muse *Uranie* is represented as an equally beautiful girl with an enthusiastic expression, bearing an astrolabe in her hand. Her association with the stars symbolizes the descent of celestial inspiration. *Uranie*, for Bernis, would seem to be mediatrix between Apollo and the poet. That in the truest sense she humanizes poetry is brought out in

Fragment d'une épître à Uranie

O charmante Uranie, ô mon premier amour,
C'est vous que mon cœur en atteste,
Ai-je jamais dans votre cour
Fait entendre une voix funeste?
Ai-je, le front couvert d'un masque officieux,
Employé lâchement, dans mes rimes coupables,
A la honte de mes semblables
Un langage inventé pour la gloire des dieux?
Non, non; la douce poésie
Distribue en riant les rubis et les fleurs,
Les myrtes aux amants, les lauriers aux vainqueurs:
A la vertu qu'elle aime étroitement unie,
C'est à la couronner que s'occupent ses mains,
Et l'on en fait une furie
Quand on la peint s'armant des poisons de l'envie
Pour faire la guerre aux humains. (Bernis, *Œuvres*, Didot, 1797, 114–15)

8–9 Zeno the stoic was often accused of pride and austerity.
10–15 an amusing reference to the many philosophical studies Bernis undertook in the long writing of *La Religion vengée*.
16–20 These lines make fun of a passion for poetry *à froid*.
22 *Apollon*, leader of the Muses, is introduced to show that the poet's disloyalty to poetic genius (*Uranie*; cf. ll.3–4) has been extended to poetry at large.
29–32 It is interesting in this connection to recall that Bernis also says: 'Il faut, et je le sens .../Unir la paix du cœur au silence des bois.' (*La Religion vengée*, ch. IV) See also l'*Hiver*, ll.40–3.
35–6 *aconit*: wolf's-bane, a poisonous European weed, which chokes and dries up other plants as it spreads. *Ivraie*: used for injurious weeds in general, tares. (The break between lines is in the original edition.)
37–44 The comparison of the real world to a prison is noteworthy. L.42: Bernis' treatment of the mystery of time is quite different from that of J.-B. Rousseau in *Sur un Commencement d'année* (supra). The three verbs convey the threefold operation of time: that of destroying itself (*fuit*); that of rapidly and imperceptibly destroying everything else (*consume – mine*). L.44: the paradox of time – each moment is simultaneously a step toward death and a prolongation of life.

46–7 *cette nature*: the 'monde poétique' of the title. Only *Uranie*, muse of astronomy (cf. *globe*, l.37), knows the rules (*docte*) of poetic creativity.

48 No idle boast of the 'nourrisson des Muses' type. In his *Mémoires* (éd. Masson, Plon, 1878, I, 10) Bernis states that he began writing poetry before he was ten years old.

50 Cf. 'Dès que je pus marcher et promener mes yeux au-dessus, au dessous et autour de moi, rien ne me frappa tant que le spectacle de la nature ... Les remarques que je faisais dans mon enfance s'étaient tellement imprimées dans ma mémoire, que, lorsque j'ai cultivé la poésie, je me suis trouvé plus de talents et de fonds qu'un autre pour peindre la nature avec des couleurs vraies et sensibles' (*Mémoires*, I, 7–8).

51–2 Vénus, who was reputed to honour humans with her favours (e.g., Adonis) is shown returning from some such visit, disguised as the morning star.

53–70 The Homeric image is extended into a suggestion of dawn's transient symphony of colour, movement, form, and sound.

56 because the earth looks heavenly.

59–60 The magnificent scope of this image parallels and balances that of the image in ll.37–44. The four 's' sounds of l.60 imitate both the swish of an advancing ship and the murmur of awakening dawn.

61–2 Dawn's characteristic intermingling of nuance and colour.

63–4 *pleurs d'applaudissement*: the highest form of applause. Lamartine later will use this figure in a far less poetic sense: '(Ce poète) alla droit au cœur, il eut des soupirs pour échos et des larmes pour applaudissements' (*Premières Méditations*, préface).

66 The poet seizes one of dawn's most fleeting effects. The freshly stirring air, making the flowers move in the level rays of the rising sun, appears, as it were, to weave them into visibility.

72 *chars*: this mythological figure, generally used in the singular (*char d'Apollon, de Vénus, du soleil, de la lune*, etc.) is here renewed by a pluralization which conjures up the multiple stars that, for a brief moment, at dawn, seem to burn stationary in a moving sea of light.

78–80 *Phébus*: Apollo as sun god. *Qui forme son appui*: i.e., which creates its thrust. *D'un léger tremblement ... devant lui*: a poetic allusion to the combined movements of the earth which, while revolving around the sun, rotates on its own axis and oscillates as it turns.

81 i.e., things as the eye of the poet's genius sees them.

82–4 A lyrical statement of poetry's major function. Cf. 'la poésie ... est l'art de donner du corps et de la couleur à la pensée, de l'action et de l'âme aux êtres inanimés' (*Discours sur la poésie*, 3).

85 The poet had not then discovered what he now knows, namely, that poetry is not solely a product of genius, i.e., things as the poet alone is capable of seeing them, but partly a product of the world of the poet's self, as he reacts to the world around him.

86–8 An extension of l.85. Hitherto, because of his poetic gift, the poet had thought himself in full possession of his art. At present (ll.89–93) he is aware that the heart is also an inescapable element in poetry's transforming process.

89 *ami*: possibly Forcalquier, of whom Bernis elsewhere says:

J'aime mieux penser avec vous ...
J'aime mieux jouir des appas
De votre amitié qui m'inspire
Que de cadencer sur ma lyre
Ces vers coulants et délicats
Qu'il est si malaisé d'écrire,
Et dont on fait si peu de cas. (*Epître* IX, A. Forcalquier, 70)

94–8 *esprit*, here, as in l.102, used in the sense of *âme*. *Double peinture*: i.e., twofold description of *le monde poétique*. *Libertin*: 'Qui hait la contrainte, qui suit sa pente naturelle, sans s'écarter de l'honnêteté' (Richelet, 1680). *Lyre ... chalumeaux*: i.e., a mixture of noble and familiar styles, as the poem shows.

99–102 One final element is here recognized: a human being who both inspires the making of poetry and responds to the poem made.

103–8 The reader is reminded that the present poem is the result of a growing awareness of neglected responsibility toward the poetic gift (ll.1–23).

Louis Racine

Born 2 November 1692, this seventh and youngest child of Jean Racine was six years old when the latter died, leaving Louis under the tutorship of Rollin, principal of the College of Beauvais, which the boy attended. He later studied law and took his degree; but, being attracted by the contemplative life, sought refuge from the world among the Oratoriens of Notre-Dame-des-Vertus, with whom he spent three years. He was made a member of the Académie des Inscriptions et Belles-Lettres in 1719; a subsequent bid to become a member of the Académie Française was unsuccessful, perhaps because his poem *la Grâce* (1720) showed Jansenist leanings. Racine lost heavily in the collapse of John Law's system in 1722 and, obliged to earn a living, left for Marseilles with the title of *inspecteur général des fermes*. Later, as *directeur des fermes*, he lived in various towns until in 1732 he was appointed *directeur des gabelles* (the tax on salt) at Soissons, where he remained fifteen years, becoming also *maître particulier des eaux et forêts* of the Duchy of Valois. After twenty-five years as taxation officer, he was at last able to relinquish his duties, and went to live in Paris, where he devoted himself entirely to poetry. In 1750, being by now the author of *la Religion* (1742) and *Odes saintes* (1730–43), he once more presented his candidacy at the Académie but, following a determined opposition on the part of the encyclopedists, withdrew his name. In 1755, the year he translated *Paradise Lost*, Racine learned that his only son had been killed at Cadiz, in the tidal wave resulting from the Lisbon earthquake: broken-hearted, he sold his library, keeping only his religious books, and gave up poetry entirely. Thenceforth free to indulge his penchant for meditation, he also tended his garden, and generously encouraged young poets such as Delille and Lebrun. He died on 29 January 1763.

Racine, the man, was unaffected, good-natured, direct, without malice, harbouring no jealousy. His apparently unprepossessing appearance was redeemed by great gentleness and modesty. A friend, Daguesseau, noted that to look at him and hear him speak one would never imagine there was poetry in his soul; yet Racine clearly rose above himself when in the grip of *enthousiasme*. The same friend also judged that his forte was not the fictive, that he shone primarily in the *genre sérieux*, and that his field would be sacred poetry, 'remplie de magnificence ... et ... sublime.'

In fact, all of Racine's works commend the simple virtues, express compassion for fellow creatures, and give evidence of an abiding concern as to the problems of suffering and evil. For Racine is deeply committed; his poems are acts of faith, written with no thought of *paraître* but with the firm resolve to use his art for the highest purposes only. Determined to avoid the pitfalls of 'religious' verse: 'Nos poètes chrétiens presque tous ennuyeux/Ont à peine formé des sons harmonieux' (ii, 82), he aims at convincing rather than demonstrating, and to this end consciously utilizes a wide gamut of poetry. In an era of lip service paid to 'reason,' he extols with originality and conviction the Pascalian union of mind and heart, and the search for personal communion with God. Neither a system of ideas nor a code of moral precepts, his poems are an artistic grouping of contrasts, in which aesthetically arranged sensorial and metaphysical images are enthusiastically addressed to the reader's intellect, will, and conscience, his feeling, his imagination, his sense of awe and wonder. They are the works of a *poète engagé*, full of drive and intensity.

There have been some 200 re-editions of Louis Racine's works. Jean Racine would undoubtedly have been proud of these, but perhaps still prouder of a son who, with characteristic humility, in none of them mentions his father by name.

TEXT *Œuvres de Louis Racine*, Paris, Le Normant, 1808. 6 vol. (the only complete edition, incorporating ms corrections by Louis Racine himself)

Epître 1

Sur l'Ame des bêtes

1

Ce chien ne m'offre plus qu'une trompeuse image	15
De la fidélité qui paraît son partage.	
Insensible automate, il me suit sans me voir;	
Il fait mes volontés sans jamais les savoir.	
Sans colère il s'irrite, il gémit sans se plaindre;	
Sans m'aimer il me flatte, et me fuit sans me craindre.	20
Le sang fait tout en lui, seul maître de son corps,	
Sans qu'une âme préside au jeu de ses ressorts.	
Si, dans quelques moments, touché de ses caresses,	
D'un cœur prêt à l'aimer j'écoute les faiblesses,	
Si, dans les châtiments qu'il me paraît souffrir,	25
Par ses cris douloureux je me laisse attendrir,	
Descartes, ou plutôt la raison me rappelle,	
Et dictant contre lui sa sentence cruelle,	
Le déclare *machine* ...	

2

'Contemplez seulement ce chien qui me caresse.
Avouez, si pourtant vous connaissez l'amour,
Qu'il a bien de mon cœur mérité le retour.   60
A mes commandements quelle oreille attentive!
Fut-il obéissance et plus prompte et plus vive?
Je l'appelle, il accourt; je me lève, il me suit;
Je m'arrête, il attend; je le chasse, il s'enfuit;
Ses soupirs, son œil triste, et sa tête baissée,   65
Expriment sa douleur, et prouvent sa pensée.
Un rival indiscret ose-t-il me flatter?
Sa jalouse fureur brûle de l'écarter.
Je m'éloigne: quel trouble, et quelle impatience!
Que de gémissements pour un moment d'absence!   70
Je reviens: quels transports, que de soins empressés!
Transports toujours nouveaux, soins désintéressés.
Ardent, soumis, fidèle, il m'aime, sans prétendre
Que quelque heure à me voir, et le reste à m'attendre.'

During his student days, Racine wrote some dozen lines of verse deploring the plight
of a live dog, used as a specimen in his laboratory classes. At his mother's wish, the
poem was shown to Boileau, who not only condemned it but rebuked the son of Jean
Racine for venturing to write verse at all. (*Vie de L. Racine*, par son petit fils, A. de la
Roque, in *Poésies de Louis Racine*, 1871, 9). Nothing daunted, the young poet went on
to treat a related subject in two *Epîtres sur l'Ame des bêtes*. In his concluding note to
these poems, Racine writes:

> Malgré l'esprit philosophique dont se vante notre siècle, le préjugé des sens
> engage presque tout le monde aujourd'hui à croire que les animaux pensent. Que
> ceux qui ont les preuves métaphysiques, et celles de morale ne peuvent convaincre
> que les Bêtes ne sont que des machines, connaissent du moins que cette question
> est très difficile à résoudre, et qu'ils en concluent que l'homme n'est qu'igno-
> rance: voilà l'utilité la plus certaine qu'on en puisse tirer, en admirant l'Etre-
> Suprême qui a crée les animaux, soit qu'on croie qu'ils ont une âme, soit qu'on
> croie qu'ils n'en ont pas. (*Œuvres*, 1808, t.II, 73)

Racine's poetic manner of dealing with the two opposed points of view is illustrated by
the pair of examples given.
74 is taken from his father's *Bérénice*, l.536.

Racine's principal preoccupation as poet was to be the happiness or unhappiness of
man. In *La Grâce* (1720), *La Religion* (1742), and *Odes saintes* (1730–43), each of which
has, as central figure, a Person of the Trinity, he assumed a threefold responsibility: in
La Grâce toward his neighbour, in *La Religion* toward himself, and in the *Odes saintes*
toward God his Saviour. (See *Finch, The Sixth Sense*, 263–93). The three works have a
common, though differently expressed, aim. What they urge upon men is a complete
transformation in their relations to God and their fellow-creatures, and to the world
which God has made. According to Racine, only faithful obedience to God's word, in
life and thought, and a diligent application of the principles of science in investigating
the universe, will lead men truly to worship God as Creator, Redeemer, and King.
From the first two divisions of this 'triptych,' which, because of length, cannot be

quoted *in extenso*, representative sections are given; eight of the short, self-contained lyrics which constitute the third division, *Odes saintes*, are reproduced in full.

La Grâce

Chant 2

[The Nature of Pride]

A croître nos malheurs le Démon met sa joie;	75
Lion terrible, il cherche à dévorer sa proie;	
Et transformant sa rage en funestes douceurs,	
Souvent serpent subtil il coule sous les fleurs.	
Ce tyran ténébreux de l'infernal abîme	
Jouissait autrefois de la clarté sublime.	80
L'orgueil le fit tomber dans l'éternelle nuit,	
Et par ce même orgueil l'homme encor fut séduit,	
Quand nos pères, à Dieu voulant être semblables,	
Osèrent sur un fruit porter leurs mains coupables.	
L'orgueil depuis ce jour entra dans tous les cœurs:	85
Là de nos passions il nourrit les fureurs;	
Souvent il les étouffe; et pour mieux nous surprendre,	
Il se détruit soi-même, et renaît de sa cendre;	
Toujours contre la Grâce il veut nous révolter.	
Pour mieux régner sur nous, cherchant à nous flatter,	90
Il relève nos droits, et notre indépendance;	
Et de nos intérêts embrassant la défense,	
Nous répond follement que notre volonté	
Peut rendre tout facile à notre liberté.	
Mais comment exprimer avec quelles adresses	95
Ce monstre sait de l'homme épier les faiblesses?	
Sans cesse parcourant toute condition,	
Il répand en secret sa douce illusion:	
Il console le roi que le trône emprisonne,	
Et lui rend plus léger le poids de la couronne;	100
Aux yeux des conquérants de la gloire enivrés	
Il cache les périls dont ils sont entourés;	
Par lui le courtisan, du maître qu'il ennuie,	
Soutient, lâche flatteur, les dédains qu'il essuie;	
C'est lui qui d'un prélat épris de la grandeur,	105
Ecarte les remords voltigeants sur son cœur;	
C'est lui qui fait pâlir un savant sur un livre,	
L'arrache aux voluptés où le monde se livre,	
D'un esprit libertin lui souffle le poison,	
Et plus haut que la foi fait parler la raison;	110

C'est lui qui des palais descend dans les chaumières,
Donne à la pauvreté des démarches altières;
Lui seul nourrit un corps par le jeûne abattu;
Il suit toujours le crime et souvent la vertu.
  Parmi tant de périls, et contre tant d'alarmes   115
La Grâce seule a droit de nous donner des armes.

A vigorous, direct style characterizes the four cantos of *La Grâce* which deal respectively with man's need for grace, what grace can do, the way it works and, finally, its threefold mystery. The section here chosen is specifically concerned with one of the principal failings grace can overcome.

La Religion

La Religion has 6 cantos, each a self-contained poem, linked with the others by a basic plan: 1, natural phenomena as witnesses to their Creator's existence; 2, the futility of man's search for self-knowledge; 3, the character of true religion; 4, the coming of Christ; 5, the scope and limitations of science and philosophy; 6, the law of love that transcends reason. In his preface to *La Religion*, Racine says: 'J'examine la faiblesse de mon esprit, et je reconnais que ma raison ne doit pas être ma seule lumière.' By confronting the two lights, the poem's purpose is to show that faith is neither contrary to reason nor yet identical with it and that the lesser light depends upon the greater. Excerpts are given from each canto and, where pertinent, those of the author's own notes which throw light on him as well as on his subject matter are reproduced below (in italics and in the original spelling).

Chant 1

[God Revealed in Nature]

Oui, c'est un Dieu caché, que le Dieu qu'il faut croire,
Mais, tout caché qu'il est, pour révéler sa gloire
Quels témoins éclatants devant moi rassemblés!
Répondez, cieux et mers; et vous, terre, parlez.   50
Quel bras peut vous suspendre, innombrables étoiles?
Nuit brillante, dis-nous qui t'a donné tes voiles?
O cieux, que de grandeur, et quelle majesté!
J'y reconnais un maître à qui rien n'a coûté,
Et qui dans nos déserts a semé la lumière,   55
Ainsi que dans nos champs il sème la poussière.
Toi qu'annonce l'aurore, admirable flambeau,
Astre toujours le même, astre toujours nouveau,
Par quel ordre, O soleil, viens-tu du sein de l'onde
Nous rendre les rayons de ta clarté féconde?   60
Tous les jours je t'attends, tu reviens tous les jours:
Est-ce moi qui t'appelle et qui règle ton cours?

Et toi dont le courroux veut engloutir la terre,
Mer terrible, en ton lit quelle main te resserre?
Pour forcer ta prison tu fais de vains efforts: 65
La rage de tes flots expire sur tes bords.
Fais sentir ta vengeance à ceux dont l'avarice
Sur ton perfide sein va chercher son supplice.
Hélas, prêts à périr, t'adressent-ils leurs vœux?
Ils regardent le ciel, secours des malheureux.   70
La nature qui parle en ce péril extrême,
Leur fait lever les mains vers l'asile suprême:
Hommage que toujours rend un cœur effrayé
Au Dieu que jusqu'alors il avait oublié.

Chant 1

[The Wonder of Water]

 La mer, dont le soleil attire les vapeurs,
Par ces eaux qu'elle perd voit une mer nouvelle
Se former, s'élever et s'étendre sur elle.   280
De nuages légers cet amas précieux,
Que dispersent au loin les vents officieux,
Tantôt, féconde pluie, arrose nos campagnes,
Tantôt retombe en neige, et blanchit nos montagnes.
Sur ces rocs sourcilleux, de frimas couronnés,   285
Réservoirs des trésors qui nous sont destinés,
Les flots de l'Océan apportés goutte à goutte
Réunissent leur force et s'ouvrent une route.
Jusqu'au fond de leur sein lentement répandus,
Dans leurs veines errants, à leurs pieds descendus,   290
On les en voit enfin sortir à pas timides,
D'abord faibles ruisseaux, bientôt fleuves rapides.
Des racines des monts qu'Annibal sut franchir,
Indolent Ferrarois, le Pô va t'enrichir.
Impétueux enfant de cette longue chaîne,   295
Le Rhône suit vers nous le penchant qui l'entraîne;
Et son frère emporté par un contraire choix,
Sorti du même sein va chercher d'autres lois.
Mais enfin terminant leurs courses vagabondes,
 Leur antique séjour redemande leurs ondes: 300
Ils les rendent aux mers; le soleil les reprend:
Sur les monts, dans les champs l'Aquilon nous les rend.
Telle est de l'univers la constante harmonie.

De son empire heureux la discorde est bannie:
Tout conspire pour nous, les montagnes, les mers,   305
L'astre brillant du jour, les fiers tyrans des airs.
Puisse le même accord régner parmi les hommes!

294 *Ferrare, bien différente autrefois de ce qu'elle est aujourd'hui, brilla par le commerce et les beaux arts.*

Chant 2

[The Mind of Man]

Je pense. La pensée, éclatante lumière,   195
Ne peut sortir du sein de l'épaisse matière.
J'entrevois ma grandeur. Ce corps lourd et grossier
N'est donc pas tout mon bien, n'est pas moi tout entier.
Quand je pense, chargé de cet emploi sublime,
Plus noble que mon corps, un autre être m'anime.   200
Je trouve donc qu'en moi, par d'admirables nœuds,
Deux êtres opposés sont réunis entr'eux:
De la chair et du sang, le corps, vil assemblage;
L'âme, rayon de Dieu, son souffle, son image.
Ces deux êtres liés par des nœuds si secrets   205
Séparent rarement leurs plus chers intérêts:
Leurs plaisirs sont communs, aussi bien que leurs peines.
L'âme, guide du corps, doit en tenir les rênes;
Mais par des maux cruels quand le corps est troublé,
De l'âme quelquefois l'empire est ébranlé.   210
Dans un vaisseau brisé, sans voile, sans cordage,
Triste jouet des vents, victime de leur rage,
Le pilote effrayé, moins maître que les flots,
Veut faire entendre en vain sa voix aux matelots,
Et lui-même avec eux s'abandonne à l'orage.   215
Il périt; mais le nôtre est exempt du naufrage.
Comment périrait-il? Le coup fatal au corps
Divise ses liens, dérange ses ressorts:
Un être simple et pur n'a rien qui se divise,
Et sur l'âme la mort ne trouve point de prise.   220
Que dis-je? Tous ces corps dans la terre engloutis,
Disparus à nos yeux sont-ils anéantis?
D'où nous vient du néant cette crainte bizarre?
Tout en sort, rien n'y rentre; et la nature avare,
Dans tous ses changements ne perd jamais son bien.   225
Ton art, ni tes fourneaux n'anéantiront rien,

Toi, qui riche en fumée, O sublime alchimiste,
Dans ton laboratoire invoques Trismégiste!
Tu peux filtrer, dissoudre, évaporer ce sel;
Mais celui qui l'a fait veut qu'il soit immortel.   230
Prétendras-tu toujours à l'honneur de produire,
Tandis que tu n'as pas le pouvoir de détruire?
Si du sel, ou du sable, un grain ne peut périr,
L'être qui pense en moi craindra-t-il de mourir?
Qu'est-ce donc que l'instant où l'on cesse de vivre?   235
L'instant où de ses fers une âme se délivre.
Le corps né de la poudre, à la poudre est rendu;
L'esprit retourne au ciel, dont il est descendu.
     Peut-on lui disputer sa naissance divine?
N'est-ce pas cet esprit plein de son origine,   240
Qui malgré son fardeau s'élève, prend l'essor,
A son premier séjour quelquefois vole encor,
Et revient tout chargé de richesses immenses?
Platon, combien de fois jusqu'au ciel tu t'élances!
Descartes, qui souvent m'y ravis avec toi;   245
Pascal, que sur la terre à peine j'aperçois;
Vous qui nous remplissez de vos douces manies,
Poètes enchanteurs, adorables génies;
Virgile, qui d'Homère appris à nous charmer
Boileau, Corneille, et toi que je n'ose nommer,   250
Vos esprits n'étaient-ils qu'étincelles légères,
Que rapides clartés et vapeurs passagères?

195 *Long-temps avant Descartes, Cicéron avoit fait valoir cette preuve qu'il avoit trouvée dans Platon. Ce qui a paru vrai à ces grands hommes paroît douteux à Locke, si la matière ne peut pas penser. Il n'y a point, comme dit Cicéron, d'opinion, quelque bizarre qu'elle soit, qui n'ait quelque philosophe pour protecteur. Locke avoue que nous ne pouvons concevoir la matière pensante: 'Mais de là, dit-il, devons-nous conclure que Dieu ne peut pas la rendre pensante?' Le recours à la puissance de Dieu n'excuse pas un pareil doute. On pourroit de même rendre incertaines toutes les vérités géométriques, en disant par exemple: Que savons-nous si Dieu ne peut pas faire un cercle quarré?*
216 *Le nôtre: notre pilote (i.e. the soul)*
228 *Mercure Trismégiste, c'est-à-dire trois fois grand, celui que les alchimistes croient l'inventeur de leur science: auteur aussi chimérique que leur art ...*
230 *Tous les êtres simples nous paroissent indestructibles par eux-mêmes: ainsi nous pouvons les appeler immortels. Mais nous ignorons si la destruction de l'univers n'ira pas jusqu'à l'anéantissement des élémens qui le composent.*
232 *Malgré ce pouvoir de vie et de mort que les alchimistes s'attribuent, ils ne peuvent ni anéantir les corps simples, ni les produire, ni les transmuer. Quand les bonnes raisons et les mauvais succès pourront enfin leur ouvrir les yeux, ils ne chercheront plus la pierre philosophale.*
246 *Pendant une carrière si courte, accablé d'infirmités continuelles, à peine a-t-il vécu, à peine a-t-il écrit. Quel nom il a laissé!*
250 *His father.*

Chant 2

[Man's Dilemma]

Du seul fils d'Ariston je n'ai point à me plaindre:
Ennemi du mensonge, il m'apprend à le craindre;
Il tremble à chaque pas, et vers la vérité
Je sens qu'il me conduit par sa timidité;
D'un heureux avenir je lui dois l'espérance;   435
D'un Dieu qui me chérit j'entrevois la puissance;
Mais s'il m'aime ce Dieu, dans un désordre affreux
Doit-il laisser languir un sujet malheureux?
Pourquoi de tant d'honneur et de tant de misère,
Réunit-il en moi l'assemblage adultère?   440
Prodigue de ses biens, un père plein d'amour
S'empresse d'enrichir ceux qu'il a mis au jour.
L'être toujours heureux, rend heureux ses ouvrages:
Il s'aime, son amour s'étend sur ses images.
Il nous punit: de quoi? Nous l'a-t-il révélé?   445
La terre est un exil: pourquoi suis-je exilé?
Qui suis-je? Mais hélas, plus je veux me connaître,
Plus la peine et le trouble en moi semblent renaître!
Qui suis-je? Qui pourra le développer?
Voilà, Platon, voilà le nœud qu'il faut couper.   450
Platon ne parle plus, ou je l'entends lui-même
Avouer le besoin d'un oracle suprême,
Platon ne parle plus, quel sera mon secours?
Il faut donc me résoudre à m'ignorer toujours.
Dans ce nuage épais quel flambeau peut me luire?   455
Danse ce dédale obscur quel fil peut me conduire?
Qui me débrouillera ce chaos plein d'horreur?
Mon cœur désespéré se livre à sa fureur.
Vivre sans se connaître est un trop dur supplice.
Que, par pitié pour moi, la mort m'anéantisse.   460
O ciel, c'est ta rigueur que j'implore à genoux!
Daigne écraser enfin l'objet de ton courroux.
Montagnes, couvrez-moi! Terre, ouvre tes abîmes!
Si je suis si coupable, engloutis tous mes crimes;
Et périsse à jamais le jour infortuné   465
Où l'on dit à mon père: 'Un enfant vous est né.'

431 Plato.
452 'A moins, dit-il dans le Phédon, qu'on ne nous donne une voie plus sûre, comme
quelque promesse ou révélation divine, afin que sur elle, comme sur un vaisseau qui ne
court aucun danger, nous achevions heureusement le voyage de notre vie.'

458 'J'admire, dit M. Pascal, comment on n'entre pas en désespoir d'un si misérable état.' M. Voltaire prétend réfuter cette pensée: 'Quand je vois Paris ou Londres, je ne vois aucune raison pour entrer dans ce désespoir dont parle M. Pascal. J'y vois des hommes heureux autant que la nature humaine le comporte ... Il y a bien de l'orgueil et de la témérité à prétendre que par notre nature nous devons être mieux que nous ne sommes?' Je le prétends sans me croire orgueilleux ni téméraire; et qui se console, parce qu'il voit Paris et Londres, peut bien appeler ces objets de consolation solatia luctûs exigua ingentis. Quelques agrémens que nous puissions trouver sur la terre, nous sentons bien qu'ils sont, comme dit saint Augustin, solatia miserorum.

Chant 3

[The Jews]

Quand le ciel eut permis qu'à la race mortelle
Un livre conservât sa parole éternelle,
Aux neveux d'Israël (Dieu les aimait alors)
Moïse confia le plus grand des trésors.
Son histoire est la leur. Elle ne leur présente   45
Que traits dont la mémoire était alors récente;
Et leur historien ne leur déguise pas
Qu'ils sont murmurateurs, séditieux, ingrats.
Son livre cependant fut le précieux gage
Qu'un père à ses enfants laissait pour héritage.   50
Dans ce livre par eux de tout temps révéré,
Le nombre des mots même est un nombre sacré.
Ils ont peur qu'une main téméraire et profane
N'ose altérer un jour la loi qui les condamne:
La loi qui de leur long et cruel châtiment,   55
Montre à leurs ennemis le juste fondement,
Et nous apprend à nous par quels profonds mystères,
Ces insensés (hélas, ils ont été nos pères!),
Ces Gentils, qui n'étaient que les enfants d'Adam,
Ont été préférés aux enfants d'Abraham.   60
Du Dieu qui les poursuit annonçant la justice,
Ils vont porter partout l'arrêt de leur supplice.
Sans villes et sans rois, sans temples, sans autels,
Vaincus, proscrits, errants, l'opprobre des mortels,
Pourquoi de tant de maux leur demander la cause?   65
Va prendre dans leurs mains le livre qui l'expose.
Là tu suivras ce peuple, et liras tour à tour
Ce qu'il fut, ce qu'il est, ce qu'il doit être un jour.
    Je m'arrête, et surpris d'un si nouveau spectacle,
Je contemple ce peuple, ou plutôt ce miracle.   70
Nés d'un sang qui jamais dans un sang étranger,
Après un cours si long, n'a pu se mélanger;

Nés du sang de Jacob, le père de leurs pères,
Dispersés, mais unis, ces hommes sont tous frères.
Même religion, même législateur: 75
Ils respectent toujours le nom du même auteur;
Et tant de malheureux répandus dans le monde
Ne font qu'une famille éparse et vagabonde.
Mèdes, Assyriens, vous êtes disparus;
Parthes, Carthaginois, Romains, vous n'êtes plus;   80
Et toi, fier Sarrasin, qu'as-tu fait de ta gloire?
Il ne reste de toi que ton nom dans l'histoire.
Ces destructeurs d'états sont détruits par le temps,
Et la terre cent fois a changé d'habitants,
Tandis qu'un peuple seul, que tout peuple déteste,   85
S'obstine à nous montrer son déplorable reste.
'Que nous font, disent-ils, vos opprobres cruels,
Si le Dieu d'Abraham veut nous rendre immortels?
Non, non: le Dieu vivant, stable dans sa parole,
A juré; son serment ne sera point frivole.   90
Il n'a point déchiré le contrat solennel
Qu'il remit dans les mains de l'antique Israël.
Sur ses heureux enfants une étoile doit luire
Et du sang de Jacob un chef doit nous conduire.
En vain par son oubli Dieu semble nous punir: 95
Nous espérons toujours celui qui doit venir.'

51 *'Ce livre qui les déshonore, dit M. Pascal, ils le conservent aux dépens de leur vie:
c'est une sincérité qui n'a point d'exemple dans le monde, ni sa racine dans la nature.'*
86 Racine shows by his notes that he has none of the antisemitism of Voltaire and
the *encyclopédistes*. On the latter, see Léon Poliakov, *Histoire de l'anti-sémitisme*
(t.iii: *De Voltaire à Wagner*), Paris, 1968.

Chant 3

[False Gods]

Devant son Osiris l'Egypte est en prière: 285
Vainement un tombeau renferme sa poussière;
Grossièrement taillée, une pierre en tient lieu.
D'un tronc qui pourrissait le ciseau fait un Dieu.
Du hurlant Anubis la ridicule image
Fait tomber à genoux tout ce peuple si sage.   290
Je ne vois chez Ammon qu'horreur, que cruauté:
Le sacrificateur, bourreau par piété,
Du barbare Moloch assouvit la colère
Avec le sang du fils et les larmes du père.

Près de ce Dieu cruel, un Dieu voluptueux 295
Honoré par un culte impur, incestueux,
Chamos, qui de Moab engloutit les victimes,
De ses adorateurs n'exige que des crimes.
Que de gémissements et de lugubres cris!
O filles de Sidon, vous pleurez Adonis: 300
Une dent sacrilège en a flétri les charmes,
Et sa mort tous les ans renouvelle vos larmes.
Et toi, savante Grèce, à ces folles douleurs
Nous te verrons bientôt mêler aussi tes pleurs.
La foule de ces Dieux qu'en Egypte on adore 305
Ne pouvant te suffire, à de nouveaux encore
De l'immortalité tu feras le présent:
Ton Atlas gémira sous un ciel trop pesant.
Nymphes, Faunes, Sylvains, Divinités fécondes,
Peupleront les forêts, les montagnes, les ondes. 310
Chaque arbre aura la sienne; et les Romains un jour
De ces maîtres vaincus esclaves à leur tour,
Prodigueront sans fin la majesté suprême.
Empereurs, favoris, Antinoüs lui-même,
Par arrêt du sénat entreront dans les cieux; 315
Et les hommes seront plus rares que les Dieux.

285 *Osiris, Anubis*: Egyptian gods.
289 *Hurlant*: Anubis is represented with the head of a jackal.
291–4 Among the Ammonites, the worship of Moloch was characterized by the burn-
ing of children offered in propitiatory sacrifice by their parents.
297 Chamos: *Divinité des moabites, dont le culte étoit très-favorable aux voluptés, et
à laquelle Salomon, séduit par les femmes, fit dresser un temple sur une montagne
près de Jerusalem.*
301 Adonis, a god, was killed by a wild boar.
302 *Fête célèbre à Tyr et à Sidon. L'idolâtrie se communiqua des Egyptiens aux
Phéniciens, de ceux-ci aux Grecs, et des Grecs à tous les autres peuples. Les fêtes
d'Adonis qui se passoient à pleurer, firent dire à Cicéron: Quid absurdius, quam
homines morte deletos reponere in Deos, quorum omnis cultus esset futurus in luctu!*
313 *L'homme est bien insensé, dit Montaigne, il ne sauroit forger un ciron, et il forge
des dieux à douzaine.*
314 Greek favourite of the Roman Emperor Hadrian.

Chant 4

[Christ]

 Cependant il parait à ce peuple étonné
Un homme, si ce nom lui peut être donné,
Qui sortant tout-à-coup d'une retraite obscure
En maître, et comme Dieu, commande à la nature. 100

A sa voix sont ouverts des yeux longtemps fermés,
Du soleil qui les frappe éblouis et charmés.
D'un mot il fait tomber la barrière invincible,
Qui rendait une oreille aux sons inaccessible;
Et la langue qui sort de la captivité,   105
Par de rapides chants bénit sa liberté.
Des malheureux traînaient leurs membres inutiles,
Qu'à son ordre à l'instant ils retrouvent dociles.
Le mourant étendu sur un lit de douleurs
De ses fils désolés court essuyer les pleurs.   110
La Mort même n'est plus certaine de sa proie.
Objet tout à la fois d'épouvante et de joie,
Celui que du tombeau rappelle un cri puissant
Se relève, et sa sœur pâlit en l'embrassant.
Il ne repousse point les fleuves vers leur source;   115
Il ne dérange pas les astres dans leur course.
On lui demande en vain des signes dans les cieux.
Vient-il pour contenter les esprits curieux?
Ce qu'il fait d'éclatant, c'est sur nous qu'il l'opère,
Et pour nous sort de lui sa vertu salutaire.   120
Il guérit nos langueurs, il nous rappelle au jour:
Sa puissance toujours annonce son amour.
Mais c'est peu d'enchanter les yeux par ces merveilles;
Il parle: ses discours ravissent les oreilles.
Par lui sont annoncés de terribles arrêts;   125
Par lui sont révélés de sublimes secrets.
Lui seul n'est point ému des secrets qu'il révèle:
Il parle froidement d'une gloire éternelle;
Il étonne le monde, et n'est point étonné:
Dans cette même gloire il semble qu'il soit né;   130
Il paraît ici-bas peu jaloux de la sienne.
Qu'empressé de l'entendre un peuple le prévienne,
Il n'adoucit jamais aux esprits révoltés
Ses dogmes rigoureux, ses dures vérités.
C'est en vain qu'on murmure, il faut croire, il l'ordonne.   135
D'un œil indifférent il voit qu'on l'abandonne.
Un disciple qui vient se jeter dans ses bras,
Et qui renonce à tout pour marcher sur ses pas,
Lui demande par grâce un délai nécessaire,
Un moment, pour aller ensevelir son père.   140
'Dès ce moment suis-moi, lui répond-il alors,
Et laisse aux morts le soin d'ensevelir leurs morts.'
Quittons tout pour lui seul; que rien ne nous arrête.
Cependant il n'a pas où reposer sa tête.

113 *Spinosa, au rapport de Bayle à son article, disoit que s'il eût pu se persuader la résurrection de Lazare, il eût déchiré son système, et se seroit fait Chrétien. Spinosa croyoit donc qu'il étoit le maître de changer son cœur? La résurrection de Lazare redoubla la haine des ennemis de Jésus-Christ, et hâta sa mort. Les Juifs virent et ne crurent point, et Jésus-Christ en dit la raison: 'Vous ne croyez point, parce que vous n'êtes pas de mes brebis.' St John 10.*

115 *J'ai dit au troisième Chant, que Dieu avoit, en faveur des Juifs, renversé l'ordre des élémens. La mer entr'ouverte, le soleil arrêté, sont des miracles qui paroissent plus éclatans que ceux de Jésus-Christ. Quand on lui demande des signes dans le ciel, il n'en fait point. Ce n'est pas qu'il ne soit le maître de la nature. Quand il mourra, les ténèbres couvriront la terre; mais pendant sa vie, pertransiit benefaciendo. Il récompense la foi de ceux qui l'accompagnent, fait des miracles de bonté en leur faveur, et prédit que ceux qui croiront en lui en feront de plus grands.*

125 *Jésus-Christ annonce la ruine de l'univers, la chute des astres, le partage des hommes, le châtiment éternel de ceux qui seront à la gauche, la récompense éternelle de ceux qui seront à la droite: Ibunt hi in supplicium aeternum, justi autem in vitam aeternam. Voilà ce qu'il prédit sans changer ni de ton ni de style. Ce n'est pas non plus un prophète qui annonce l'avenir par inspiration: c'est le Maître de l'avenir qui daigne avertir les hommes de ce qu'ils doivent faire: c'est Dieu qui parle en Dieu.*

135 *La preuve est dans le sixième chapitre de saint Jean. Quand il assure qu'il faut manger sa chair et boire son sang, plusieurs de ses disciples le quittent en murmurant, et en disant: Durus est hic sermo. Il se retire alors vers ses apôtres: 'Et vous, leur dit-il, voulez-vous aussi me quitter?' Que le déiste explique cette indifférence d'un fondateur de Religion, pour s'attirer des sectateurs.*

Chant 5

[Marvels of Science]

Faibles amas de sable, ouvrages de la cendre,   185
Deux verres (le hasard vient encor nous l'apprendre),
L'un de l'autre distants, l'un à l'autre opposés,
Qu'aux deux bouts d'un tuyau des enfants ont placés,
Font crier en Zélande, O surprise, O merveille!
Et le Toscan fameux à ce bruit se réveille.   190
De Ptolémée alors, armé de meilleurs yeux,
Il brise les cristaux, les cercles et les cieux;
Tout change: par l'arrêt du hardi Galilée
La terre loin du centre est enfin exilée.
Dans un brillant repos, le soleil à son tour,   195
Centre de l'univers, roi tranquille du jour,
Va voir tourner le ciel, et la terre elle-même.
En vain l'Inquisiteur croit entendre un blasphème;
Et six ans de prison forcent au repentir,
D'un système effrayant l'infortuné martyr: 200
La terre nuit et jour à sa marche fidèle,
Emporte Galilée et son juge avec elle.

186 *Le télescope, trouvé dans la Zélande par les enfans d'un lunetier, au commencement du dix-septième siècle, fut cause des découvertes importantes que Galilée fit dans l'astronomie. Ce fut alors qu'il vit, pour ainsi dire, un ciel tout nouveau.*

190–4 Galileo's discoveries made the Ptolemaic system obsolete.
198 *Le malheureux Galilée, pour avoir dit que la terre tournoit et que le soleil étoit immobile, fut mis dans les prisons de l'inquisition, et fut obligé de se rétracter. On s'est enfin accoutumé à un système qui parut d'abord une hérésie.*

Chant 5

[The Folly of Deism]

De systèmes savants épargnez-vous les frais,
Et ces brillants discours qui n'éclairent jamais.   280
Avouez-nous plutôt votre ignorance extrême.
Hélas, tout est mystère en vous-même, à vous-même!
Et nous voulons encor qu'à d'indignes sujets
Le Souverain du monde explique ses projets,
Quand ce corps, de notre âme esclave méprisable,   285
Lui cache ses secrets d'un voile impénétrable!
De la Religion si j'éteins le flambeau,
Je me creuse à moi-même un abîme nouveau.
Déiste, que pour toi la nuit devient obscure,
Et de quel voile encor tu couvres la nature!   290
A tes yeux comme aux miens peut-elle rappeler
Celui qui pour un temps ne veut que m'exiler?
Si la terre n'est point un séjour de vengeance,
Peux-tu dans cet ouvrage admirer sa puissance?
La peste la ravage, et d'affreux tremblements   295
Précèdent la fureur de ses embrasements.
Le froid la fait languir, la chaleur la dévore;
Et pour comble de maux son roi la déshonore.
L'être pensant qui doit tout ordonner, tout voir,
Dans ses tristes états, aveugle et sans pouvoir,   300
Jouet infortuné de passions cruelles,
Est un roi qui commande à des sujets rebelles,
Et le jour de sa paix est le jour de sa mort.
Son état, tu le sais, attend le même sort:
Tout périra, le feu réduira tout en cendre.   305
Tu le sais dès longtemps; mais sauras-tu m'apprendre
Par quel caprice un Dieu détruit ce qu'il a fait?
Que n'avait-il du moins rendu le tout parfait?
S'il ne l'a pu ce Dieu, qu'a-t-il donc d'admirable?
S'il ne l'a pas voulu, te semble-t-il aimable?   310
Tu t'efforces en vain, toi qui prétends tout voir,
D'arracher le rideau qui fait ton désespoir.
Pour moi j'attends qu'un jour Dieu lui-même l'enlève:
Il suffit qu'un instant la foi me le soulève.

J'en vois assez, et vais t'apprendre sa leçon,   315
Qui console à la fois le cœur et la raison.

280 *Après nous être moqués des anciens philosophes, nous semblons y revenir: par ces mots d'attraction, gravitation, etc. nous rappelons les qualités occultes, les atômes indivisibles, le vuide, etc. Nous circulons de systèmes en systèmes, et nous revenons toujours au même point, qui est l'ignorance.*

Chant 6

[The Law of Love: Obeyed and Travestied]

L'honneur qu'on doit à Dieu n'admet point de partage.
Ses temples sont nos cœurs. 'Quel terme, direz-vous,
Doit avoir cet amour qu'il exige de nous?'
Si vous le demandez, vous n'aimez point encore.
Tout rempli de l'objet dont l'ardeur le dévore,   260
Quel autre objet un cœur pourrait-il recevoir?
Le terme de l'amour est de n'en point avoir.
Ne forgeons point ici de chimère mystique.
Comment faut-il aimer? La nature l'explique.
De toute autre leçon méprisant la langueur   265
Ecoutons seulement le langage du cœur.
'La grandeur, O mon Dieu, n'est pas ce qui m'enchante
Et jamais des trésors la soif ne me tourmente.
Ma seule ambition est d'être tout à toi:
Mon plaisir, ma grandeur, ma richesse est ta loi.   270
Je ne soupire point après la renommée.
Qu'inconnue aux mortels, en toi seul renfermée,
Ma gloire n'ait jamais que tes yeux pour témoins.
C'est en toi que je trouve un repos dans mes soins.
Tu me tiens lieu du jour dans cette nuit profonde.   275
Au milieu d'un désert tu me rends tout le monde.
Les hommes vainement m'offriraient tous leurs biens:
Les hommes ne pourraient me séparer des tiens.
Ceux qui ne t'aiment pas, ta loi leur fait entendre
Qu'aux malheurs les plus grands ils doivent tous s'attendre,   280
O menace, mon Dieu, qui ne peut m'alarmer!
Le plus grand des malheurs est de ne point t'aimer.
Que ta croix dans mes mains soit à ma dernière heure
Et que les yeux sur toi, je t'embrasse et je meurs.'
C'est dans ces vifs transports que s'exprime l'amour.   285
    Hélas, ce feu divin s'éteint de jour en jour:
A peine il jette encore de languissantes flammes!
L'amour meurt dans les cœurs, et la foi dans les âmes.

Qu'êtes-vous devenus, beaux siècles, jours naissants,
Temps heureux de l'Eglise, O jours si florissants?   290
Et vous, premiers Chrétiens, O mortels admirables,
Sommes-nous aujourd'hui vos enfants véritables?
Vous n'aviez qu'un trésor et qu'un cœur entre vous;
Et sous la même loi nous nous haïssons tous.
Haine affreuse, ou plutôt impitoyable rage,   295
Quand par elle aveuglés, nous croyons rendre hommage
Au Dieu qui ne prescrit qu'amour et que pardon.
Dieu de paix, que de sang a coulé sous ton nom!
N'ont-ils jamais marché que sous ton oriflamme?
Imprimaient-ils aussi ton image en leur âme,   300
Tous ces héros croisés, qui d'infidèles mains
Ne voulaient, disaient-ils, qu'arracher les lieux saints?
Leurs crimes ont souvent fait gémir l'infidèle.
En condamnant leurs mœurs, vantons du moins leur zèle;
Mais détestons toujours celui qui parmi nous   305
De tant d'affreux combats alluma le courroux.
Quels barbares docteurs avaient pu nous apprendre,
Qu'en soutenant un dogme, il faut pour le défendre,
Armés du fer, saisis d'un saint emportement,
Dans un cœur obstiné plonger son argument?   310

263 *Ces termes de pur amour, amour désintéressé, déluge et bouillonnement d'amour,
union, liquéfaction, rien de l'âme abymée dans le tout de Dieu, parfaite nudité, et tant
d'autres qu'ont inventés certains mystiques.*

*Jésus-Christ en quittant ses disciples, leur disoit qu'il leur laissoit la paix; cepen-
dant depuis que les empereurs eurent donné la paix à l'Eglise, que voit-on dans l'His-
toire Ecclésiastique? Avec quelques exemples de grandes vertus, un spectacle continuel
des plus terribles passions. Quelles guerres plus furieuses que celles où l'on veut,
comme dit Boileau, dans un sein hérétique, enfoncer un poignard catholique! Et sans
parler des guerres sanglantes, quelle suite de querelles entre les Chrétiens! On voit
prêtres contre prêtres, moines contre moines, évêques contre évêques, conciles contre
conciles; on s'accuse les uns les autres devant les empereurs; on se déchire; on s'ana-
thématise; de toute manière s'accomplit la prophétie sur Jésus-Christ: Positus est in
ruinam et resurrectionem, etc. Ce signe tant contredit, sera jusqu'à la fin du monde
cause de perte ou de salut, ruine, ou résurrection.*

Ode 5, tirée du Psaume 12

Prière ardente d'une âme affligée

Jusques à quand, baigné de larmes,
Gémirai-je sans t'attendrir?
O Dieu, témoin de mes alarmes,
Voudrais-tu me laisser périr?

Jusques à quand tes yeux sévères   5
Seront-ils détournés de moi?
Jusques à quand de mes misères
Viendrai-je rougir devant toi?

Seigneur, combien de temps encore
Veux-tu me voir humilié?   10
Quoi, c'est en vain que je t'implore,
Tu m'as pour toujours oublié!

De la rigueur de ton silence,
Tandis que je suis confondu,
Mon ennemi plein d'insolence   15
En triomphe, et me croit perdu.

Ah, Seigneur, si d'une main prompte,
Tu ne relèves ma langueur,
Publiant sa gloire et ma honte,
Il dira qu'il est mon vainqueur!   20

Si tu ne me rends ta lumière,
Quel sera mon funeste sort?
Accablé d'une nuit entière,
Je m'endormirai dans la mort.

Tu m'écoutes: mon espérance   25
Ne m'a point flatté vainement;
Et bientôt de ma délivrance
Je vais chanter l'heureux moment.

This ode is most typical of Racine's poetic temperament.

Ode 6, tirée du Psaume 17

Actions de grâces après la délivrance d'un grand péril

Je t'aimerai, Seigneur, je t'aimerai sans cesse.
O mon âme, à ton Dieu, qui pourrait t'arracher?
Il t'aime, il te protège, il soutient ta faiblesse:
Oui, mon cœur, c'est à lui que tu dois t'attacher.

A tes bienfaits, mon Dieu, ma mémoire fidèle,   5
De mes périls passés m'entretient tous les jours;
Et je frémis encor lorsque je me rappelle
Ce moment où j'étais perdu sans ton secours.

La mort m'environnait de ses douleurs cruelles;
Mes ennemis vainqueurs préparaient mes tourments;   10

Leur rage triomphait, et leurs mains criminelles
Déployaient l'appareil des plus grands châtiments.

Je ne voyais qu'horreur et qu'images sanglantes;
J'entendais les enfers mugir autour de moi.
Vers ta demeure alors levant mes mains tremblantes,   15
Je t'appelai: mon cri pénétra jusqu'à toi.

   Quel bruit affreux se fait entendre!
Les montagnes vont s'écrouler;
Et les rochers prêts à se fendre,
Menacent de nous accabler.   20
Le bruit redouble, tout s'ébranle:
C'est la terre entière qui tremble;
Toutes les mers sont en fureur.
Dans la nature consternée,
Et de son désordre étonnée,   25
Qui répand ainsi la terreur?

   Son maître est irrité contre elle;
De ses yeux partent les éclairs;
Du courroux dont il étincelle,
Les feux s'allument dans les airs.   30
Il descend: un épais nuage
S'ouvre et s'étend sur son passage;
Le ciel s'abaisse devant lui;
La troupe des Anges l'escorte;
Et son char que le vent emporte,   35
A les Chérubins pour appui.

   Des ténèbres majestueuses
Qui le cachent à nos regards,
Que de flammes impétueuses
Percent le sein de toutes parts!   40
Il a fait rouler son tonnerre;
La voix du ciel parle à la terre;
Mes ennemis sont renversés.
La grêle et les carreaux écrasent,
La foudre et les éclairs embrasent   45
Ceux que la crainte a dispersés.

   Quels coups redoutables entr'ouvrent
Le sein de la terre et des mers:
Vaste abîme où nos yeux découvrent
Les fondements de l'univers!   50

Seigneur, dans cette heure dernière;
Ma foi t'adresse sa prière;
Et si tu daignes m'écouter,
Que la nature se confonde:
Sur moi les ruines du monde   55
Tomberont sans m'épouvanter.

Une main qui du ciel vers moi daigne s'étendre,
De mes gémissements interrompit le cours,
Et d'un rapide vol, soudain je vis descendre
L'Ange chargé du soin de veiller sur mes jours.   60

Dieu se souvint alors qu'à ses ordres fidèle,
Je marchais devant lui dans la simplicité,
Et que je nourrissais une haine éternelle
Contre toute injustice et toute impiété.

Ainsi que ses bontés, contemplant ses vengeances,   65
Je ne suis occupé que de ses jugements:
Je ne me sens d'ardeur que pour ses récompenses;
Je ne suis effrayé que de ses châtiments.

Je conserve un cœur pur et des mains innocentes;
Des douceurs de sa loi j'aime à m'entretenir,   70
Et nos faibles vertus lui sont toujours présentes:
Tout ce qu'on fait pour lui, reste en son souvenir.

Ah, Seigneur, si la foi sincère
Trouve en toi le Dieu de l'amour,
Le sombre et perfide détour   75
Trouve le Dieu de la colère!

Contre le pécheur obstiné
Ton courroux est inexorable;
Pour le pénitent consterné
Ta clémence est inépuisable.   80

Tu renverses l'audacieux;
Tu relèves qui s'humilie;
Le pauvre que le monde oublie
Sera toujours grand à tes yeux.

Tu dispenses avec justice   85
Tes châtiments et tes bienfaits.
Que pour les biens que tu m'as faits,
Ma langue à jamais te bénisse!

C'est par toi que dans les combats
La victoire marche à ma suite;   90
C'est par ta force que mon bras
Sème la terreur et la fuite.

C'est toi qui répands dans mon cœur
Ce courage que rien n'étonne;
Et c'est ton secours qui me donne   95
Mon infatigable vigueur.

Mes cruels ennemis vont enfin la connaître.
Que sont-ils devenus? N'osent-ils plus paraître?
Puisqu'il les faut chercher, je me lève et je pars,
Certain de rapporter dans mes mains triomphantes   100
        Leurs dépouilles sanglantes,
Et les armes des morts dans la poussière épars.

Ma querelle est la tienne, et tu veux qu'ils périssent.
Ta haine qui proscrit tous ceux qui me haïssent,
Ordonne que par moi rien ne soit épargné.   105
Cette épée en mes mains remplira ton attente,
        Et ne sera contente
Qu'après que sa fureur aura tout moissonné.

Ils cherchent du secours! Qui voudrait les défendre?
Ils ont crié vers toi, pouvais-tu les entendre?   110
Toi qui vas dissiper leurs folles factions,
Comme l'astre vainqueur des plus cruels orages
        Dissipe les nuages;
Toi qui vas m'établir le chef des nations.

Déjà de tous côtés grossissent mon empire   115
Des sujets inconnus que mon nom seul attire;
Déjà les étrangers accourent sous ma loi,
Tandis que mes enfants rejettent mes richesses,
        Trahissent leurs promesses,
Et sont tous devenus des étrangers pour moi.   120

Que les justes transports de ma reconnaissance
Célèbrent à jamais l'adorable puissance
Qui m'a comblé d'honneur et de prospérité!
Vive le nom du Dieu qui rendra ma victoire,
        Mon empire et ma gloire,   125
L'héritage éternel de ma postérité!

The five contrasted moods of this ode are brought out by changes in style and stanza
form. (Psalm numbers are those of the Vulgate.)

Racine appends this note: *On trouve un dessein suivi dans ce Pseaume. Tout y marche avec ordre: actions de grâces pour la délivrance du péril, récit du péril, description de Dieu qui vient délivrer l'innocent, raisons qui l'y ont engagé, défaite entière des ennemis, et le triomphe éternel du Juste. La fin du Pseaume fait voir clairement que ce Juste est [Jésus Christ]. Sans ce grand objet, David auroit-il pu faire une description si pompeuse de Dieu, qui vient dans toute sa majesté, qui ébranle la terre, et qui jette la consternation dans toute la nature?*

Ode 13, tirée du Psaume 81

Contre les Mauvais Juges

Juges, ouvrez les yeux, tremblez, dieux de terre,
Le Dieu du ciel arrive armé de son tonnerre:
    Nos soupirs vers lui sont montés.
Ce Dieu prête l'oreille à tous tant que nous sommes;
Ce Dieu juge à son tour ceux qui jugent les hommes;   5
    Il vient, il vous parle, écoutez:

'Serez-vous donc toujours vendus à l'injustice?
De votre ambition et de votre avarice,
    Quand faut-il espérer la fin?
Que fait auprès de vous ce riche méprisable?   10
Pourquoi n'y vois-je point l'indigent qu'il accable?
    Jugez le pauvre et l'orphelin.

Eh quoi, l'humble soupire, et vous êtes tranquilles!
Quoi, de vos tribunaux, ses plus sacrés asiles,
    L'innocent ne peut approcher!   15
S'il gémit sous les mains du méchant qui l'opprime,
S'il y périt, sa mort deviendra votre crime:
    C'est à vous de l'en arracher.'

Que lui répondront-ils? Hélas, pour lui répondre,
Que dis-je pour l'entendre, et se sentir confondre,   20
    Leurs esprits sont trop aveuglés!
Ils se taisent, O honte, O stupide ignorance!
O terre, désormais tu n'as plus d'éspérance,
    Tes fondements sont ébranlés!

Vous que j'ai nommés Dieux, rentrez dans la poussière.   25
En vain celui qui craint votre puissance altière,
    Vous porte son encens flatteur:
Au tombeau, comme lui, vous devez tous descendre.
La mort réunira dans une même cendre,
    Et l'idole et l'adorateur.   30

Et toi qui vois les maux que souffre l'innocence,
Lève-toi donc, Seigneur, prends en main sa défense:
    Elle attend son secours de toi.
Ta présence peut seule adoucir son martyre;
Nous sommes tes sujets, la terre est ton empire: 35
    Viens toi-même y donner la loi.

The juxtaposition of sudden questions and exclamations suggests the silent consterna-
tion of those whose guilty conscience finds no reply.
    Racine appends this note: M. Bossuet, dans sa belle préface sur les Pseaumes,
faisant remarquer la grande poésie qui y règne, prend celui-ci pour exemple. Quoique
très-court, que de figures, d'images et de fictions y régnent! Le prophète annonce aux
juges que Dieu va les venir juger eux-mêmes. Dieu vient; leur parle: les juges se tai-
sent. Le prophète étonné de leur stupidité, leur parle à son tour, et n'ayant plus d'espé-
rance, prie Dieu de venir lui-même établir sur la terre le siège de sa justice.

Ode 14, tirée du Psaume 82

Contre les Ennemis de Dieu et de sa religion

Qui peut te disputer l'empire?
Qui se croira semblable à toi?
Cependant, grand Dieu, l'on conspire
Contre ta puissance et ta loi.
Et tu restes dans le silence!   5
Et tu permets que ta clémence
Tienne ton courroux enchaîné!
C'est ton saint nom que l'on blasphême;
C'est ta querelle; c'est toi-même
Qu'attaque l'impie effréné.   10

Semblables aux mers qui mugissent
Lorsque leurs flots sont irrités,
Toujours murmurent et frémissent
Ceux que ta gloire a révoltés.
Ton peuple est l'objet de leur haine: 15
'Sa présence, ont-ils dit, nous gêne;
C'est trop longtemps la soutenir.
Exterminons qui nous méprise;
Que notre vengeance en détruise
Et la race, et le souvenir.'   20

N'es-tu plus ce Dieu redoutable,
Ce Dieu qui livrait autrefois,

A notre glaive impitoyable,
Tant de peuples et tant de rois,
Iduméens, Ismaélites,
Cananéens, Amalécites,
Madianites ,Tyriens?
De cadavres quelles montagnes,
Dont s'engraissèrent les campagnes,
Ou que dévorèrent les chiens!

25

30

Prépare à de plus grands coupables
Un plus terrible châtiment:
Livre ces esprits méprisables
Au vertige, à l'aveuglement.
Fais que moins stable qu'une roue,
Ou que la paille dont se joue
La plus faible haleine du vent,
Voltige leur âme insensée;
Et que de pensée en pensée
Elle s'égare à tout moment.

35

40

Fais que la discorde cruelle,
Inséparable de l'erreur,
A toute heure entre eux renouvelle
Son insatiable fureur:
Comme l'on voit dans le ravage
Que des vents excite la rage,
La flamme aux arbres s'attacher;
D'arbre en arbre les feux s'étendent,
De branche en branche ils se répandent,
Et la forêt n'est qu'un bûcher.

45

50

Couvre leurs fronts d'ignominie;
Que leurs yeux et que tous leurs traits,
D'un cœur dont ta paix est bannie,
Décèlent les remords secrets;
Que l'inquiétude, la crainte,
La tristesse y soit toujours peinte;
Qu'enfin l'opprobre et le malheur
Les contraignent à reconnaître
Que le Dieu du ciel est leur maître,
Et qu'il se nomme le Seigneur.

55

60

The broken texture of the first three stanzas, and the strong images in stanzas 4 and 5, lend additional strength to the speaker's mood of righteous indignation.

Ode 15, tirée du Psaume 83

Transports d'une âme qui soupire pour le ciel

Que la demeure où tu résides,
Dieu puissant, a d'attraits pour moi;
Et que mes transports sont rapides
Quand mon cœur s'élève vers toi!
Mon âme tombe en défaillance.   5
Que ma flamme a de violence!
Mon Dieu, que mon zèle est fervent!
Oui, tout plein de l'objet que j'aime,
Mon cœur se trouble; et ma chair même
Tressaille au nom du Dieu vivant.   10

Dans les déserts, la tourterelle,
Loin du chasseur va se cacher,
Et trouve un asile pour elle
Dans le sein de quelque rocher.
Loin du monde où tout me désole,   15
C'est à ton temple que je vole:
Et dans l'ombre de ce saint lieu
Toujours caché, toujours tranquille,
Tes autels seront mon asile,
Mon Roi, mon Seigneur et mon Dieu.   20

Tandis que ta sainte assemblée
Y forme des concerts charmants,
Notre aride et sombre vallée
Retentit de gémissements.
Que la carrière est longue et rude!   25
De tristesse et de lassitude
Que de voyageurs abattus!
Mais celui que ta main soulève,
De vertus en vertus s'élève
Jusqu'à la source des vertus.   30

C'est à toi-même qu'il arrive
Sur les ailes de son amour.
Quand mon âme ici-bas captive
Le suivra-t-elle en ce séjour?
Hélas, de loin je le contemple.   35
Un seul jour passé dans ton temple
Est bien plus cher à mes désirs
Qu'une longue suite d'années,

Aux yeux du monde fortunées,
Qu'un siècle entier de ses plaisirs!   40

A la porte du sanctuaire
N'être admis qu'au dernier des rangs,
Est un honneur que je préfère
A toutes les faveurs des grands.
Chez eux habitent les caprices,   45
Les trahisons, les injustices;
Mais dans la maison du Seigneur
Rien de souillé n'ose paraître:
La sainte majesté du maître
En fait le temple du bonheur.   50

Qu'un cœur touché de tes promesses
Trouve de charmes dans ta loi!
O Dieu prodigue en tes largesses,
Heureux qui n'espère qu'en toi!
Si nous marchons dans l'innocence,   55
Nous recevrons ta récompense;
Et nous ne serons point jaloux,
Qu'ornés de nos mêmes couronnes,
Les pécheurs à qui tu pardonnes,
Près de toi brillent avec nous.   60

This ode is appropriately characterized by spontaneous outbursts of emotion, notably in stanzas 1, 2, 3, 4, and 6.

Ode 16, tirée du Psaume 102

Elévations à Dieu par l'humble reconnaissance de ses bontés

Qu'en moi tout parle et tout s'enflamme:
Que mon cœur, ma bouche et mon âme
Bénissent le nom du Seigneur.
Oui, mon âme, bénis sa gloire:
Pourrais-tu perdre la mémoire   5
De celui qui fait ton bonheur?

C'est le maître que je veux suivre:
J'étais mort, il m'a fait revivre;
Il m'a cherché dans le tombeau.
Sa voix a ranimé ma cendre   10
Des jours qu'il a voulu me rendre
Je lui consacre le flambeau.

Mon cœur à sa main s'abandonne;
Et sa grâce qui m'environne
En écarte toute langueur.   15
L'aigle, au printemps, qui sur ses ailes
Voit briller ses plumes nouvelles,
Est l'image de ma vigueur.

Grand Dieu, la timide innocence
Que persécute l'insolence,   20
Trouve en toi son libérateur.
Que ne fis-tu point pour nos pères,
Lorsque touché de leurs misères,
Tu te montras leur protecteur?

Par tes menaces redoutables   25
Tu sais effrayer les coupables;
Mais ta colère n'a qu'un temps:
Et jamais tes justes vengeances
A la grandeur de nos offenses,
Ne mesurent les châtiments.   30

En vain nous t'irritons sans cesse,
Le premier remords qui nous presse
Nous rend un regard de tes yeux:
Tu pardonnes; et ta clémence
S'étend plus loin que la distance   35
De la terre au sommet des cieux.

Père tendre, père adorable,
Oui je suis un enfant coupable,
Un fils indigne de ce nom;
Mais tu sais bien ce que nous sommes: 40
Tu n'ignores pas que les hommes
Ne sont pétris que de limon.

Poudre légère, cendre vile,
Tout notre édifice fragile,
Au moindre souffle va périr;   45
Et notre vie infortunée
Est cette fleur qu'une journée
Voit naître, briller et mourir.

Qu'au matin je la trouvais belle!
Quel éclat, que d'attraits sur elle   50
La nature avait répandus!
Le soir en vain je l'ai cherchée:

Les vents cruels l'ont arrachée;
Sa place ne se trouve plus.

Triste fleur, tu n'es pas l'image   55
De ces hommes dont le courage
Vers Dieu s'élève constamment.
Sa gloire est l'objet de leur zèle;
Et dans cette gloire éternelle,
Ils vivront éternellement.   60

Au haut du ciel ce Dieu réside,
Suprême arbitre qui préside
A l'empire de l'univers.
Anges, que sa majesté sainte
Pénètre d'amour et de crainte,   65
Elevez vers lui vos concerts.

Interprètes de ses oracles,
Exécuteurs de ses miracles,
Vous qu'environne sa splendeur,
Rendez-lui d'éternels hommages;   70
Et qu'ici-bas tous ses ouvrages,
Avec vous chantent sa grandeur.

Garderai-je un ingrat silence,
Quand tout m'annonce la présence
De celui qui fait mon bonheur?   75
Qu'en moi tout parle et tout s'enflamme:
Que mon cœur, ma bouche, mon âme
Bénissent le nom du Seigneur.

An extreme simplicity of style heightens the atmosphere of complete trust that informs the entire ode.

Ode 21

Les Larmes de la pénitence

Grâce, grâce, suspends l'arrêt de tes vengeances,
Et détourne un moment tes regards irrités.
J'ai péché, mais je pleure: oppose à mes offenses,
Oppose à leur grandeur celle de tes bontés.

Je sais tous mes forfaits, j'en connais l'étendue: 5
En tous lieux, à toute heure ils parlent contre moi;
Par tant d'accusateurs mon âme confondue
Ne prétend pas contre eux disputer devant toi.

Tu m'avais par la main conduit dès ma naissance ;
Sur ma faiblesse en vain je voudrais m'excuser :   10
Tu m'avais fait, Seigneur, goûter ta connaissance ;
Mais, hélas, de tes dons je n'ai fait qu'abuser !

De tant d'iniquités la foule m'environne ;
Fils ingrat, cœur perfide, en proie à mes remords,
La terreur me saisit ; je frémis, je frissonne ;   15
Pâle et les yeux éteints, je descends chez les morts.

Ma voix sort du tombeau ; c'est du fond de l'abîme
Que j'élève vers toi mes douloureux accents :
Fais monter jusqu'aux pieds de ton trône sublime
Cette mourante voix et ces cris languissants.   20

O mon Dieu ... Quoi, ce nom, je le prononce encore ?
Non, non, je t'ai perdu, j'ai cessé de t'aimer.
O juge qu'en tremblant je supplie et j'adore,
Grand Dieu, d'un nom plus doux je n'ose te nommer.

Dans le gémissement, l'amertume et les larmes,   25
Je repasse des jours perdus dans les plaisirs ;
Et voilà tout le fruit de ces jours pleins de charmes :
Un souvenir affreux, la honte et les soupirs.

Ces soupirs devant toi sont ma seule défense :
Par eux un criminel espère t'attendrir.   30
N'as-tu pas en effet un trésor de clémence ?
Dieu de miséricorde, il est temps de l'ouvrir.

Où fuir, où me cacher, tremblante créature,
Si tu viens en courroux pour compter avec moi ?
Que dis-je, Etre infini, ta grandeur me rassure,   35
Trop heureux de n'avoir à compter qu'avec toi !

Près d'une majesté si terrible et si sainte,
Que suis-je ? Un vil roseau : voudrais-tu le briser ?
Hélas, si du flambeau la clarté s'est éteinte,
La mêche fume encor, voudrais-tu l'écraser ?   40

Que l'homme soit pour l'homme un juge inexorable :
Où l'esclave aurait-il appris à pardonner ?
C'est la gloire du maître : absoudre le coupable
N'appartient qu'à celui qui peut le condamner.

Tu le peux ; mais souvent tu veux qu'il te désarme ;   45
Il te fait violence ; il devient ton vainqueur.

Le combat n'est pas long : il ne faut qu'une larme.
Que de crimes efface une larme du cœur !

Jamais de toi, grand Dieu, tu nous l'as dit toi-même,   50
Un cœur humble et contrit ne sera méprisé !
Voilà le mien : regarde, et reconnais qu'il t'aime ;
Il est digne de toi, la douleur l'a brisé.

Si tu le ranimais de sa première flamme,
Qu'il reprendrait bientôt sa joie et sa vigueur !
Mais non, fais plus pour moi, renouvelle mon âme,   55
Et daigne dans mon sein créer un nouveau cœur.

De mes forfaits alors je te ferai justice,
Et ma reconnaissance armera ma rigueur.
Tu peux me confier le soin de mon supplice :
Je serai contre moi mon juge et ton vengeur.   60

Le châtiment au crime est toujours nécessaire ;
Ma grâce est à ce prix, il faut la mériter.
Je te dois, je le sais ; je te veux satisfaire :
Donne-moi seulement le temps de m'acquitter.

Ah, plus heureux celui que tu frappes en père !   65
Il connaît ton amour par ta sévérité.
Ici-bas, quels que soient les coups de ta colère,
L'enfant que tu punis n'est pas déshérité.

Coupe, brûle ce corps, prends pitié de mon âme ;
Frappe, fais-moi payer tout ce que je te dois.   70
Arme-toi dans le temps du fer et de la flamme ;
Mais dans l'éternité, Seigneur, épargne-moi.

Quand j'aurais à tes lois obéi dès l'enfance,
Criminel en naissant je ne dois que pleurer.
Pour retourner à toi la route est la souffrance :   75
Loi triste, route affreuse ... entrons sans murmurer.

De la main de ton fils je reçois le calice ;
Mais je frémis, je sens ma main prête à trembler.
De ce trouble honteux mon cœur est-il complice ?
Suis-je le criminel, voudrais-je reculer ?   80

C'est ton fils qui le tient : que ma foi se rallume.
Il en a bu lui-même, oserais-je en douter ?
Que dis-je, il en a bu la plus grande amertume,
Il m'en laisse le reste, et je n'ose en goûter !

Je me jette à tes pieds, O croix, chaire sublime,   85
D'où l'homme de douleur instruit tout l'univers;
Autel, sur qui l'amour embrase la victime;
Arbre, où mon Rédempteur a suspendu mes fers.

Drapeau du souverain qui marche à notre tête;
Tribunal de mon juge, et trône de mon roi;   90
Char du triomphateur dont je suis la conquête;
Lit où j'ai pris naissance, il faut mourir sur toi.

Of this ode, whose closing stanzas have been widely acclaimed, Racine wrote to a friend: *Ce que vous appelez style tempéré ... me paraît convenir aux choses de sentiment. Ce n'est point alors qu'il faut employer des vers pompeux, mais un style naturel, conforme aux sentiments du cœur; et ce style est le plus difficile. Il règne dans l'ode qui est ma favorite, et que j'ai intitulée Les Larmes de la Pénitence ... il est certain que les vers naturels sans être prosaïques, et harmonieux sans pompe, sont ceux qui conviennent aux choses de sentiment.*

Appendix: Kindred Spirits

Chapelle

This is the name generally used to designate Claude-Emmanuel, the natural son of the *maître des requêtes* François Lhuillier. Chapelle was born at La Chapelle-Saint-Denis (whence his name), in 1626, received a first-rate education from the Jesuits, and later had Gassendi as his philosophy teacher. He led the easy life of an *honnête homme*, since he was assured of a good income from his father. His acquaintances were among the most famous authors of the time; his poetry reflects the exquisite but dissolute society in which he moved, in which elegance was a supreme virtue, yet for which 'être' was every bit as important as 'paraître.' Most readers remember him for the trip he made with his friend François le Coigneux de Bachaumont to the south of France, wittily described by them in a verse-and-prose work, published in 1663 (*Voyage de Chapelle et de Bachaumont*), which had a great vogue and many imitators, and which has overshadowed, perhaps unjustly, the rest of Chapelle's work. He was given an honoured place in Titon du Tillet's *Parnasse*, as one of the nine French poets who take the place of the muses. He died in 1686.

TEXT *Œuvres de Chapelle et de Bachaumont*. La Haye, 1775, 12⁰ (*notice* by Saint-Marc)

Ode sur l'hiver

La campagne a changé de face,
La neige couvre les guérets,
Et les arbres de nos forêts
Tremblent sous sa pesante masse.
Les peuples des fleuves glacés   5
Dans le cristal sont enchâssés
Et parmi la terre déserte
Les animaux sans mouvement
Après la faim qu'ils ont soufferte
Se refont de nouveaux tourments   10
Et, tristes, regrettent la perte
Des jours de l'automne charmant.

Si parfois le soleil se montre
Et nous paraît étinceler,
Ses rayons d'or semblent geler   15
Ce qui sous leur feux se rencontre.
Tout l'air se distille en glaçons
Et jusqu'au coin de nos tisons
Il répand une âpre froidure.
Les plantes en sont à mourir   20
Et, si l'agréable verdure
Ne vient bientôt les secourir,
On craint que toute la nature
Ne soit sur le point de périr.

Pour adoucir un peu la peine   25
Où nous tient ce temps rigoureux,
Nous buvons d'un vin savoureux
Soir et matin à tasse pleine.
Les repas sont fournis de mets
Meilleurs qu'on n'en servît jamais   30
Aux tables les plus délicates.
On garnit les appartements
De doubles châssis et de nattes
Et, les grands foyers s'allumant,
On sacrifie aux dieux pénates   35
Des victimes à tous moments.

Although its three stanzas have the same form, this expressively spontaneous short
ode leaves off as suddenly as it begins. Yet all of winter is here: appearance, pheno-
mena, physical, moral, and social effects, recorded by one observer as he sees and
feels, in his own way.

Roubin

Gilles de Roubin, born near Pont-Saint-Esprit in Languedoc in 1630, became a captain in the Régiment de Guise and fought in Italy. A member of the Royal Academy of Arles, he composed the inscriptions for an obelisk erected by the people of that city in Louis xiv's honour, and was sent to Paris to present the king with an engraving of the monument. His speech on that occasion was applauded by the court and as a reward he was *anobli*.

TEXT *Œuvres mêslées de feu Monsieur de Roubin de l'Académie Royale d'Arles.* Toulouse, 1716

Le Printemps

Idylle

1

Le printemps a chassé l'hiver,
Tout rajeunit à la campagne
Et sur la plus haute montagne
Tout est changé du blanc au vert.

2

Entendez-vous cette hirondelle
Qui, se balançant dans les airs,
A déjà passé tant de mers
Pour vous en porter la nouvelle?

3

D'un instinct qui vaut la raison,
Bientôt, comme une ouvrière habile,
Vous la verrez d'un peu d'argile
Bâtir sa petite maison.

4

Les vents qui grondaient sur nos têtes
Ont enfin calmé leur courroux,
Nous respirons un air plus doux
Et ne craignons plus les tempêtes.

5

Tout bourgeonne, tout va pousser,
La nature reprend courage.
Décembre arrêta son ouvrage,
Avril le va recommencer.

6

Le ruisseau de notre prairie
N'est plus d'aucun frein arrêté,
Ses flots d'argent en liberté
Serpentent sur l'herbe fleurie.

7

Bacchus nous fait bien espérer
Des fruits que produit son empire;
Vignerons, commencez de rire,
La vigne commence à pleurer.

8

Cérès, cette aimable déesse,
Fait partout briller nos guérets
Et l'émail dont ils sont parés
Nous est garant de sa promesse.

9

Tout semble rire à nos désirs,
Le calme règne sur la terre,
On n'y parle plus de la guerre,
On n'y parle que de plaisirs.

10

Le chasseur, sans beaucoup de peine,
Sur l'affût qu'il a préparé
Va tirer un coup assuré
Sur un lapin de sa garenne.

11

Le pêcheur, sur l'onde attentif,
N'est point frustré de son attente
Et déjà sa ligne tremblante
Entraîne le barbeau captif.

12

L'autre, au courant de la rivière,
Pêche bien d'une autre façon.
Vois-tu frétiller le poisson
Dans les plis de son épervière?

13

Déjà les bergers des hameaux,
Assis sur la verte fougère,
Chacun auprès de sa bergère,
Font éclater leurs chalumeaux.

14

C'est un plaisir, les jours de fête,
De les voir, même au gros du jour,
Danser au son de leur tambour,
Ayant le soleil sur la tête.

15

Le laboureur suit en chantant
Ses bœufs qui traînent la charrue,
Content de voir enfin venue
La saison qu'il désirait tant.

16

Là se voit avec quelle peine,
Avec quels efforts violents,
Ces animaux graves et lents
Ouvrent les sillons de la plaine.

17

Sur les champs les plus épuisés
Le parc de nouveau se redresse
Et c'est par cette heureuse adresse
Qu'ils sont bientôt fertilisés.

18

C'est là qu'une avare bergère,
Pour épargner un peu de lait,
Met tous les agneaux au filet,
Séparant l'enfant de la mère.

19

Mais le jour sur l'herbe assemblés,
La petite troupe bêlante
Témoigne sa vigueur naissante
Par cent petits sauts redoublés.

20

J'entends le pigeon qui roucoule
Sous le toit de ce pigeonnier.
Dans un vieux reste de panier
Lisette met couver sa poule.

21

Mille oiseaux, dont la tendre voix
Montre le feu qui les consume,
D'un ton plus fort que de coutume
Troublent le silence des bois.

22

La triste et chaste tourterelle
D'un air plaintif et gémissant
Réclame son époux absent
Du moment qu'il s'éloigne d'elle.

23

Le rossignol, dans nos buissons
Pressé d'une ardeur naturelle,
Tâche d'attendrir sa femelle
Par ses langoureuses chansons.

24

L'alouette, en tous lieux connue
Pour une amante du soleil,
Pour voir cet astre sans pareil
S'élève au-dessus de la nue.

25

L'abeille s'en va le matin
Visiter l'empire de Flore
Pour sucer les pleurs de l'aurore
Sur la lavande et sur le thym.

26

On la voit, d'une aile légère,
Riche de ce présent des cieux,
Serrer ce baume précieux
En bonne et sage ménagère.

27

Les fleurs exhalent dans les airs
La douce odeur de leur haleine,
Et la sauge et la marjolaine
Parfument jusqu'à nos déserts.

28

Partout ces communes richesses
Sont les délices des mortels,
Ils en vont parer les autels
Ou les donnent à leurs maîtresses.

29

Que j'aime à voir l'état heureux
Dont le ciel vous rend jouissantes,
Chastes fleurs, beautés innocentes,
Dont le soleil est amoureux!

30

Tendre jasmin, aimable rose,
Vous ne craignez que les hivers,
Exemptes de cent maux divers
Où la nature nous expose.

31

Elle a soin de votre entretien,
Vous avez tout sans nulle peine.
Hélas! cette mère inhumaine
Ne nous a pas tant fait de bien.

32

Du moins, si dans un âge tendre
Vos beaux jours sont si limités,
Tous les ans vous ressuscitez
Comme le phénix de sa cendre.

33

Notre sort n'a rien de si doux
Puisqu'après une triste vie
De tant de misères suivie
Nous mourrons aussi bien que vous.

34

Heureux! si nous pouvions renaître
Comme vous faites dans nos prés,
Mais l'homme a le sort du cyprès
Qu'a coupé la main de son maître.

At the period, an *idylle* was a 'petit poème chantant ordinairement l'amour dans un décor pastoral ou champêtre.' The present *idylle*, on the contrary, is long, its pattern individual, its tone realistic, its subject the whole of spring-time nature in that part of southern France to which the poet belonged.
Stanza 18: *met en filet*: ties up the lambs, separating them from their mothers. (*filet*: bridle)
Stanza 20: *pigeonnier*: in keeping with the simplicity of the setting. Well-to-do farmers were allowed to have *pigeonniers*, *colombiers* being reserved for the nobility.
Stanza 32: *phénix*: especially appropriate in a poem on spring.

Placet au Roi sur les îles

Favorable autrefois aux chansons de ma muse,   1
Grand roi, tu daignas m'écouter;
Et ce doux souvenir, dont mon âme est confuse
M'enhardit encore à chanter.

Tu sais que par mes soins et mes ardentes veilles   5
Cet obélisque si vanté
De ton règne fameux consacra les merveilles
A toute la postérité,

Qu'ayant gravé ton nom au temple de mémoire
Tu tiras le mien de l'oubli,   10
En versant dans mon sein un rayon de ta gloire
Dont tout mon sang fut anobli;

Mais tu me fis grand tort, m'accordant cette grâce:
Je n'en suis que plus malheureux;
Car être gentilhomme, et porter la besace,   15
Il n'est rien de si douloureux.

Ce vain titre d'honneur, que j'eus tort de poursuivre
Ne garantit pas de la faim.
Je sais qu'après la mort, la gloire nous fait vivre,
Mais en ce monde il faut du pain.   20

Je n'avais qu'un domaine au rivage du Rhône
Qui m'en donnait pour subsister;
On veut m'en dépouiller, et me mettre à l'aumône,
Si je n'ai de quoi l'acheter.

J'ai donc tout mon recours à ta bonté suprême,   25
Mais si l'on me met en procès,
Pourvu que ton grand cœur en décide lui-même
J'en dois peu craindre le succès.

Qu'est-ce en effet pour toi, grand monarque des Gaules
Qu'un tas de sable et de gravier?   30
Que faire de mon Ile? Il n'y croît que des saules
Et tu n'aimes que le laurier.

Egalement puissant, dans la paix, dans la guerre,
Comblé de gloire et de bonheur;
Maître d'un grand état, quelques arpents de terre   35
Te rendront-ils plus grand seigneur?

Laisse m'en donc jouir; la faveur n'est pas grande,
Ne me refuses pas ce bien:
C'est tout ce qu'aujourd'hui mon placet te demande;
Grand Roi, ne me demandes rien.   40

Roubin, unable to pay his taxes on an island he owns in the Rhône, and threatened with confiscation by the tax-collector (Traitant des Iles et Ilots), begs the king to discharge his debt. His *placet* was in fact presented to Louis xiv by the Duke of Saint-Aignan, *poète à ses heures* and protector of men of letters. The king praised the poem, adding that he had already been paid by the *traitant* but would nevertheless help the poet. Unfortunately, Saint-Aignan died before this laudable intention could be carried out, and Roubin probably lost his island. Yet the poem had struck the fancy of the court: 'toute la France,' according to the *notice* in his Works, '[l'] a su par cœur' (the poem, unidentified, with one line missing, is also in B.N. MSS no. 24443, folio 202).

Sur lui-même

J'ai la vue un peu trouble et deviens un peu sourd,
  Et, m'affaiblissant chaque jour,
Je suis d'une maigreur qui n'a pas de pareille,
L'éternité s'approche, O grande vérité!
Elle me saute aux yeux et c'est ma surdité
Qui depuis quelque temps me le dit à l'oreille.

Bonnecorse

Balthasar de Bonnecorse was born in Marseille in 1631 and died there in 1706. He was a friend of the Scudérys, of La Fontaine and Pélisson. For a number of years he was French Consul in Syria and at Cairo, where he composed, among other poems, *La Montre*, published in Paris through the offices of Scudéry.

This work had the good fortune to be badly treated by Boileau, who conferred on its author a kind of immortality by referring scathingly to it in his *Epître à M. Seignelay*, and making it, in the *Lutrin*, one of the missiles in the battle of the books. A gratuitous inclusion, it would seem, for Boileau, according to a letter written to Brossette, had never read *La Montre*. Upon his return to France, Bonnecorse asked Bernier to speak to Boileau about this, but receiving no satisfaction from the latter, wrote a satire against him (in ten cantos) called *Le Lutrigot*. A critique, critique et demi!

Despite his thin skin, however, Bonnecorse had true poetic feeling, and his work contains a number of pleasing poems – even those of *La Montre*.

TEXT *Poésies de M. de Bonnecorse*. A Leide, chez Theodore Haak, libraire, 1720

La Montre

Promenade sans dessein

Si vous vous promenez dans ces lieux agréables
      Où cent et cent objets aimables
Se rendent tous les jours avec empressement,
      Souvenez-vous que vous êtes amant.
Prenez garde qu'amour n'y soit en embuscade,   5
Réglez vos actions, examinez-vous bien,
Et conduisez vos yeux durant la promenade
      En amant qui ne cherche rien.
      Evitez les douces amorces
      Et défiez-vous de vos forces: 10
Parmi tant de beautés il faut appréhender
D'admirer trop longtemps ou la blonde ou la brune,
      On les peut toutes regarder
      Et ne s'attacher à pas une.
      Agissez donc de bonne foi.   15
      Soyez rêveur, mélancolique,

Et si quelqu'un vous demande pourquoi,
  Que votre bouche lui réplique :
Lorsque vous aimerez vous ferez comme moi.

La Montre

Sommeil différé

Il est déja très tard et ma montre vous dit
    Qu'il est temps de se mettre au lit.
    Vous n'y dormirez pas d'une heure.
Portez votre pensée aux lieux où je demeure,
Vous connaîtrez alors que partout où je suis   5
    Je partage tous vos ennuis,
Que je vois presque tout avec indifférence.
    Je trouve pourtant assez doux
De penser quelquefois que pendant mon absence
Votre cœur songe à moi quand le mien songe à vous.   10

Iris gives Damon a watch and with it twenty-four poems to help the time-piece remind him of twelve daily and twelve nightly 'appointments.' *Promenade sans dessein* (day-appointments, no. VI) and the poem which follows, *Sommeil différé* (night-appointments, no. I), have been chosen as representative of the two cycles.

Comparaison de la mort et de l'absence

Cher ami, l'absence et la mort
Nous procurent un même sort,
L'une et l'autre paraît également cruelle :
On leur voit séparer ce que l'amour unit.
La mort se peut nommer une absence éternelle
Et l'absence une mort qui passe et qui finit.

This poem might be called the eighteenth-century equivalent of the nineteenth-century *Rondel de l'adieu*, by Edmond Haraucourt, with its well-known refrain: 'Partir, c'est mourir un peu.' Both poems illustrate the power of imagination to transform an already imaginative concept.

Madame Deshoulières

Antoinette du Ligier de la Garde was born in 1637. She was given an excellent education, becoming proficient in Latin, French, and Spanish. At the age of thirteen she was married to a soldier, Guillaume de Bois-Guérin, Seigneur Deshoulières, at various times lieutenant-colonel in the army of the rebellious Prince de Condé, governor of Cette, and aide to the famous engineer Vauban. He allowed his wife to live in Paris, where she held a well-known salon. In 1687, she won the Académie Française prize for an ode, and her works were first published soon after. Her last twelve years were darkened by the shadow of death: she had cancer, which she bore stoically. Meanwhile, she won several honours: a poem of hers was read at the Académie, and she was made a member of the Academy of Arles. She died in 1694, one of the best known women of her time.

TEXT *Œuvres de Madame et de Mademoiselle Deshoulières*, nouvelle édition, Paris, 1802, 3 vol.

Réflexions diverses

1

Que l'homme connaît peu la mort qu'il appréhende
    Quand il dit qu'elle le surprend!
Elle naît avec lui: sans cesse lui demande
Un tribut dont en vain son orgueil se défend.
Il commence à mourir longtemps avant qu'il meure: 5
Il périt en détail imperceptiblement.
Le nom de mort qu'on donne à notre dernière heure
    N'en est que l'accomplissement.

2

Etres inanimés, rebut de la nature,
    Ah! que vous faites d'envieux!   10
    Le temps, loin de vous faire injure,
    Ne vous rend que plus précieux.
On cherche avec ardeur une médaille antique,
D'un buste, d'un tableau le temps hausse le prix,
Le voyageur s'arrête à voir l'affreux débris   15
D'un cirque, d'un tombeau, d'un temple magnifique,
Et pour notre vieillesse on n'a que du mépris!

This is the title of a series of stanzas of which only the first two are given. The sequence first appeared in the 1688 edition.

Lainez

Alexandre Lainez was born in Chimay, Belgium, in 1653, and died in Paris in 1710. After studying at Rheims, he went to Paris, was for a time in the army, but left it in order to travel to the Near East. He spent four years in Greece, the Holy Land, and Egypt, and later took trips to Holland (to meet Bayle) and England. After his return to Paris, he lived the life of an epicurean, capable, for example, of spending twelve hours at the table, overnight, and showing up next morning at the King's Library, where he read books on politics, geography, and philosophy. He had a good knowledge of Latin, Greek, Italian, and Spanish. He was a friend of La Fontaine and Chapelle, and helped Tralage gather together his famous collection of maps. He was much sought after as a conversationalist, partly because he was independent and non-conformist. He neglected to have his works published, preferring to recite them by heart, but Titon du Tillet recognized his worth, had his portrait executed in bronze for his *Parnasse français*, and by publishing those works of Lainez that could be found, rescued them from oblivion (ed. of 1753). The introduction to his edition mentions Lainez as being on a par with Chapelle and Chaulieu: 'il a leur style léger et naturel, quelquefois il a plus de force et d'enthousiasme ... il était né poète.'

TEXT *Poésies de Lainez.* A la Haye, aux dépens de la compagnie, 1753 (ed. by Titon du Tillet)

Le Véritable Amour

Projet flatteur d'engager une belle,
Soins concertés de lui faire la cour,
Tendres écrits, serments d'être fidèle,
Airs empressés, vous n'êtes point l'amour.
Mais se donner sans espoir de retour,
Par son désordre annoncer que l'on aime,
Respect timide, avec ardeur extrême,
Persévérance au comble du malheur,
Voilà l'amour, il n'est que dans mon cœur.

Projet, soins, écrits, serments, airs, products of the mind, deliberately composed and aimed, cannot be love, which has no need of them, affecting, as it does, the whole being, inwardly (5), outwardly (6), completely (7), incessantly (8), because its seat is in the heart alone.

Le Pouvoir de l'amour

Un ruisseau m'endormait en tombant dans la Seine.
Mille oiseaux m'éveillaient et ranimaient ma veine,
Une aurore naissante éclairait un chemin
D'où le Zéphyre et Flore, avec leur douce haleine,
Faisaient neiger sur moi la rose et le jasmin.
J'aperçus tout à coup la beauté que j'adore,
      J'oubliai les ruisseaux,
      Je n'ouis plus d'oiseaux,
      Je ne vis plus de Flore,
De roses, de jasmins, de Zéphyr, ni d'aurore.

The chanson, one of the freest forms, is distinguished solely by a kind of elegant simplicity, except when, as in this and the preceding example, an extra sensitivity raises it above mere passing agreeableness and makes it vibrate in the memory.

Sur une Belle Journée d'automne

      Que vois-je à mon réveil!
      Un ciel en feu à tout coup change.
Que devient à l'instant cet affreux appareil
      D'un dieu qui gronde ou qui se venge?
Le nuage craintif fuit devant le soleil,
Au souffle d'un zéphyr un aquilon se range.
      Ou Vénus en ce jour
      Fait un nouveau frère à l'Amour
      Ou Bacchus fait vendange.

The rapidly shifting exuberance of an autumn sky is here captured without naming a single colour. The mythological symbols are revivified, and the effect of movement is emphasized by the veering rhythms.

Vergier

Jacques Vergier was born in 1655. He studied theology for a while in Paris. In 1688, he was a clerk at Le Havre, in 1690 *commissaire ordonnateur* of the Navy, and later became president of the *Conseil du Commerce* at Dunkerque. He was sent on various missions to London, on one occasion accompanying the French ambassador (duc d'Aumont). In his younger days, he was a friend of La Fontaine, and like him, later, a correspondent of the d'Hervarts and other notables. He retired to Paris in 1714, to frequent literary milieus and *beaux esprits*. Three years later, on 10 September 1717, he was stabbed to death by robbers affiliated with Cartouche's gang in the rue du Bout-du-monde.

The introduction to his *Œuvres* (Amsterdam, 1731 ed.) says of him: '[il] possédait la musique et faisait des vers sur-le-champ.' ... He was a 'philosophe, homme de société, avec beaucoup d'agrément dans l'esprit, sans aucun mélange de misanthropie ni d'amertume ...' Voltaire mentions Vergier in his *Siècle de Louis XIV*, and La Harpe placed him, as a writer of *contes*, just below La Fontaine.

TEXT *Œuvres diverses de Monsieur Vergier*, nouvelle édition. Amsterdam, N.E. Lucas, 1731, 5 vol.

Sarabande ancienne qui se joue sur la guitare

Dans nos forêts, en saison printanière
Caliste un jour tenait sa cour plénière.

Là mille amants s'empressaient auprès d'elle
Et de leurs soins rendaient compte fidèle.

Le beau Tircis vint, l'œil de pleurs humide   5
Et de ses feux fit un aveu timide.

Avec mépris et même avec colère
Elle reçut l'hommage qu'il vint faire.

L'amour sourit de sa rigueur extrême
Et dit tout bas, 'C'est celui-là qu'elle aime.'   10

Pour s'éclaircir sur cette conjecture
L'amour bientôt fait naître une aventure.

Tircis pleurant dans un lieu sombre et triste
L'amour y fit venir aussi Caliste.

Elle savait le sujet de ses larmes,   15
Elle en rougit mais y trouva des charmes.

Ils étaient seuls sous les feuillages sombres
Et n'avaient là pour témoins que les ombres.

Mais n'allons pas révéler ce mystère.
C'en est assez. Le reste doit se taire.   20

Sachez pourtant qu'après tant de disgrâces
L'heureux Tircis à l'amour rendit grâces.

Depuis ce temps la saison printanière
Passe et revient sans voir de cour plénière.

Le beau Tircis occupe seul Caliste   25
Et lui tient lieu de sa nombreuse liste.

Par cet exemple apprenez donc, Climène,
Qu'amour toujours à ses fins nous amène.

Coquette ou non, d'humeur tendre ou légère,
Le même sort attend toute bergère.   30

L'heure est marquée et n'excepte personne,
Il faut céder aussitôt qu'elle sonne.

La prévenir, c'est de façon gentille,
Autant de pris sur l'ennui d'être fille.

Chacun ici ses couplets peut écrire,   35
Mais je finis, de crainte d'en trop dire.

At the court of France, the guitar was often used for accompanying open-air singing, as shown in paintings by Watteau and Lancret. This 'ariette oubliée' leisurely unfolds its simple, expressive, pre-Verlainien couplets to the air of a slow saraband tune, much as similar songs of today unfold to a guitar accompaniment. The poem is included in a section entitled *Chansonnettes*.

Epître au duc de Noailles, pour lui demander, en remboursement de ma charge de commissaire de Marine, une maison de campagne appartenant au Roi

Je ne rêve que campagne:
Pour cet innocent séjour
Je bâtis et nuit et jour
Mille châteaux en Espagne.
Sur cela mes visions   5
Forment plus d'illusions
Qu'une ambitieuse mère

N'en enfante et n'en nourrit
Pour un fils qu'elle chérit.
Réalisez ma chimère,   10
D'un seul mot vous le pouvez:
En main, Seigneur, vous avez
Et la forme et la matière.
Mais à ce mot plein d'appas,
Sans y songer n'allez pas   15
Donner sa puissance entière
Car tant de force il prendrait
Qu'à l'instant il me rendrait
Le souverain et le maître
D'un palais dont la splendeur   20
Et dont la vaste grandeur
M'incommoderaient peut-être.
Je ne veux qu'une maison
Dont la plus saine raison
Selon mon rang, ma naissance   25
Règle la magnificence:
Qu'en un petit bâtiment
Un modeste ameublement
Sans égard aux goûts de mode
N'ait qu'un air propre et commode   30
Pour son plus riche ornement:
Jardins où la jeune Flore,
Sans appareil, fasse éclore
Ses fleurs en toute saison:
Vue au riant horizon   35
Sans être précipitée,
Supérieure pourtant,
De tous côtés présentant
Dans une juste portée
L'aimable variété   40
Dont en sa fécondité
Nature pour nous décore
Les champs les plus fortunés:
Coteaux richement ornés,
Plaines plus riches encore,   45
Rivière au cours serpentant,
Dont le flot qu'elle promène
Partout s'en aille portant
Les richesses qu'elle amène:
Bois par bosquets dispersés,   50

Clochers aux cieux élancés,
Bourgs, hameaux, châteaux, villages,
Divers spectacles donnant:
Laborieux attelages,
Tantôt les champs sillonnant,   55
Tantôt les moissons traînant:
Parmi de vastes prairies
Troupeaux sans nombre paissants
Et sur les herbes fleuries
Leurs gardiens innocents   60
Au son des haut-bois dansants.
Mais quel chant plein d'allégresse
Vient de ces coteaux heureux
Que d'un regard amoureux
Le soleil toujours caresse?   65
C'est Bacchus qui de ses dons
Vient y couronner l'automne:
Je reconnais aux fredons
Que la vendangeuse entonne
L'air vif et réjouissant   70
Que ce dieu, même en naissant
A tous les hommes inspire.
L'amour aux yeux satisfaits
Le suit et croit son empire
Affermi par ses bienfaits.   75
Dieux quelle aimable peinture!
Et quel spectacle charmant
Pour un cœur simple et n'aimant
Que la plus simple nature!
Au-devant de ces plaisirs   80
Je sens que tout mon cœur vole
Plus enflammé de désirs
Que n'est le berger qui vole
Un baiser, tendre larcin,
Sur le blanc et ferme sein   85
Ou sur la bouche vermeille
De sa belle qui sommeille.
Mais dans cet aimable lieu
Que la douceur de ma vie
Doit sembler digne d'envie?   90
Là dans un juste milieu
La vertu voluptueuse,
La volupté vertueuse

Ne se séparent jamais.
La liberté souhaitée   95
Sans cesse y règne aussi, mais
Modeste et non effrontée
Ni telle qu'en ce temps-ci
On la voit régner ici.
Si dans cette humble chaumière   100
Mes amis viennent me voir
Soudain pour les recevoir
L'amitié court la première
Tandis que la propreté
La sage simplicité,   105
Délicates et légères
Et par bon goût ménagères,
Vont préparer un repas
Où les mets n'excèdent pas
Les besoins de mon convive   110
Mais ou vins fins et brillants
Versent à flots pétillants
Une joie et pure et vive.
Enfin c'est en ce séjour
Que sans compter un seul jour   115
J'attendrai l'heure ordonnée
Pour fin de ma destinée,
Du même esprit, du même œil,
Dont après chaque journée
Je vois la nuit ramenée   120
Et de pavots couronnée
Me plonger dans le sommeil.

Breathless insistence of rhythm, due to *vers impairs*, frequent *rejets*, and constant variety of rhyme, heighten the urgency of this very personal and slightly tongue-in-cheek request.

Madame des Plassons

Gabrielle-Rose de Mitry, about whom almost nothing has been found, was born *c*. 1675, the daughter of Jean Philippe de Mitry, seigneur de Fauconcourt, Grand Ecuyer de Lorraine. She married Louis Bouchard, comte des Plassons. Her one publication, *Poésies mêlées* (1715) contains epistles to Louis xiv, the Dauphin, the future Regent, etc.

TEXT *Poésies mêlées dédiées à Monseigneur le Marquis de Torcy, par Madame des Plassons*. Cologne, Veuve de Pierre Marteau, 1715

Sur une Momie, portée d'Egypte en Italie

Belle horreur, antique momie,
Pourquoi des bords du Nil viens-tu nous effrayer?
Ignorons-nous sans toi qu'il nous faudra payer
Le funeste tribut qui te coûte la vie?
Deux âges ont passé depuis l'instant affreux   5
Qu'avec mille odeurs embaumée
Tu fus dans un cercueil tristement enfermée
Et subis des mortels le destin rigoureux.
Sur tes os desséchés ta peau toujours collée
Nous montre en vain les traits que la mort te laissa.   10
Que te servent tous ces traits-là?
Par les coups de la Parque es-tu moins accablée?
Cette pièce d'argent que tu tiens dans ta main,
Des peuples de ton temps vain et grossier usage,
Dans le séjour des morts ne t'a servi de rien.   15
Tu n'as trouvé ni barque, ni rivage,
Et tout le prix de ton culte païen
Se termine à des pleurs sans fin.
Hélas! de quels bandeaux funestes
Ton front est encor entouré?   20
Le temps semble avoir révéré
De tes jours ces antiques restes,
Tu n'es que cendre toutefois
Et par d'inévitables lois
Tu seras bientôt désunie.   25
Belle horreur, antique momie,
Pourquoi des bords du Nil viens-tu nous effrayer?

Ignorons-nous sans toi qu'il nous faudra payer
Le funeste tribut qui te coûte la vie?

In 1691, the arrival of an Egyptian mummy in Paris prompted a quatrain which poetically expresses the mummy's significance as a piece of historical continuity.

L'objet des curieux et l'amour des savants
Je sors du sang des dieux, des climats de l'aurore,
Victime de la mort depuis quatre mil ans
Malgre la mort je vis encore. (Bibliothèque de l'Arsenal, Manuscrits de Tralage, t.i, f⁰ 62)

The present very different poem records a personal reaction to such a novelty's affective symbolism.

5 *deux âges*: antiquity and modern times?

13 *cette pièce d'argent*: the coin paid for ferrying the soul across the river of fire was usually placed in the mummy's mouth.

17–18 According to the Egyptian religion, only mummification guaranteed entry to the world beyond. *Et tout le prix ... pleurs sans fin*: the mummy must mourn forever, because it is still here.

The first four lines of the poem return unexpectedly at its close, enriched by all that has been said between; *belle horreur* now proves to be suggestive of both the anthropoid sarcophagus and its contents; *funeste tribut* combines the life that we forfeit and the death with which we pay for that life.

Panard

Charles-François Panard was born at Courville near Chartres in 1691; he died in Paris in 1765. A modest, unambitious civil servant of simple tastes, he early showed an aptitude for writing songs. He was compared to La Fontaine, which implies, on his part, spontaneous wit coupled with apparent artlessness. Much of his work consists in a gentle mockery of social institutions, and the sort of irony which one associates with *vaudevillistes*. He excelled in the epigramme, but at no one's expense. From 1729 to 1754 he wrote for the theatre, especially that of the *Foire*, alone and in collaboration, more than 90 *pantomimes-ballets*, besides plays, parodies of opera and tragedy and, especially, comic operas. All France sang his verses. Some of his poetry is too delightful to be lost.

TEXT *Œuvres choisies de Panard*. Hommage rendu à sa mémoire par Armand-Gouffé. Paris, 1803, 3 vol.

Le Jeune et le vieux

1

Je veux que l'on serve à ma table
Ce qu'il faut dans chaque saison :
La jeune chair m'est agréable
Et j'aime fort le vieux poisson.

2

Lorsqu'avec le voisin Grégoire
Je vais au *Cerceau* m'héberger,
Le vieux fromage nous fait boire
Et le pain frais nous fait manger.

3

L'amitié, comme la tendresse,
Partage en tout temps mon ardeur :
Vieux amis et jeune maîtresse
Sont l'amusement de mon cœur.

4

Plus d'une belle en cette ville
Sait ménager en même temps,
Pour l'agréable et pour l'utile,
Jeunes plumets et vieux traitants.

5

Sur la fièvre et sur la migraine
Un vieux médecin parle bien,
Mais, ma foi, pour ouvrir la veine
Vive un jeune chirurgien !

6

Jeune fille et vieille compagne
Servent d'enseigne aux libertins :
Vieux bourguignon, jeune champagne
Font l'agrément de nos festins.

7

J'aime au pays de l'harmonie
De jeunes voix et de vieux chants :
Il faut en fait de symphonie
Jeunes mains et vieux instruments.

8

Souvent des épouses jeunettes
Rendent papas de vieux barbons ;
Vieux coqs avec jeunes poulettes
Font des œufs qui sont beaux et bons.

9

Il faut aux aides et domaines
Vieux directeurs, jeunes commis ;
Jeunes soldats, vieux capitaines
Sont bons contre nos ennemis.

10

Dans un char, ou sur une flotte,
Qui veut bien aller doit chercher
Jeunes matelots, vieux pilote,
Jeunes chevaux et vieux cocher.

11

La docte antiquité surpasse
Tous nos ouvrages les plus beaux ;
Phébus met dans la même classe
Vieux almanachs et vers nouveaux.

12

A vieux tableaux neuve bordure,
Bride neuve à vieille jument,
A vieux bouquins neuve reliure
Font encor venir le marchand.

13

Aux devoirs mari qui déroge
Se fait jouer de mauvais tours:
A jeune femme et vieille horloge
Il faut regarder tous les jours.

14

Belle figure et bonne grâce
Mènent au comptoir le chaland:
La vieille marchandise passe
Quand un jeune objet nous la vend.

15

Je mets, quand la bise est piquante,
Vieille perruque et bon manteau;
Je prends, quand la cigale chante,
Perruque neuve et vieux chapeau.

16

Un certain soupçon me tourmente
Quand je vois aller au serein
Vieux maître et jeune gouvernante.
Jeune filleule et vieux parrain.

17

Ce qu'en vingt ans gagna le père
Le fils le mange en un quartier:
Les vieux écus ne restent guère
Dans les mains d'un jeune héritier.

18

Contre qui voudra je parie
Qu'un baudet en beau velours neuf
Plaira cent fois mieux à Sylvie
Qu'un savant en vieux drap d'Elbœuf.

19

De peur que trop tôt on ne meure
Il faut fuir les dérèglements:
Quand on fait le vieux de bonne heure
On est jeune pendant longtemps.

20

Messieurs, souvent on vous rappelle
Par des salmis joliments faits:
Plus d'une fois sauce nouvelle
Fit passer pour neuf un vieux mets.

21

Accordez-nous la même grâce
Qu'aux auteurs vous fîtes toujours;
Que votre indulgence nous passe
Vieille pensée et nouveaux tours.

This *vaudeville* was sung to the air: *Tu croyais en aimant Colette.*
Stanza 2 *Grégoire*: a name suggestive of *bonhomie; Cerceau*: at the sign of the Barrel-hoop, a well-known Paris inn of the day.
Stanza 4 *plumets*: young officers; *traitants*: financiers, especially tax-collectors.
Stanza 7 The poet notes what is rarely observed, namely: skilled youthful musicians perform with a unique effect that disappears at maturity.
Stanza 12 *marchand*: here used in the sense of a bargaining customer.
Stanza 14 *chaland*: a perceptive client.
Stanza 18 *baudet*: dolt, jackass. Sylvie prefers show to solidity. (*Drap d'Elbœuf* was reputed never to wear out.)
Stanzas 20–1 The two last stanzas condense a whole theory of poetry.

Description de l'opéra

1

J'ai vu Mars descendre en cadence;
J'ai vu des vols prompts et subtils:
J'ai vu la justice en balance
Et qui ne tenait qu'à deux fils.

2

J'ai vu le soleil et la lune
Qui faisaient des discours en l'air;
J'ai vu le terrible Neptune
Sortir tout frisé de la mer.

3

J'ai vu l'aimable Cythérée,
Aux doux regards, au teint fleuri,
Dans une machine entourée
D'Amours natifs de Chambéry.

4

J'ai vu le maître du tonnerre,
Attentif au coup de sifflet,
Pour lancer ses feux sur la terre,
Attendre l'ordre d'un valet.

5

J'ai vu du ténébreux empire
Accourir avec un pétard
Cinquante lutins pour détruire
Un palais de papier brouillard.

6

J'ai vu des dragons fort traitables
Montrer les dents sans offenser;
J'ai vu des poignards admirables
Tuer les gens sans les blesser.

7

J'ai vu l'amant d'une bergère,
Lorsqu'elle dormait dans un bois,
Prescrire aux oiseaux de se taire,
Et lui chanter à pleine voix.

8

J'ai vu la Vertu dans un temple,
Avec deux couches de carmin,
Et son vertugadin très-ample,
Moraliser le genre humain.

9

J'ai vu des guerriers en alarmes,
Les bras croisés et le corps droit,
Crier cent fois, courons aux armes,
Et ne point sortir de l'endroit.

10

J'ai vu trotter, d'un air ingambe,
De grands démons à cheveux bruns;
J'ai vu des morts friser la jambe
Comme s'ils n'étaient pas défunts.

11

J'ai vu, ce qu'on ne pourra croire,
Des tritons, animaux marins,
Pour danser troquer leur nageoire
Contre une paire d'escarpins.

12

Dans des chaconnes et gavottes
J'ai vu des fleuves sautillants;
J'ai vu danser deux matelotes,
Trois jeux, six plaisirs et deux vents.

13

Dans le char de monsieur son père
J'ai vu Phaéton tout tremblant
Mettre en cendre la terre entière
Avec des rayons de fer blanc.

14

J'ai vu Roland, dans sa colère,
Employer l'effort de son bras
Pour pouvoir arracher de terre
Des arbres qui n'y tenaient pas.

15

J'ai vu, par un destin bizarre,
Les héros de ce pays-là
Se désespérer en bécarre,
Et rendre l'âme en la-mi-la.

16

J'ai vu plus d'un fier militaire
Se croire digne du laurier,
Pour avoir étendu par terre
Des monstres de toile et d'osier.

17

J'ai vu Mercure, en ses quatre ailes
Ne trouvant pas de sûreté,
Prendre encor de bonnes ficelles
Pour voiturer sa déité.

18

J'ai vu souvent une furie
Qui s'humanisait volontiers;
J'ai vu des faiseurs de magie
Qui n'étaient pas de grands sorciers.

19

J'ai vu des ombres très-palpables
Se trémousser au bord du Styx;
J'ai vu l'enfer et tous les diables
A quinze pieds d'un paradis.

20

J'ai vu Diane en exercice
Courir le cerf avec ardeur;
J'ai vu derrière la coulisse
Le gibier courir le chasseur.

A description of the opera indeed, but of its surrealist side, which the public refuses to see.

Stanza 1, 1 By means of stage machinery known as a *gloire*. 2 These were realized by another piece of stage machinery. 3–4 Themis, judgment suspended.

Stanza 2, 1–2 *discours en l'air*: literally, and also figuratively, because of the unintelligibility caused by speaking through such remote, awkward masks.

Stanza 3, 4 The opera recruited its extras from among manual labourers who preferred starving in Paris to working in industrial centres like Chambéry.

Stanza 4 *Maître du tonnerre*: Jove; *valet*: stage-hand.

Stanza 5, 3–4 The weird stagey economy of *un, cinquante*, and *palais* should not be missed. 4 *Brouillard*: the noble synonym for *buvard*, but more suggestive of illusion.

Stanza 7 One of the most wildly irrational of the so-called conventions. (See also stanzas 9 and 14.)

Stanza 8 *vertugadin*: hoop-skirt; the juxtaposition of *Vertu* and *vertugadin* makes the irony more effective.

Stanzas 11–12 Designs for the costumes of such ballets still exist, e.g., in the Paris Bibliothèque de l'Opéra. The *jeux* would be dressed in rackets, balls, and nets, representing tennis, then extremely popular, Paris alone having over 250 courts; *plaisirs* were garbed in flowers and butterflies; *vents* wore gauze tunics and held gilt trumpets to show they could blow.

Stanza 15 *bécarre*: the 'natural' sign in music. Opera is a world in which people despair in naturals and die with a lilt.

Stanza 17 wings plus strings. Even gods, in opera, must take care.

Stanza 18, 1 Furies wore costumes covered with snakes and bats and carried whips. 4 Cf. 'ça n'est pas bien sorcier.'

Le Verre

Nous ne pouvons rien trouver sur la terre
Qui soit si bon ni si beau que le verre.
Du tendre amour berceau charmant,
C'est toi, champêtre fougère,
C'est toi qui sers à faire
L'heureux instrument
Où souvent pétille,
Mousse et brille
Le jus qui rend
Gai, riant,
Content.
Quelle douceur
Il porte au cœur!
Tôt,
Tôt,
Tôt,
Qu'on m'en donne,
Qu'on l'entonne;
Tôt,
Tôt,
Tôt,
Qu'on m'en donne
Vite et comme il faut:
L'on y voit sur ses flots chéris
Nager l'allégresse et les ris.

The poet is a connoisseur, not simply because he must drink his wine from a glass but also because his glass must be colourless, clear, and thin, a *fougère*, so called from the 'plante qui sert principalement à faire du verre après qu'on l'a réduite en cendres, à cause de la quantité de sel alcali qu'elle contient' (Furetière).
3 *fougère* conjures up a bed of fern.
7–8 three features of wine that are not revealed until it is in the glass.
18 *qu'on l'entonne*: here, 'qu'on le boive.'

La Bouteille

Que mon
F l a c o n
Me semble bon!
Sans lui,
L'ennui
Me nuit,
Me suit;
Je sens
Mes sens
Mourans,
Pesans.
Quand je le tien,
Dieux! que je suis bien!
Que son aspect est agréable!
Que je fais cas de ses divins présens!
C'est de son sein fécond, c'est de ses heureux flancs
Que coule ce nectar si doux, si délectable,
Qui rend tous les esprits, tous les cœurs satisfaits.
Cher objet de mes vœux, tu fais toute ma gloire.
Tant que mon cœur vivra, de tes charmans bienfaits
Il saura conserver la fidelle mémoire.
Ma muse, à te louer, se consacre à jamais.
Tantôt dans un caveau, tantôt sous une treille,
Ma lyre, de ma voix accompagnant le son,
Répétera cent fois cette aimable chanson:
Règne sans fin, ma charmante bouteille;
Règne sans cesse, mon cher flacon.

mon flacon: the typography reproduces the period's typical bottle, squat, with a deep concave bottom.
15 Suggestive of la dive bouteille, i.e. 'la déesse Bouteille, patronne des buveurs,' consulted as an oracle by Panurge (Rabelais, Tiers Livre, XLVII).
23 caveau ... treille: winter and summer.

Three Short Poems

1

Si le riche héritier d'un superbe palais
Fait tant de dépense et de frais
Qu'il faille aux créanciers céder son héritage,
L'oiseau pour lors mange la cage.
Si quelqu'extravagant pour construire un château
Met tous ses biens en gage,
La cage alors mange l'oiseau.

2

Ma femme est un animal
Original
Qui tous les jours, bien ou mal,
S'habille,
Babille,
Et se déshabille.

3

Dans Paris l'autre jour Vénus porta ses pas,
Même jour dans Paphos vit arriver Hortense.
Personne dans ces deux climats
Ne s'aperçut de leur absence.

1 The two images have a surrealist character.
3 Perhaps both a compliment to Hortense and a comment on her extreme *décolletage*.

Coquart

François-Bernard Coquart was born in Dijon in 1700 and died there in 1742. He had been adept at writing Latin verse even at an early age but, in 1715, the reading of Boileau and Racine so transported him that he forsook Latin for French. Blessed with a phenomenal memory, he had learned by heart most of Racine's plays, which even in later years he could recite with gusto.

At the age of 21, he became a lawyer at the *Parlement de Dijon*. He published a number of works pertaining to law. His eloquence was renowned, but he did not neglect belles-lettres. From 1722 until 1740, hardly a volume of the *Mercure* appeared without his poems (*épîtres, cantates, madrigaux, divertissements, monorimes, bouquets, épithalames*).

TEXT *Poésies diverses de M. Coquart*. Dijon, 1754, 2 vol. 12⁰ (includes a *Discours sur la poésie*, a defence of poetry as a means of enriching life)

Epître à M.***

Monorime

Pour charmer les ennuis qui m'assiègent sans fin,
    A Sénèque, à Marc-Antonin
Je préfère Molière et l'auteur du *Lutrin*,
Je ne néglige pas Plutarque ni Justin.
Je tâche dans mes vers d'imiter Sarasin,   5
Mais quand à l'égaler je parviendrais enfin,
A peine de laurier on m'offrirait un brin,
Un Zoïle sur moi sonnerait le tocsin,
    Et peut-être dans un pasquin,
Pour mieux me décrier, répandrait son venin.   10
Que n'ai-je sur mon sort été meilleur devin?
Mon chef serait couvert d'un froc de Bernardin
Et mes jours couleraient sans peine et sans chagrin.

    Pour toi, jeune et charmant blondin,
    A l'œil vif, au nez aquilin,   15
    De Cythère heureux pèlerin,
Tu goûtes à longs traits, sans être libertin,
Les différents plaisirs où ton cœur est enclin.
Tu n'as garde d'ouvrir quelque poudreux bouquin
    Revêtu d'un noir parchemin,   20

Tu le laisses pourrir au fond d'un magasin.
Seulement quelquefois, penché sur un coussin,
Tu lis, pour t'amuser, Boccace et l'Arétin,
    Bien reliés en maroquin.
Et ton plus grand travail, c'est avec ton fusain   25
    D'esquisser sur un beau vélin
Un tableau du Corrège ou du Dominiquin.
Ici le jeu t'attire, et là le claveçin.
Le cothurne à tes yeux cédant au brodequin
Tu vas rire souvent aux lazzis d'Arlequin.   30
A son tour Cupidon, ce petit dieu malin,
    Guide tes pas dans un jardin
Que parfument l'œillet, la rose et le jasmin.
    Là, couché sur un boulingrin,
D'où l'on voit dans les airs l'eau jaillir d'un bassin,   35
A l'ombre d'un tilleul, au doux chant du serin,
Tu fléchis la rigueur d'un objet féminin :
Plaisir d'autant plus vif qu'il est plus clandestin.
Quand Phébus s'est caché dans l'empire marin,
Un souper délicat t'attend chez un voisin.   40
Le Noir, nouveau Comus, à plus d'un ragoût fin
Joint cailles et perdreaux, dindon et marcassin,
    Bon entremets, bon fruit, bon vin.
Les liqueurs de Lorraine et celles de Turin
    T'inspirant un conte badin,   45
Tu sais en maître architriclin
Par mille traits plaisants égayer le festin.
Après quoi tu t'étends entre deux draps de lin,
Et pressant le duvet soutenu par le crin
    Tu t'endors sur ton traversin   50
    Jusqu'à dix heures du matin.
Trop heureux, si jamais, en suivant ce chemin
    Tu ne recours au médecin
    Que pour visiter un cousin,
    Ou quelque oncle sur son déclin,   55
Dont un bon testament t'assure le butin !

The *monorime* is no more artificial than other rhyme schemes but is open to greater dangers. When used with one metre throughout, it is apt to prove either intentionally comical (see Lefranc, note to *A Day at the Château d'If*) or unintentionally monotonous. Its most delicate, difficult, and appropriate use is in the familiar atmosphere of a half-serious, half-amusing epistolary poem, of which A M.*** is an excellent example.

In it, the poet, a lawyer of some years and experience, closely observes a young friend who is able to do exactly as he pleases. The *épître*, neither critical nor envious but sympathetic and nostalgic, conveys, like many personal letters, two temperaments and a mood.

5 J. Fr. Sarasin, 1615–54.

8 Zoilus, an unjustly severe Greek critic whose name has become the symbol for any writer whose criticisms are jealous, malicious, or partial.

12 *froc de Bernardin*: instead of his black gown, the lawyer would then have worn the white habit of the reformed Cistercian order.

17 *sans être libertin*: the phrase reveals much about both men.

26 This copyist uses the easiest medium (charcoal) on the most expensive paper (*papier vélin*, recently invented)!

27 Correggio, 1489–1534, Domenichino, 1581–1641: apart from their then current vogue, the fluidity of the former and the dramatic postures of the latter would appeal to an amateur wielder of charcoal.

30 allusion to the Comédie Italienne.

34 *boulingrin*: here, a raised ornamental lawn, feature of the newly modish 'jardin anglais.'

39 *quand Phébus ... un voisin*: the poet pokes fun at the young man who goes from an affected appreciation of the sunset to an unaffected appreciation of fine food.

41 Le Noir, renowned caterer of Dijon; Comus, god of festive mirth.

42 *marcassin*: baby wild boar.

44 *Lorraine, Turin*: two of Europe's then most sparkling and pleasure-loving courts.

46 *maître architriclin*: the young man is not the host (cf. l.40) but he is the life of the party. Cf.: 'Je m'érige aux repas en maître architriclin;/Je suis le chansonnier et l'âme du festin. (Regnard, *Le Joueur*, III, 2)

48–9 Our young hedonist naturally prefers the finest sheets, on an eiderdown mattress, supported by another of horse-hair.

51 The author is an early-rising lawyer.

52–6 'Leading such a life, you'll be lucky if you never have anything worse to face than finding out whether you're in fit condition to visit a relative or going through the bother of keeping on the right side of a rich old uncle.'

Dreux du Radier

Jean-François Dreux du Radier, seigneur des Marchais, was born in the Ile-de-France, in 1714. He studied in Chartres and Paris, became a lawyer and the 'lieutenant particulier, civil et criminel' – a sort of judge and prosecuting attorney – of his native town. But he meted out justice with such impartiality as to make enemies who were powerful enough, by 1749, to have him banished, via *lettre de cachet*, to Poitiers. However, a year later, he obtained the revocation of his banishment and settled in Paris. His ambition to be made a member of the Académie des inscriptions et belles-lettres being thwarted, he retired to his birthplace and spent the rest of his life in research and writing. He turned his hand to all kinds of subjects, history, jurisprudence, belles-lettres, and published four volumes of poetry. From 1758 to 1772, he was an associate editor of the *Journal économique*. He died in 1780.

TEXT *Les Heures de récréation ... de Monsieur*** (dedication signed *Dreux du Radier*), chez Pierre Clément, 1740, 59 (in the section *Heure sérieuse*)

Sur les Déguisements du carnaval

Vainement donc, grand Dieu, tes bontés sans égales
Ont levé le bandeau qui nous couvrait les yeux.
Nous fuyons la clarté qui nous conduit aux cieux,
Nous méprisons les dons de tes mains libérales.

Quels désordres honteux! Sont-ce des bacchanales?   5
Cybèle a-t-elle encor des temples en ces lieux?
Païens, pour célébrer vos plus infâmes dieux
Etes-vous revenus des rives infernales?

Quoi! Ce sont des Chrétiens! Indignes de ce rang
C'est pour eux qu'un Dieu même a répandu son sang: 10
Ils n'ont que par sa mort ce sacré caractère.

Sous ces déguisements où le crime se plaît
Pécheur, tremble pour toi, le vengeur est ton père,
Mais épargnera-t-il un fils qu'il méconnaît?

2 *le bandeau*: (spiritual blindness) indirectly suggests the mask now impudently replacing it.
6 A rhetorical question. The reference is to *bordels, lupanars*, etc. *Cybèle*: nature goddess here associated with primitive orgies.

7 *infâmes dieux*: those sponsoring unbridled licence, e.g., Bacchus, Priapus.

11 *sacré caractère*: clothed in the mantle of Christ's blood, children of God need no other guise.

12 Such disguises can be a cover for crime, as is still shown by the famous Rio carnival. It is apparent by the end of the sonnet that the carnival is not merely an annual but a perpetual affair: the world, the flesh, and the devil. Cf. Paul Valéry: 'cette sacrée existence que nous menons à Paris ... tout ce carnaval de choses, d'êtres et d'idées' (*L'Idée fixe*, Gallimard, 1961, 106).